JN344723

손쉽게 끝내는

왕초보 영어회화사전

손쉽게 끝내는

왕초보 영어회화사전

초판 1쇄 발행 2010년 2월 15일
초판 11쇄 발행 2017년 8월 20일

저자	더 콜링(김정희·박윤수)
디자인	DX
일러스트	김혜윤
발행인	조경아
발행처	랭귀지북스
주소	서울시 마포구 포은로2나길 31 벨라비스타 208호
전화	02.406.0047
팩스	02.406.0042
이메일	languagebooks@hanmail.net
홈페이지	www.languagebooks.co.kr
등록번호	101-90-85278
등록일자	2008년 7월 10일
ISBN	978-89-94145-11-2 (13740)
가격	8,500원

손쉽게 끝내는

왕초보 영어회화사전

더 콜링 지음

Language Books

머리말

영어 王초보 氏가 영어 고수가 되기 위해
꼭 챙기는 머스트해브 아이템!
내 손에 쏘옥 들어오는 작은 책이지만,
내 영어를 빛나게 할 큰 파워를 가졌다!

필요한 영어 표현, 크고 무거운 책에 담겨 있어 그림의 떡이었던 적이 있었다면 이제 〈**손쉽게 끝내는 왕초보 영어회화사전**〉으로 가방의 무게를 줄여 보세요. 언제 어디에서든 필요한 표현을 쉽게 찾아볼 수 있도록 일상생활에서 필요한 표현들만 엄선해 휴대 간편한 사이즈에 담았습니다.

〈**손쉽게 끝내는 왕초보 영어회화사전**〉에서는 군더더기 표현들을 버리고 일상적으로 써 먹을 수 있는 표현들만 모았습니다. 영어를 잘하기 위해 어려운 말을 구사하려고 애쓰지 마세요. 쉬운 말이라도 내 입 밖으로 꺼내는 것이 중요합니다. 여러분에게 영어의 자신감을 더해 줄 수 있도록 모든 영어 표현에 한글 발음 표기를 달았습니다. 최대한 원어민의 발음에 가깝도록 한글로 표기하여 필요한 표현을 구사할 수 있도록 했습니다.

항상 좋은 파트너십으로 함께하는 오랜 친구 윤수와 감기로 고생하면서 예쁜 일러스트 그리느라 애 많이 쓴 혜윤, 멋진 디자인과 많은 격려를 아끼지 않으시던 DX, 이 책이 출판될 수 있도록 힘써 주시는 랭귀지북스에 감사의 마음을 전합니다.

그리고 언제나 내 삶의 이유 되시는 하나님께 모든 영광을 돌립니다.

2010. 2

더 콜링 김정희

이 책의 특징

누구나! *Anyone*

누구든지 책을 펴고 자신이 필요한 상황에 맞는 챕터를 찾아 알맞은 표현을 말하면 됩니다. 일상생활에서 흔히 써 먹는 표현들을 모아, 쉽게 찾아볼 수 있도록 **세세하게** 나누어 구성했습니다.

언제나! *Anytime*

제아무리 많은 표현을 담은 책이라도 필요할 때 내 옆에 없다면 무용지물! **휴대 간편한 사이즈**로 주머니에 쏘옥 넣고 다니며 필요할 때마다 꺼내 영어로 마음껏 얘기해 보세요.

어디서나! *Anywhere*

영어 공부의 재미를 더해 줄 수 있는 **문화 TIP**과 표현을 확장할 수 있는 **관련 어휘**들의 모음은 여러분의 영어 실력을 더욱 빛나게 할 것입니다.

원어민 발음에 최대한 가까운 한글 발음 표기!

영어 발음이 한글에 일대일로 대응하지 않기 때문에 표기 자체가 무리가 되지만, 여러분의 학습에 편의를 드리고자 원어민 발음에 최대한 가깝게 표기했습니다. 기존 영어 교재의 한글 발음 표기에서 볼 수 없는 몇 가지 특징을 소개합니다.

예 ① have는 해(ㅂ) / think 씽(ㅋ)

우리말은 모음 없이 자음 단독으로 음절을 구성하지 못하지만, 영어 발음은 실제 우리말의 모음 '으'가 없는 음절이므로 우리말의 '해브'라는 발음과 차이가 있습니다. 그래서 괄호에 들어있는 자음은 실제 모음 '으' 음가가 없지만, 영어에서는 단독 음절을 구성하므로 우리말의 '브'보다 약하게 발음해야 합니다.

예 ② little 리들 / better 베더

-tt-는 실제 'ㅌ'라기 보다는 'ㄷ'와 'ㄸ'의 중간음 정도가 됩니다. 표기는 'ㄷ'으로 했지만, CD의 원어민 발음을 들으며 최대한 정확하게 발음하도록 연습합니다.

예 ③ kind of 카인 더(ㅂ)

영어를 알아듣기 어려운 이유 중 하나가 연음이 많다는 것입니다. kind와 of가 따로 있다면 각각 '카인(ㄷ)'와 '어(ㅂ)'라고 표기하겠지만, 두 단어가 합쳐지면 연음이 일어나 '카인 더(ㅂ)'라고 표기합니다.

예 ④ part 파(ㄹㅌ) / work 워(ㄹㅋ)

part나 work는 '파알트'나 '워얼크'도 아니며 '파트'나 '워크'도 아닙니다. 우리말 표기의 한계를 조금이나마 만족시키기 위해 -rt나 -rk 등은 '-ㄹㅌ', '-ㄹㅋ'로 표기하여 약하지만 각각의 발음이 살아있음을 나타냈습니다.

예 ⑤ quick 쿠익 / quite 쿠아잇

흔히 quick을 '퀵'이라고 발음한다고 알고 있는데, 실제 qui-는 '쿠이-'라고 발음되는 것에 주의합니다.

차례

Chapter 6 그녀는 변덕쟁이!

Unit 1 좋은 감정

Unit 2 좋지 않은 감정

Unit 3 성격

Unit 4 기호

Chapter 7 지금은 사랑 중!

Unit 1 소개팅

Unit 2 데이트&연애

Unit 3 갈등&이별

Unit 4 결혼

Unit 5 임신&육아

Chapter 8 긴급상황도 OK!

Chapter 9 너희들 덕에 편하구나!

Chapter

01

이 정돈 기본이에요!

Unit 1 인사

처음 만났을 때

처음 뵙겠습니다.
How do you do?
하우 두 유 두

우리 초면인 것 같네요. 전 김지나입니다.
I don't think we've met. I'm Kim Gina.
아이 돈(ㅌ) 씽(ㅋ) 위(ㅂ) 멧 아임 김 지나

만나서 반갑습니다.
Nice to meet you.
나이스 투 밋 유
I'm glad to see you.
아임 글랫 투 시 유

직접 뵙게 되어 반갑습니다.
I'm so glad to meet you in person.
아임 소 글랫 투 밋 유 인 퍼(ㄹ)슨

영어감탄사 1

Oops! 앗차!
Phew! 휴우!
Humph! 흥!
Hmmm. 음.

만나 뵙게 되어 영광입니다.
I'm honored to meet you.
아임 어너(ㄹㄷ) 투 밋 유

말씀 많이 들었습니다.
I've heard so much[a lot] about you.
아이(ㅂ) 허(ㄹㄷ) 소 머취 [어 랏] 어바웃 유
I've heard a great deal about you.
아이(ㅂ) 허(ㄹ) 더 그레잇 딜 어바웃 유

Mike 씨, Emma 씨 아세요?
Mr. Mike, have you met Ms. Emma?
미스터 마익 해 뷰 멧 미(ㅈ) 엠마

제가 오히려 반갑습니다.
The pleasure is mine.
더 플레저 이즈 마인
It's my pleasure.
잇(ㅊ) 마이 플레저

전에 우리가 만난 적 있나요?
Have we ever met before?
해 뷔 에버 멧 비포

영어감탄사 2

Eeek! 꺅! (무서운 것을 보고 날카롭게 지르는 비명)
AAAhh! 으악!(무서울 때 지르는 비명)
Wha? 어? (뭔가 의심스럽거나 이상한 것을 보고)
Wow! 우와! (기쁜 일이 있거나 멋진 것을 봤을 때)
Yikes! 이크! (불쾌감이나 혐오감이 섞인 놀람)

때에 따른 인사

안녕하세요.
Good morning.
굿 모닝

안녕하세요.
Good afternoon.
굿 애(ㅍ)터눈

안녕하세요.
Good evening.
굿 이브닝

잘 자요.
Good night.
굿 나잇
Have a good night.
해 버 굿 나잇
Sweet dreams.
스윗 드림(ㅅ)

영어로 숫자 읽기 1

세 자리를 초과하는 숫자의 경우 세 자리마다 콤마를 찍고
콤마가 있는 곳마다 단위가 달라집니다.
읽는 방법이 복잡하기 때문에 회화에서는 네 자리 숫자를 읽을 때 hundred 단위로 끊어 있는 경우가 많습니다. 예를 들어, 1,800의 경우 eighteen hundred 라고 읽습니다.

오랜만에 만났을 때

오랜만입니다.
Long time no see.
롱 타임 노 시
It's been a long time.
잇(ㅊ) 빈 어 롱 타임
It's been quite a while.
잇(ㅊ) 빈 쿠아잇 어 와일
It's good to see you again.
잇(ㅊ) 굿 투 시 유 어겐

오랫동안 뵙지 못했네요.
I haven't seen you for a long time.
아이 해븐(ㅌ) 신 유 포 러 롱 타임
It's been a long time, hasn't it?
잇(ㅊ) 빈 어 롱 타임 해즌 팃

오랫동안 소식을 드리지 못해 죄송합니다.
I beg your pardon for my long silence.
아이 벡 유어 파(ㄹ)든 포 마이 롱 사일런스

어떻게 지내셨어요?
How have you been doing?
하우 해 뷰 빈 두잉

하나도 안 변했어요.
You haven't changed a bit.
유 해븐(ㅌ) 체인지 더 빗

요즘 당신을 보기 힘드네요.
I haven't seen much of you lately.
아이 해븐(ㅌ) 신 머취 어 뷰 레잇리

아니 이게 누구야!
Look who's here!
룩 후(ㅈ) 히어
What a pleasant surprise!
왓 어 플레전(ㅌ) 서프라이즈

세상 참 좁은데!
What a small world!
왓 어 스멀 월(ㄷ)

여기에서 당신을 만나다니 뜻밖이에요.
It's a pleasant surprise to see you here.
잇 처 플레전(ㅌ) 서프라이즈 투 시 유 히어
Never thought I've seen you here.
네버 써웃 아이(ㅂ) 신 유 히어

영어로 숫자 읽기 2

세 자리 숫자에서 hundred를 생략하기도 합니다.
316의 경우에는 three sixteen이라고 읽는 거죠. 특히 방 호수나 번지수를 말할 때 많이 쓰이는 방식입니다.

·thousand < million<billion < trillion

안부를 묻는 인사

- 어떻게 지내세요?
  How are you doing?
  하우 아 유 두잉

- 주말 어떻게 보냈어요?
  What did you do last weekend?
  왓 디 쥬 두 래슷 윅켄(ㄷ)

- 가족은 어때요?
  How's your family?
  하우 쥬어 패밀리

- 어디 안 좋아요?
  What's the matter with you?
  왓(ㅊ) 더 매더 윗 유
  You look under the weather today.
  유 룩 언더 더 웨더 투데이

- 별일 없어요?
  Anything new?
  애니씽 뉴
  What's up?
  왓 첩
  What's going on?
  왓(ㅊ) 고잉 온
  What's wrong?
  왓(ㅊ) 롱

안부 인사에 대한 대답

잘 지내 (고마워).

I'm fine, thank you.

아임 파인 쌩 큐

Quite well.

쿠아잇 웰

I'm all right.

아임 얼 라잇

Pretty good.

프리디 굿

Alive and kicking.

얼라이 밴 킥킹

그럭저럭 지내.

So so.

소 소

Not too bad.

낫 투 뱃

Just surviving.

저슷 서(ㄹ)바이빙

콩글리시 때려 잡기 – 수정액=white?

사랑은 연필로 쓰라는 옛날 유행곡도 있죠. 지우기가 편하니까 연필로 쓰라는데, 볼펜으로 쓰면 지우기가 어렵다고요. 하지만, 그것도 옛날 말, 요즘은 화이트(수정액)로 쓱쓱 바르고 그 위에 새로 쓰면 되니, '사랑은 볼펜이든 만년필이든 마음대로 쓰세요'라고 해야 할 거 같아요.
그런데, 이것이 정확한 영어 표현이 아니라는 것.
바로 white-out이라고 합니다. 이는 미국의 수정액 상표 이름에서 온 거라고 하는 군요. 또는 correcting fluid, correction fluid라고 해요.

늘 마찬가지죠.

Same as usual.
세임 애 쥬쥬얼

About the same.
어바웃 더 세임

별일 없어요.

Nothing special.
나씽 스페셜

그냥 기분이 안 좋아요.

I'm just in a bad mood.
아임 저슷 인 어 뱃 무드

미국 대학에서 한국어가 인기

미국 대학생들은 어떤 외국어를 배울까요?
가장 많이 배우는 외국어는 스페인어, 그 다음은 프랑스어와 독일어, 이태리어가 그 뒤를 잇고 있습니다. 한국어 수강신청 하는 대학생들의 숫자는 빠른 속도로 증가하고 있는데요. 15위 정도 한다고 합니다.
한류의 열풍이 아시아를 넘어 서양권까지 미친다면 그 순위가 급상승하지 않을까요.

헤어질 때 인사

안녕히 가세요.

Good bye.

굿 바이

Bye-bye.

바이 바이

잘 가세요. / 그럼 이만.

So long.

소 롱

See you.

시 유

Take care.

테익 케어

내일 봐요.

See you tomorrow.

시 유 투머로우

다음에 봐요.

See you later.

시 유 레이더

그럼 거기에서 봐요.

See you there, then.

시 유 데어 덴

당신 가족에게 제 안부를 전해 주세요.
Say hello to your family for me.
세이 헬로우 투 유어 패밀리 포 미
Please give my regards to your family.
플리즈 기(ㅂ) 마이 리가(ㄹㅈ) 투 유어 패밀리

전 지금 가야겠어요.
I'm afraid I've got to go now.
아임 어(ㅍ)레이(ㄷ) 아이(ㅂ) 갓 투 고 나우

살펴 가요.
Take it easy.
테익 잇 이지
Take care of yourself.
테익 케어 어 뷰어셀(ㅍ)

가끔 연락하고 지내자.
Keep in touch.
킵 인 터취
Drop me a line.
드랍 미 어 라인
Give me a call.
기(ㅂ) 미 어 컬

콩글리시 때려 잡기 - 비닐봉지

'비니루 봉다리에 담아와~ㅎㅎ'
가게에서 물건을 담아주는 비닐봉지, 과연 미국에 가면 뭐라고 할까요? 슈퍼마켓에서 조금만 귀 기울여 들었다면, 'plastic or paper bag?'이라고 물어보는 점원의 질문을 기억하실 거예요. 바로 plastic bag이 비닐봉지입니다. 비닐은 vinyl이라고 표기하는데, 우리가 생각하는 비닐과는 다른 것이랍니다.

환영할 때

우리 가족이 된 걸 환영해요.
Welcome to the family.
웰컴 투 더 패밀리
I'm happy to have you as a part of my family.
아임 해피 투 해 뷰 애 저 파(ㄹ) 터(ㅂ) 마이 패밀리

뉴욕에 오신 걸 환영합니다.
Welcome to New York.
웰 컴 투 뉴 욕

저희 집에 오신 것을 환영합니다.
Welcome to my home.
웰컴 투 마이 홈

이곳이 마음에 들기 바래요.
I hope you'll like it here.
아이 홉 유일 라익 잇 히어

함께 일하게 되어 반갑습니다.
Welcome aboard.
웰컴 어버(ㄹㄷ)

사람 부르기

실례합니다.
Excuse me.
익스큐즈 미
Pardon.
파(ㄹ)든

여보세요?
Sir? / Ma'am?
서(ㄹ) / 맴

여어, 안녕.
Hi, there.
하이 데어

저……
Tell me……
텔 미
See……
시

화제를 바꿀 때

주제를 바꿉시다.
Let's change the topic.
렛(ㅊ) 체인쥐 더 타픽

새로운 주제로 넘어가죠.
Let's go on a new topic.
렛(ㅊ) 고 온 어 뉴 타픽

뭔가 다른 얘기를 하죠.
Let's talk about something else.
렛(ㅊ) 톡 어바웃 섬씽 엘스

서로 의견을 말해 보죠.
Let's bounce ideas off each other.
렛(ㅊ) 바운스 아이디어 조(ㅍ) 이취 어더

leg와 관련된 idiom

Shake a leg. 서둘러.
Break a leg. 행운을 빌어.
leg and leg 막상막하로
in high leg 우쭐하여, 의기양양하여
show a leg (잠자리에서) 일어나다

말을 걸 때

할 말이 있어요.

I need to tell you something.
아이 닛 투 텔 유 섬씽

I tell you what.
아이 텔 유 왓

I have something to tell you.
아이 해(ㅂ) 섬씽 투 텔 유

잠깐 이야기 좀 할까요?

Do you have a second?
두 유 해 버 세컨(ㄷ)

Can I talk to you for a minute?
캔 아이 톡 튜 포 러 미닛

Can you spare me a couple of minutes?
캔 유 스패어 미 어 커플 어(ㅂ) 미닛(ㅊ)

I'd like to have a word with you.
아이(ㄷ) 라익 투 해 버 워(ㄹ)드 윗 유

말씀 중에 죄송한데요.

May I interrupt you?
메이 아이 인터럽 튜

Sorry to interrupt, ...
소리 투 인터럽

Pardon me for cutting in.
파(ㄹ)든 미 포 컷딩 인

Can I add something?
캔 아이 애드 섬씽

Unit 2 소개

상대의 정보 묻기

성함이 어떻게 되세요?
May I have your name?
메이 아이 해 뷰어 네임
What's your name?
왓 츄어 네임

철자가 어떻게 되죠?
Could you spell that?
쿠 쥬 스펠 댓

직업이 뭐예요?
What do you do?
왓 두 유 두
What line of work are you in?
왓 라인 어(ㅂ) 워(ㄹ) 카 유 인

국적이 어떻게 되요?
What's your nationality?
왓 츄어 내셔낼러티

몇 개 국어 할 수 있어요?
How many languages do you speak?
하우 매니 랭귀쥐(ㅈ) 두 유 스픽

자기 이름에 대해 말하기

김'은 성이고, 이름은 '지나'입니다.
Kim is my last name, Gina is my first name.
김 이즈 마이 래슷 네임 지나 이즈 마이 퍼(ㄹ)슷 네임

전 Chris예요, Chris는 Christina을 줄인 이름이에요.
I'm Chris, Chris is short for Christina.
아임 크리(ㅅ) 크리(ㅅ) 이즈 쇼(ㄹㅌ) 포 크리스티나

제 이름은 할아버지의 이름을 따서 지었어요.
I'm named after my grandfather.
아임 네임 대(ㅍ)터 마이 그랜(ㄷ)파더

제 이름은 '수진'이에요. Sun의 S, Uncle의 U, Justice의 J, Information의 I, National의 N이에요.
My name is Sujin, S as in Sun, U as in Uncle, J as in Justice, I as in Information, N as in National.
마이 네임 이즈 수진 에스 애 진 선 유 애 진 엉클 제이 애 진 저스티스 아이 애 진 인포메이션 엔 애 진 내셔널

영어 이름이 들어간 재미난 표현

- 관음증이 있는 사람 **peeping Tom**
- 신원 미상의 남자 **John Doe**
- 신원 미상의 여자 **Jane Doe**
- 갑돌이와 갑순이 **Jack and Jill**
- 평범한 사람 **average Joe**

신상정보에 대해 말하기

저는 한국에서 왔습니다.
I'm from Korea.
아임 프럼 커리언
I'm Korean.
아임 커리언
My nationality is Korean.
마이 내셔낼러티 이즈 커리언

저는 AB회사에서 일하는 Ben입니다.
I'm Ben from AB company.
아임 벤 프럼 에이비 컴패니

저는 은행에서 일합니다.
I work at a bank.
아이 워(ㄹ) 캣 어 뱅(ㅋ)

저는 AB 숍에서 일합니다.
I work for AB shop.
아이 워(ㄹㅋ) 포 에이비 샵

저는 한국대학교 4학년입니다.
I am a senior at Hankuk University.
아이 앰 어 시니어 앳 한국 유니버시디

저는 미혼입니다. / 저는 결혼했습니다.
I'm single. / I'm married.
아임 싱글 / 아임 메리(ㄷ)

자기 소개하기

제 소개를 하겠습니다.
Let me introduce myself.
렛 미 인츠러듀스 마이셀(ㅍ)

제 소개를 해도 될까요?
May I introduce myself?
메이 아이 인츠러듀스 마이셀(ㅍ)

방금 소개 받은 미스터 리입니다.
My name is Lee as mentioned in my introduction.
마이 네임 이즈 리 애(ㅈ) 멘션 딘 마이 인츠러덕션

안녕하세요, 제 이름은 김지나입니다.
Hello, my name is Kim Gina.
헬로우 마이 네임 이즈 김 지나

그냥 지나라고 부르세요.
Just call me Gina.
저슷 컬 미 지나

안녕하세요, Jimmy의 친구 김지나입니다.
How do you do? I'm Kim Gina, a friend of Jimmy's.
하우 두 유 두 아임 김 지나 어 프렌 더(ㅂ) 지미(ㅅ)

Unit 3 감사

감사하다

감사합니다.
Thank you.
쌩 큐

아주 감사합니다.
Thank you very much.
쌩 큐 베리 머취
Thank you so much.
쌩 큐 소 머취
Thanks a million.
쌩 서 미(ㄹ)언

마음 깊이 감사하고 있습니다.
I'm deeply grateful to you.
아임 딥리 그레잇풀 투 유
I'm very grateful to you.
아임 베리 그레잇풀 투 유

매우 고마워서 어떻게 감사 드려야 할지 모르겠네요.
I can never thank you enough.
아이 컨 네버 쌩 큐 이넙
I don't know how to thank you enough.
아이 돈 노우 하우 투 쌩 큐 이넙

고맙다는 말을 전하고 싶었어요.
I would like to express my thanks.
아이 우(ㄷ) 라익 투 익스프레스 마이 쌩(ㅅ)

그렇게 말씀해 주시니 감사합니다.
It's kind of you to say that.
잇(ㅊ) 카인 더 뷰 투 세이 댓

친절에 감사 드립니다.
Thank you for your kindness.
쌩 큐 포 유어 카인니스

도와주셔서 대단히 감사합니다.
Thank you very much for your help.
쌩 큐 베리 머취 포 유어 헬(ㅍ)

관심 가져줘서 고마워요.
I appreciate your concern.
아이 어프리시에잇 유어 콘썬

초대에 감사 드립니다.
I appreciate the invitation.
아이 어프리시에잇 디 인비테이션
Thanks for having me over.
쌩(ㅅ) 포 해빙 미 오버

길을 가르쳐 주셔서 감사해요.
Thank you for giving us directions.
쌩 큐 포 기빙 어스 디렉션(ㅅ)

기다려 줘서 고마워요.
Thank you for waiting.
쌩 큐 포 웨이팅

감사 인사에 응답할 때

천만에요.
You're welcome. / No problem. / My pleasure.
유어 웰컴 / 노 프라블럼 / 마이 플레저

별말씀을요.
Don't mention it.
돈 멘션 잇

제가 오히려 고맙죠.
It was my pleasure.
잇 워즈 마이 플레저
I should be the one to thank you.
아이 슈(ㄷ) 비 디 원 투 쌩 큐

대단한 일도 아닌데요.
No big deal. / It's nothing. / It's not a big deal.
노 빅 딜 / 잇(ㅊ) 나씽 / 잇(ㅊ) 낫 어 빅 딜

언제든지 부탁하세요.
Any time.
애니 타임
You can always count on me.
유 컨 얼웨이즈 카운 톤 미

Unit 4 사과

사과하다

미안합니다.

I'm sorry.

아임 소리

사과 드립니다.

I apologize to you.

아이 어팔러자이즈 투 유

I owe you an apology.

아이 오우 유 언 어팔러지

그 일에 대해서 미안하게 생각하고 있습니다.

I'm sorry about that.

아임 소리 어바웃 댓

I feel sorry about it.

아이 필 소리 어바웃 잇

오래 기다리게 해서 미안합니다.

I'm sorry to have kept you waiting so long.

아임 소리 투 해(ㅂ) 켑 츄 웨이팅 소 롱

폐를 끼쳐서 죄송합니다.

I'm sorry to disturb you.

아임 소리 투 디스터 뷰

I'm sorry for all the troubles that I have caused.

아임 소리 포 얼 더 츠러블즈 댓 아이 해(ㅂ) 커즈

늦어서 죄송합니다.
Excuse me for being late.
익스큐즈 미 포 비잉 레잇

뭐라고 사과해야 할지 모르겠어요.
I don't know what to say.
아이 돈 노우 왓 투 세이
I can't tell you how sorry I am.
아이 캔 텔 유 하우 소리 아이 엠

부디 제 사과를 받아 주세요.
Please accept my apology.
플리즈 익셉(ㅌ) 마이 어팔러지

영어 닉네임

영어 이름을 듣다 보면, Thomas이기도 하고 Tom이기도 합니다.
이는 같은 이름으로, 일상 생활 중에는 줄여서 많이 부르기 때문인데요. 때로는 닉네임이 두 개이거나 남녀가 같기도 하답니다.

·Abigail → Abby / ·Deborah → Debby / ·Jennifer → Jenny
·Pamela → Pam / ·Peter → Pete / ·Robert → Bob

닉네임이 두 개인 경우
·Richard → Rick, Dick
·Elizabeth → Liz, Beth
·William → Will, Bill

남녀가 같은 닉네임인 경우
·Alexander/Alexandra → Alex
·Christopher/Christina → Chris
·Patrick/Patricia → Pat
·Samuel/Samantha → Sam

잘못&실수했을 때

제 잘못이었어요.
It was my fault. / I blame no one but myself.
잇 워즈 마이 폴(ㅌ) / 아이 블레임 노 원 벗 마이셀(ㅍ)

제가 망쳐서 죄송합니다.
Sorry that I blew it.
소리 댓 아이 블루 잇

고의가 아니었어요.
I didn't mean it at all.
아이 디든 민 잇 앳 얼
I didn't do it on purpose.
아이 디든 두 잇 온 퍼(ㄹ)퍼스
My intentions were good.
마이 인텐션(ㅅ) 워 굳

제가 말을 실수했어요.
It was a slip of the tongue.
잇 워즈 어 슬립 어(ㅂ) 더 텅

죄송해요, 어쩔 수가 없었어요.
I'm sorry, I couldn't help it.
아임 소리 아이 쿠든 헬 핏

미안해요, 깜빡 잊었어요.
I'm sorry, I forgot.
아임 소리 아이 포(ㄹ)갓

사과 인사에 응답할 때

괜찮습니다.

That's all right.

댓(ㅊ) 얼 라잇

That's okay.

댓(ㅊ) 오케이

No sweat.

노 스웨(ㅌ)

용서하죠.

You're forgiven.

유어 포(ㄹ)기븐

저야말로 사과를 드려야죠.

It is I who must apologize.

잇 이즈 아이 후 머슷 어팔러자이즈

걱정하지 마세요.

Don't worry about it.

돈 워리 어바웃 잇

back과 관련된 idiom

back라고 해도 신체의 등만 의미하진 않아요.
관용어로 쓰이는 표현들을 보며, 의미를 잘못 이해하지 않도록 주의하세요.

·**Get off my back.** 귀찮게 하지 마. / ·**Don't talk back.** 말 대꾸 하지 마.
·**back on your feet** 건강이 회복되다 / ·**back seat driver** 잔소리쟁이
·**back to the drawing board** 기본으로 돌아가다
·**back to back** 연속적으로 / ·**break one's back** 열심히 하다
·**break the camel's back** 연이어 무거운 짐을 지워 마침내 못 견디게 하다

Unit 5 대답

잘 알아듣지 못할 때

죄송한데, 안 들려요.
Sorry, but I can't hear you.
소리 벗 아이 캔 히어 유

말이 너무 빨라요.
You're speaking a little too quickly for me.
유어 스픽킹 어 리들 투 쿠이클리 포 미

잘 모르겠네요.
I don't quite get you.
아이 돈 쿠아잇 겟 유

당신이 하는 말을 알아듣지 못했어요.
I can't catch you.
아이 캔 캣취 유

무슨 뜻이죠?
What does that mean?
왓 더즈 댓 민

철자가 어떻게 되죠?
How do you spell that?
하우 두 유 스펠 댓
Would you spell that out for me?
우 쥬 스펠 댓 아웃 포 미

실례&양해를 구할 때

실례지만, 지나가도 될까요?
Excuse me, may I get through?
익스큐즈 미 메이 아이 겟 쓰루

잠시 실례하겠습니다, 곧 돌아오겠습니다.
Excuse me for just a moment, I'll be back soon.
익스큐즈 미 포 저슷 어 모먼(ㅌ) 아일 비 백 순

일이 있어서 가 봐야겠어요.
Something happened, I've got to go.
섬씽 해픈(ㄷ) 아이(ㅂ) 갓 투 고
Things came up, I've got to go.
씽(ㅅ) 케임 업 아이(ㅂ) 갓 투 고
Something popped up, I have to go.
섬씽 팝 텁 아이 해(ㅂ) 투 고

제 가방 좀 봐 줄래요? 화장실 좀 다녀올게요.
Can you keep an eye on my bag, please? Nature's calling.
캔 유 킵 언 아이 온 마이 백 플리즈 네이처(ㅅ) 컬링

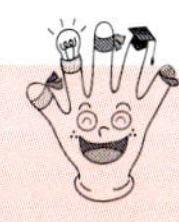

get through 통과하다
pop up 갑자기 일어나다, 갑자기 나타나다
* **pop back** 급히 돌아가다
* **pop in** 잠깐 방문하다, 갑자기 들어가다
* **pop off** 갑자기 나가다, 갑자기 사라지다
keep an eye 지켜보다, 살펴보다

긍정적으로 대답할 때

물론이죠.
Sure. / Certainly. / Absolutely. / Of course. / You bet.
슈어 / 써(ㄹ)튼리 / 앱솔룻리 / 어(ㅂ) 커(ㄹ)스 / 유 벳

알겠습니다.
Yes, sir[ma'am]. /I got it.
예스 서(ㄹ) [맴] / 아이 갓 잇

기꺼이 하죠.
With pleasure.
윗 플레저
I'd be glad to.
아이(ㄷ) 비 글랫 투
Sure, I'd like to.
슈어 아이(ㄷ) 라익 투

좋아요.
All right. / Why not? / No, not at all. / Yes, go ahead.
얼 라잇 / 와이 낫 / 노 낫 앳 얼 / 예스 고 어헤(ㄷ)

좋아.
Fine. / Good. / Fair enough.
파인 / 굿 / 페어 이넙

맞아요.
Exactly. / That's right. / You're right.
익잭틀리 / 댓(ㅊ) 라잇 / 유어 라잇

부정적으로 대답할 때

전혀 모르겠어요.
I'll never get it right[straight].
아일 네버 겟 잇 라잇 [스트레잇]

해결할 수 없어요.
I'll never figure it out.
아일 네버 피겨 잇 아웃
I'll make sense of it.
아일 메익 센 서 빗
I'll never sort it out.
아일 네버 소(ㄹ) 팃 아웃

아무것도 아니에요.
Don't mention it.
돈 멘션 잇
Not at all.
낫 앳 얼

아직이요.
Not yet.
낫 옛

물론 아니죠.
Of course not.
어(ㅂ) 커(ㄹ)스 낫
Certainly not.
써(ㄹ)틀리 낫

완곡히 거절할 때

유감이지만, 안 되겠어요.
I'm afraid not.
아임 어(ㅍ)레이(ㄷ) 낫

그렇게 생각하지 않아요.
I don't think so.
아이 돈 씽(ㅋ) 소

아니요, 제가 할 수 없을 것 같군요.
No, I don't think I can make it.
노 아이 돈 씽 카이 컨 메익 잇

미안해요, 지금은 무리예요.
I'm sorry, I can't right now.
아임 소리 아이 캔 라잇 나우
I'm afraid I can't make it right away.
아임 어(ㅍ)레이(ㄷ) 아이 컨 메익 잇 라잇 어웨이

아무래도 안 되겠어요.
I'd rather not.
아이(ㄷ) 래더 낫

모른 체 하겠습니다.
I'd better pass it up.
아이(ㄷ) 베더 패스 잇 업

기타 대답

그럴 수 있죠.
It's possible.
잇(ㅊ) 파서블

아마도.
Maybe. / Perhaps. / Probably.
메이비 / 퍼(ㄹ)햅(ㅅ) / 프러바블리

아마 그럴 거야.
Sort of.
소(ㄹ) 터(ㅂ)

그건 경우에 따라 달라요.
That[It] depends.
댓 [잇] 디펜(ㅈ)

믿기 어려운데.
I don't buy it.
아이 돈 바이 잇

이해하겠어요?
You see?
유 시
Can you understand what I said?
캔 유 언더스탠(ㄷ) 왓 아이 세(ㄷ)
You know what I mean?
유 노우 왓 아이 민

믿을 수 없어.

I can't believe it.

아이 캔 빌리 빗

I can't imagine.

아이 캔 티매진

(농담이) 썰렁하군.

That's a lame joke.

댓 처 레임 조욱

That's a flat joke.

댓 처 플랫 조욱

장난치지 마.

You're kidding?

유어 키딩

Stop pulling my leg.

스탑 풀링 마이 렉

Are you sure?

아 유 슈어

생각 좀 해 볼게요.

I'll give it some thought.

아일 기 빗 섬 써웃

할 기분이 아니에요.

I'm not in the mood.

아임 낫 인 더 무(ㄷ)

I don't feel like it.

아이 돈 필 라익 잇

맞장구 칠 때

두말하면 잔소리.
Tell me about it. / Likewise. / Exactly. / Absolutely.
텔 미 어바웃 잇 / 라익와이즈 / 익잭틀리 / 앱솔룻리

맞아요.
Right.
라잇

바로 그겁니다.
That's it.
댓 칫

저도요.
So do I.
소 두 아이

그게 바로 제 생각입니다.
That's what I mean.
댓(ㅊ) 왓 아이 민

네, 그렇고 말고요.
Yes, indeed.
예스 인디(ㄷ)

동의합니다.
I agree. / It's a deal. / So am I.
아이 어그리 / 잇 처 딜 / 소 앰 아이

당신에게 동의합니다.

I'm with you.
아임 윗 유

I'm for it.
아임 포 릿

I am on your side.
아이 앰 온 유어 사이드

I am in favor of your suggestion.
아이 앰 인 페이버 어 뷰어 서제스천

I agree with you.
아이 어그리 윗 유

I couldn't agree with you more.
아이 쿠든 터그리 윗 유 모어

You're right about that.
유어 라잇 어바웃 댓

You're spot on.
유어 스팟 온

저는 이의가 없어요.

There is no objection on my part.
데어 이즈 노 어브젝션 온 마이 파(ㄹㅌ)

옳으신 말씀입니다.

You're right on the money.
유어 라잇 온 더 머니

맞장구 치지 않을 때

그래요?
Is that so?
이즈 댓 소
Are we?
아 위
Have you?
해 뷰

그럴 리가요.
You don't say so.
유 돈 세이 소

잘 모르겠어요.
I'm not sure.
아임 낫 슈어

꼭 그렇지는 않아요.
That's not always the case.
댓(ㅊ) 낫 얼웨이즈 더 케이스

그게 항상 옳다고 할 수는 없죠.
We can't always say that's correct.
위 캔 털웨이즈 세이 댓(ㅊ) 커렉(ㅌ)

반대할 때

반대!
Objection!
업젝션

전 당신 의견을 지지하지 않아요.
I can't support your opinion.
아이 캔 서포(ㄹ) 츄어 어피니언

당신에게 동의하지 않아요.
I disagree with you.
아이 디서그리 윗 유
I can't go along with you.
아이 캔 고 어롱 윗 유

그 계획에 반대합니다.
I can't agree to the plan.
아이 캔 터그리 투 더 플랜
I'm opposed to the plan.
아임 어포즈(ㄷ) 투 더 플랜
I'm against the plan.
아임 어게인슷 더 플랜

그래요? 전 아닌데요.
Don't you? Neither do I.
돈 츄 니더 두 아이

Unit 6 전화

전화를 걸 때

David와 통화할 수 있나요?
Could I speak to David, please?
쿠 다이 스픽 투 데이빗 플리즈

Ben 있어요?
Is Ben there?
이즈 벤 데어

Sally와 통화하려고 하는데요.
I'm trying to get in touch with Sally.
아임 츠라잉 투 겟 인 터취 윗 샐리
I'm trying to reach Sally.
아임 츠라잉 투 리취 샐리
I'd like to speak with Sally, please.
아이(ㄷ) 라익 투 스픽 윗 샐리 플리즈
I'd like to talk to Sally, please.
아이(ㄷ) 라익 투 톡 투 샐리 플리즈

무전기 교신에서 쓰는 말

- **Over** 내 말 끝났으니 응답 바람
- **Out(=Clear)** 교신 끝
- **Roger** 무슨 말인지 이해했음
- **Wilco** 무슨 말인지 이해했으며 지시대로 하겠음

지금 통화 괜찮으세요?

Can you talk right now?
캔 유 톡 라잇 나우

Is this a good time to talk?
이즈 디스 어 굿 타임 투 톡

바쁘신데 제가 전화한 건가요?

Is this a bad time?
이즈 디스 어 뱃 타임

Am I calling at a bad time?
앰 아이 컬링 앳 어 뱃 타임

Did I catch you at a bad time?
디 다이 캣취 유 앳 어 뱃 타임

늦게 전화 드려서 죄송합니다.

I'm sorry for calling this late.
아임 소리 포 컬링 디스 레잇

공중전화

미국 영화를 보다 보면,
공중전화 앞에 사람이 기다리고
있다가 갑자기 울리는 공중전화를 받는 장면이 나옵니다. 미국에서는
공중전화가 전화번호가 있어서 전화를 수신하는 것이 가능하기 때문이랍니다.

전화를 받을 때

죄송하지만 전화 좀 받을게요.

Sorry, I should take this.
소리 아이 슈(ㄷ) 테익 디스

누구신가요?
Can I ask who's calling? / Who's calling, please?
캔 아이 애슥 후(ㅈ) 컬링 / 후(ㅈ) 컬링 플리즈

무슨 일 때문이죠?
May I ask what this is about?
메이 아이 애슥 왓 디스 이즈 어바웃
May I ask what this is regarding?
메이 아이 애슥 왓 디스 이즈 리가(ㄹ)딩
What is this in regard to?
왓 이즈 디스 인 리가(ㄹㄷ) 투

어느 분을 찾으십니까?
Who would you like to speak to?
후 우 쥬 라익 투 스픽 투

누구를 바꿔 드릴까요?
Who do you wish to speak to?
후 두 유 위쉬 투 스픽 투

전데요.
That's[It's] me. / Speaking.
댓(ㅊ) [잇(ㅊ)] 미 / 스피킹

전화를 바꿔 줄 때

잠시만요.
Just a minute[second], please.
저슷 어 미닛 [세컨(ㄷ)] 플리즈

잠시만 기다리세요.
Hold on, please.
홀 돈 플리즈

어떤 분을 바꿔 드릴까요?
How may I direct your call?
하우 메이 마이 디렉(ㅌ) 츄어 컬

연결해 드리겠습니다.
I'll put you through.
아일 풋 츄 쓰루
I'll transfer your call.
아일 츠랜스퍼 유어 컬
I'll connect you.
아일 커넥(ㅌ) 츄

네 전화야.
It's for you. / There's a call for you.
잇(ㅊ) 포 유 / 데어 서 컬 포 유

기다리세요, 바꿔 드릴게요.
Hold the line, I'll connect you with him.
홀(ㄷ) 더 라인 아일 커넥 츄 윗 힘

다시 전화한다고 할 때

내가 나중에 전화할게.
I'll get back to you later.
아일 겟 백 투 유 레이터

제가 다시 전화 드릴까요?
Can I call you back?
캔 아이 컬 유 백
Would you mind if I call you back?
우 쥬 마인 디 파이 컬 유 백

제가 잠시 후에 다시 전화 드리겠습니다.
I'll get in touch with you soon.
아일 겟 인 터취 윗 유 순
I'll return your call as soon as I can.
아일 리턴 유어 컬 애(ㅈ) 순 애 자이 컨
I'll get back to you soon.
아일 겟 백 투 유 순

10분 후에 다시 전화해 주세요.
Please call me back in 10 minutes.
플리즈 컬 미 백 인 텐 미닛(ㅊ)
Could you call me back 10 minutes later?
쿠 쥬 컬 미 백 텐 미닛(ㅊ) 레이터

전화를 받을 수 없을 때

통화 중입니다.

I'm afraid he's on another line.

아임 어(ㅍ)레이(ㄷ) 히즈 온 어나더 라인

The line is busy.

더 라인 이즈 비지

죄송합니다만, 그는 방금 나가셨습니다.

I'm sorry, but he has just stepped out.

아임 소리 벗 히 해즈 저슷 스텝 타웃

다른 전화가 와서요.

I've got a call coming in.

아이(ㅂ) 갓 어 컬 커밍 인

내가 지금 뭐 하는 중이라.

I'm in the middle of something.

아임 인 더 미들 어(ㅂ) 섬씽

오래 통화할 수 없어요.

I can't talk with you for long.

아이 캔 톡 윗 유 포 롱

전화 오면 나 없다고 해.

If anyone calls, I'm not here.

이 패니원 컬(ㅅ) 아임 낫 히어

통화 상태가 안 좋을 때

소리가 끊기는데.
Your voice is breaking up.
유어 보이스 이즈 브레이킹 업
You're breaking up.
유어 브레이킹 업

전화가 계속 끊기네요.
We keep getting cut off.
위 킵 게딩 컷 오(ㅍ)

전화가 끊기는 것 같은데요.
I'm afraid I am losing you.
아임 어(ㅍ)레이 다이 엠 루징 유

잘 안 들려요.
I can barely hear you.
아이 컨 배어리 히어 유
I'm losing you.
아임 루징 유

전화번호부

미국의 전화번호부는
사람 이름을 찾는 페이지는 하얀 색(**White Pages**), 가게 이름을 찾는 페이지는 노란 색(**Yellow Pages**)로 구별되어 있어서 각각을 페이지 색깔로 부른답니다. 그리고 **White Pages** 뒤에 관공서 전화번호를 모아둔 **Blue Pages**가 있습니다.

전화 메시지

메시지를 남기시겠어요?

Can I take a message?

캔 아이 테익 어 메시쥐

Would you like to leave a message?

우 쥬 라익 투 리 버 메시쥐

What would you like me to tell him?

왓 우 쥬 라익 미 투 텔 힘

Jennifer가 전화했었다고 전해 주세요.

Tell him[her] that Jennifer called.

텔 힘 [허] 댓 제니퍼 컬(ㄷ)

전화하라고 전해 주세요.

Tell him[her] to call me.

텔 힘 [허] 투 컬 미

Could you have him[her] call me?

쿠 쥬 햅 힘 [허] 컬 미

Could you tell him[her] to call me back?

쿠 쥬 텔 힘 [허] 투 컬 미 백

Would you ask him[her] to call me back?

우 쥬 애슥 힘 [허] 투 컬 미 백

1234-5678로 전화하라고 전해 주세요.

Ask him[her] to call me at 1234-5678.

애슥 힘 [허] 투 컬 미 앳 원 투 쓰리 포 파이(ㅂ) 식스 세븐 에잇

잘못 걸려온 전화

전화 잘못 거셨어요.

You have the wrong number.

유 해(ㅂ) 더 롱 넘버

You must have dialed the wrong number.

유 머슷 해(ㅂ) 다이얼(ㄷ) 더 롱 넘버

You must have looked up the wrong number.

유 머슷 해(ㅂ) 룩 텁 더 롱 넘버

I think you've got the wrong number.

아이 씽 큐(ㅂ) 갓 더 롱 넘버

그런 분 안 계십니다.

There's no one here by that name.

데어(ㅅ) 노 원 히어 바이 댓 네임

몇 번에 거셨어요?

What number did you want[dial]?

왓 넘버 디 쥬 원(ㅌ) [다이얼]

전화번호를 다시 한 번 확인해 보세요.

You should double-check the number.

유 슈(ㄷ) 더블 첵 더 넘버

제가 전화를 잘못 걸었습니다.

I must have the wrong number.

아이 머슷 해(ㅂ) 더 롱 넘버

전화를 끊을 때

몇 번으로 전화 드려야 하죠?
What number can I reach you at?
왓 넘버 캔 아이 리취 유 앳

곧 다시 통화하자.
Talk to you soon.
톡 투 유 순

전화해 줘서 고마워요.
Thank you for calling.
쌩 큐 포 컬링

그만 끊어야겠어요.
Well, I have to go.
웰 아이 해(ㅂ) 투 고
I have to get off the line now.
아이 해(ㅂ) 투 겟 오(ㅍ) 더 라인 나우

연락하는 거 잊지 마.
Don't forget to drop me a line.
돈 포(ㄹ)겟 투 드랍 미 어 라인

언제든 내게 연락해.
Please feel free to drop me a line.
플리즈 필 프리 투 드랍 미 어 라인

전화 기타

전화 좀 받아 주세요.
Please answer the phone.
플리즈 앤서 더 폰
Would you get that phone?
우 쥬 겟 댓 폰

전화는 제가 받을게요.
I'll answer it. / I'll cover the phones.
아일 앤서 릿 / 아일 커버 더 폰(ㅅ)

전화를 안 받는데요.
There's no answer.
데어(ㅅ) 노 앤서

통화 좀 간단히 할래요?
Can you please make that brief?
캔 유 플리즈 메익 댓 브리(ㅍ)

공중전화는 어디 있어요?
Can you tell me where the pay telephone is?
캔 유 텔 미 웨어 더 페이 텔레폰 이즈

전화번호부 있어요?
Do you have a telephone directory?
두 유 해 버 텔레폰 디렉터리

수신자 부담 전화를 걸려고요.
I'd like to make a collect call.
아이(ㄷ) 라익 투 메익 어 컬렉(ㅌ) 컬

Chapter

02

무슨 말을 꺼낼까?

Unit 1 하루 일상

일어나기

일어날 시간이야!
It's time to get up!
잇(ㅊ) 타임 투 게 덥

일어났어?
Are you awake?
아 유 어웨익

막 일어났어요.
I just woke up.
아이 저슷 워욱 업

일어나, 늦겠어.
Get up now, or you'll be late.
겟 업 나우 오어 유일 비 레잇

이런, 늦잠을 잤네.
On no, I overslept.
오 노 아이 오버슬렙(ㅌ)

어제 밤을 새웠어.
I stayed up all night.
아이 스테이 덥 얼 나잇

내일 아침에 일찍 깨워 주세요.
Please wake me up early tomorrow morning.
플리즈 웨익 미 업 어(ㄹ)리 투머로우 모닝

전 아침 일찍 일어나요.
I wake up early in the morning.
아이 웨익 업 어(ㄹ)리 인 더 모닝

난 아침형 인간이야.
I'm a morning person.
아임 어 모닝 퍼(ㄹ)슨

난 보통 아침 6시면 일어나.
I usually wake up at 6 o'clock in the morning.
아이 유쥬얼리 웨익 업 앳 식(ㅅ) 어클락 인 더 모닝

나는 알람 소리에 잠이 깬다.
I wake up to the sound of my alarm.
아이 웨익 업 투 더 사운 더(ㅂ) 마이 알람

알람을 맞춰 놨는데 일어나지 못했어요.
I set an alarm but I didn't wake up.
아이 셋 언 알람 벗 아이 디든 웨익 컵

get up과 wake up

'get up'과 'wake up' 둘 다 '일어나다'라는 뜻을 가진 동사이지만 get up이 잠자리에서 일어나는 동작에 초점을 맞췄다면 wake up은 잠에서 깬다는 상태를 표현하는 말입니다.
아침에 wake up 했지만 get up 하지 않은 상황, 어떤 상황인지 이해가 되시죠?

씻기

손부터 씻어야지.
Wash your hands first.
워쉬 유어 핸(ㅈ) 퍼(ㄹ)슷

잠을 깨려면 세수를 해야겠어.
I need to wash my face to wake up.
아이 닛 투 워쉬 마이 페이스 투 웨익 업

오늘 아침엔 머리 감을 시간이 없네.
I don't have time to shampoo this morning.
아이 돈 해(ㅂ) 타임 투 섐푸 디스 모닝

매일 아침 조깅하고 난 후 샤워를 해요.
I take a shower after jogging every morning.
아이 테익 커 샤워 애(ㅍ)터 조깅 에브리 모닝

저는 매일 아침 머리를 감는 것을 습관으로 하고 있어요.
I make it a rule to shampoo my hair every morning.
아이 메익 잇 어 룰 투 샘푸 마이 헤어 에브리 모닝

아침에 일어날 때의 행동

·**wake (someone) up** ~를 깨우다 / ·**awake** 깨어 있는(서술형으로만 쓰이는 형용사)
·**overslept** 늦잠자다 / ·**stay up** 밤새다, 밤늦도록 자지 않고 깨어 있다
·**yawn** 하품하다 / ·**stretch** 기지개를 켜다 / ·**rub eyes** 눈을 비비다
·**ring (=go off, buzz)** (알람, 종 등이) 울리다 / ·**turn off the alarm** 알람을 끄다
·**set the alarm** 알람을 맞추다 / ·**wake-up call** 모닝콜
·**get out of the bed** 침대에서 나오다 / ·**morning person** 아침형 인간,

식사

아침 식사 다 됐어요!
Breakfast is ready!
브렉퍼슷 이즈 레디

난 아침 식사를 절대로 거르지 않아.
I never skip breakfast.
아이 네버 스킵 브렉퍼슷

오늘은 아침을 먹을 기분이 아니야.
I don't feel like having breakfast this morning.
아이 돈 필 라익 해빙 브렉퍼슷 디스 모닝

그렇게 음식을 가리면 안 돼.
Don't be so choosy about food.
돈 비 소 추지 어바웃 푸(ㄷ)

남기지 말고 다 먹어.
Finish up your plate.
피니쉬 업 유어 플레이트

밥 더 줄까?
Do you want some more rice?
두 유 원 섬 모어 라이스

다 먹었어?
Have you finished?
해 뷰 피니쉬(ㅌ)

TV 보기

오늘 밤 TV에서 뭐 하지?
What's on TV tonight?
왓 촌 티비 투나잇

CNN 채널에선 뭐 하지?
What's on the CNN channel?
왓 촌 더 씨엔엔 채널

뭐 좋은 프로그램 있어요?
Are there any good programs on TV?
아 데어 애니 굿 프로그램 손 티비
Is there anything good on?
이즈 데어 애니씽 굿 온

채널 좀 바꾸자.
Let's change the channel.
렛(ㅊ) 체인쥐 더 채널

채널 좀 그만 돌려.
Stop flipping channels.
스탑 플립핑 채널(ㅅ)

TV 볼륨 좀 줄여.
Please turn down the TV. / Turn it down, please.
플리즈 턴 다운 더 티비 / 턴 잇 다운 플리즈

이제 TV를 꺼라.
Turn off the TV now.
턴 오(ㅍ) 더 티비 나우

잠자리 들기

잠자리에 들 시간이야.

It's time to go to bed.

잇(ㅊ) 타임 투 고 투 베(ㄷ)

난 이제 자러 갈게.

I'm gonna go to bed now.

아임 고나 고 투 베(ㄷ) 나우

I'm gonna hit the sack.

아임 고나 힛 더 색

잠자리를 준비할까요?

May I make your bed now?

메이 아이 메익 유어 베(ㄷ) 나우

아직 안 자니? 곧 자정이야.

Are you still up? It's almost midnight.

아 유 스틸 업 잇(ㅊ) 얼모슷 밋나잇

어제는 일찍 잠자리에 들었어요.

I sought my bed early last night.

아이 서엇 마이 베(ㄷ) 어(ㄹ)리 래슷 나잇

I went straight to bed yesterday.

아이 웬(ㅌ) 스츠레잇 투 베(ㄷ) 예스터데이

잠버릇

남편은 잠버릇이 나빠요.
My husband has a bad sleeping habit.
마이 허즈번(ㄷ) 해즈 어 뱃 슬리핑 해빗
My husband is an untidy sleeper.
마이 허즈번 디즈 언 언타이디 슬리퍼

아내는 자면서 자꾸 뒤척여요.
My wife tosses a lot in her sleep.
마이 와입 토시 저 랏 인 허 슬립

그는 밤새도록 코를 골아요.
He snores away the whole night.
히 스노어 저웨이 더 호올 나잇

넌 간밤에 코를 엄청 골았어.
You snored like a bulldog last night.
유 스노어(ㄷ) 라익 어 불독 래슷 나잇

에이미는 잠꼬대 하는 버릇이 있어요.
Amy is a sleep talker.
에이미 이즈 어 슬립 톡커

그는 잘 때 이를 갈아요.
He grinds his teeth in bed.
히 그라인(ㅈ) 히스 티쓰 인 베(ㄷ)

숙면

지난밤에는 푹 잤어요.

I slept well last night.
아이 슬렙(ㅌ) 웰 래슷 나잇

I had a good night.
아이 해 더 굿 나잇

I slept like a log.
아이 슬렙(ㅌ) 라익 어 록

나는 잠을 잘 못 자요.

I am a bad sleeper.
아이 엠 어 뱃 슬립퍼

I am a light sleeper.
아이 앰 어 라잇 슬립퍼

I have problems sleeping.
아이 해(ㅂ) 프라블럼(ㅅ) 슬립핑

잠을 잘 못 잤어요?

Did you sleep wrong?
디 쥬 슬립 롱

요새 잠을 잘 못 자고 있어요.

I haven't been getting much sleep lately.
아이 해븐 빈 게딩 머취 슬립 레잇리

그가 코를 고는 바람에 잠을 잘 수 없었어요.

I couldn't sleep as he blew like a grampus.
아이 쿠든 슬립 애(ㅈ) 히 블루 라익 어 그램퍼(ㅅ)

꿈

난 가끔 그의 꿈을 꾸지.
I dream of him from time to time.
아이 드림 어(ㅂ) 힘 프럼 타임 투 타임

어제 이상한 꿈을 꿨어.
I had a strange dream last night.
아이 해 더 스츠레인쥐 드림 래슷 나잇

악몽을 꿨다.
I had a bad dream.
아이 해 더 뱃 드림
I had a nightmare.
아이 해 더 나잇매어

그는 가끔 악몽에 시달린다.
From time to time, he is oppressed by a nightmare.
프럼 타임 투 타임 히 이즈 어프레스(ㅌ) 바이 어 나잇매어
He sometimes suffers from nightmares.
히 섬타임(ㅅ) 서퍼(ㅅ) 프럼 나잇매어(ㅅ)

악몽을 꿨기 때문에 다시 잠자리에 들 수가 없었어.
I had a nightmare, so I couldn't get back to sleep.
아이 해 더 나잇매어 소 아이 쿠든 겟 백 투 슬립

당신은 꿈을 흑백으로 꾸나요, 칼라로 꾸나요?
Do you dream in black and white or in color?
두 유 드림 인 블랙 앤 와잇 오어 인 컬러

Unit 2 집

화장실 사용

화장실이 어디죠?

Where is the restroom?

웨어 이즈 더 레슷룸

Where is the bathroom?

웨어 이즈 더 배쓰룸

Where can I find the toilet?

웨어 캔 아이 파인(ㄷ) 더 토일릿

화장실 좀 다녀올게.

I'm going to hit the washroom. / Let me wash my hands.

아임 고잉 투 힛 더 워쉬룸 / 렛 미 워쉬 마이 핸(ㅈ)

I'll go and powder my nose. / Nature is calling me.

아일 고 앤 파우더 마이 노우즈 / 네이쳐 이즈 컬링 미

화장실에 잠시 들렀어요.

I made a quick toilet stop.

아이 메잇 어 쿠윅 토일릿 스탑

화장실에 누가 있어.

Someone is in the bathroom.

섬원 이즈 인 더 배쓰룸

변기가 막혔어요.

The toilet bowl is clogged.

더 토일릿 보울 이즈 클럭(ㅌ)

화장실 에티켓

변기 물 내리는 거 잊지 마.
Don't forget to flush the toilet.
돈 포(ㄹ)겟 투 플러쉬 더 토일릿

변기에 토하지 마세요.
Don't talk on the big white phone.
돈 톡 온 더 빅 와잇 폰

사용한 휴지는 휴지통에 넣어 주세요.
Please put used papers into the trash can.
플리즈 풋 유즛 페이퍼(ㅅ) 인투 더 츠래쉬 캔

휴지는 휴지통에.
Trash to trash can.
츠래쉬 투 츠래쉬 캔

이물질을 변기에 버리지 마시오.
Don't throw waste in toilets.
돈 쓰로우 웨이슷 인 토일릿(ㅊ)

화장지를 아껴 씁시다.
Save the toilet paper.
세이(ㅂ) 더 토일릿 페이퍼

바닥에 침을 뱉지 마시오.
Don't spit on the floor.
돈 스핏 온 더 플로워

소변&대변

그는 화장실에서 소변을 보았다.
He had a splash in the restroom.
히 해 더 스플래쉬 인 더 레슷룸

소변 보러 다녀와야겠어요.
I have to go and pee.
아이 해(ㅂ) 투 고 앤 피

소변 금지!
Commit no nuisance!
커밋 노 뉴선스

화장실에서 대변을 보았다.
I pinched a loaf at the restroom.
아이 핀취 터 로웁 앳 더 레슷룸

그는 대변 보러 화장실에 갔다.
He went to the restroom to post a letter.
히 웬 투 더 레슷룸 투 포슷 어 레더

3일 동안 변을 보지 못했어요.
I haven't had a bowel movement for 3 days.
아이 해븐 해 더 바월 무(ㅂ)먼(ㅌ) 포 쓰리 데이(ㅅ)

대변이 마려워요.
I have a bowel movement. / I have to take a shit.
아이 해 버 바월 무(ㅂ)먼(ㅌ) / 아이 해(ㅂ) 투 테익 어 쉿

욕실 사용

난 매일 샤워를 해요.
I take a shower every day.
아이 테익 어 샤워 에브리 데이

욕실을 좀 써도 될까요?
May I use your bathroom?
메이 아이 유즈 유어 배쓰룸

아침에는 머리 감을 시간이 없어서 주로 저녁에 감아요.
I usually wash my hair in the evening because I don't have time in the morning.
아이 유쥬얼리 워쉬 마이 헤어 인 디 이브닝 비커즈 아이 돈 해(ㅂ) 타임 인 더 모닝

샤워 후에 목욕탕을 청소하세요.
Please clean the bathroom after you finish taking a shower.
플리즈 클린 더 배쓰룸 애(ㅍ)터 유 피니쉬 테이킹 어 샤워

넌 샤워하는데 시간이 너무 많이 걸려.
You make a long business of having a shower.
유 메익 어 롱 비즈니스 어(ㅂ) 해빙 어 샤워

욕실 배수관이 고장났어요.
The bathroom drain doesn't work.
더 배쓰룸 드레인 더즌 워(ㄹㅋ)

거실 생활

저녁 식사 후에 우리 가족은 거실에서 커피를 마셔요.
After dinner all my family have coffee in the salon.
애(프)터 디너 얼 마이 패밀리 해(브) 커피 인 더 살롱

그는 거실에서 빈둥거리고 있어요.
He just lounges around in the living room.
히 저슷 라운쥐 저라운 딘 더 리빙 룸

거실이 좀 더 넓으면 좋겠어요.
I need a more spacious living room.
아이 닛 어 모어 스패셔(스) 리빙 룸

거실에는 TV가 있어요.
There is a TV in the living room.
데어 이즈 어 티비 인 더 리빙 룸

우리 집 거실은 너무 혼잡해.
Our living room is too crowded.
아워 리빙 룸 이즈 투 크라우디(드)

거실 전체를 다시 꾸며야겠어요.
We need to redo the entire living room.
위 닛 투 리두 디 인타이어 리빙 룸

부엌용품

냄비가 찬장에 가지런히 놓여 있어요.
The pans are arranged neatly in the cupboard.
더 팬 사 어랜쥐(ㄷ) 닛리 인 더 컵버(ㄹㄷ)

프라이팬은 크기 별로 정리되어 있어요.
The frying pans are arranged by size.
더 프라잉 팬 사 어랜쥐(ㄷ) 바이 사이즈

그것들은 토기 그릇이에요.
Those vessels are made of earth.
도우즈 베슬 사 메잇 어 버(ㄹ)쓰

이 그릇들을 조심해서 다뤄야 해요.
You should handle those bowls with care.
유 슈(ㄷ) 핸들 도우즈 보울(ㅅ) 윗 캐어

프라이팬은 오래 쓸수록 길들여져서 쓰기좋아요.
The longer you use a frying pan, the better it becomes for cooking.
더 롱거 유 유즈 어 프라잉 팬 더 베더 잇 비컴(ㅅ) 포 쿠킹

부엌 개수대에서 바닥으로 물이 새는데요.
The kitchen sink leaks water onto the floor.
더 키친 싱(ㅋ) 릭(ㅅ) 워터 온투 더 플로워

냉장고

남은 음식은 냉장고에 넣어둘게요.
I'll put the leftovers in the fridge.
아일 풋 더 레풋오버 신 더 프리쥐

냉장고가 열려 있잖니. 문 좀 닫아 줄래?
The refrigerator is open. Close the door, please.
더 리프리저레이터 이즈 오픈 클로즈 더 도어 플리즈

우리 집 냉장고에는 인스턴트 식품으로 가득 차 있어요.
My refrigerator is full of junk food.
마이 리프리저레이터 이즈 풀 어(ㅂ) 정(ㅋ) 푸(ㄷ)

이 냉장고는 용량이 어떻게 되나요?
What's the volume of this refrigerator?
왓(ㅊ) 더 발륨 어(ㅂ) 디스 리프리저레이터

우리 집 냉장고의 용량은 약 700L예요.
This refrigerator's capacity is about 700L.
디스 리프리저레이터(ㅅ) 커패시티 이즈 어바웃 세븐 헌드레(ㅈ) 리터(ㅅ)

냉장고에 문제가 생겨서 냉동실 얼음이 녹고 있어요.
Since there's something wrong with the refrigerator, ice in the freezer is melting.
신스 데이(ㅅ) 섬씽 롱 윗 더 리프리저레이터 아이스 인 더 프리저 이즈 멜팅

전자&가스레인지

전자레인지는 현대인의 주방 필수품이 되었어요.
A microwave became the necessities of modern kitchen life.
어 마이크로웨이(ㅂ) 비케임 더 네세시티 저(ㅂ) 모던 키친 라입

전자레인지는 음식을 조리하는 시간을 줄여 줍니다.
A microwave can reduce the time to cook.
어 마이크로웨이(ㅂ) 컨 리두스 더 타임 투 쿡

전자레인지에 금속으로 된 그릇을 넣으면 안 되요.
You shouldn't put the dishes made of metal in the microwave.
유 슈든 풋 더 디쉬(ㅈ) 메잇 어(ㅂ) 메틀 인 더 마이크로웨이(ㅂ)

전자레인지는 마이크로 파를 이용한 열로 음식을 조리하거나 데우는 데 쓰이는 주방기구입니다.
A microwave oven is a kitchen appliance that cooks or heats food using microwaves.
어 마이크로웨이(ㅂ) 오븐 이 저 키친 어플라이언스 댓 쿡 소어 힛(ㅊ) 푸(ㄷ) 유징 마이크로웨이(ㅂㅅ)

Samantha는 가스레인지를 켜고 있었다.
Samantha was turning on her gas stove.
사만싸 워즈 터닝 온 허 개(ㅅ) 스터(ㅂ)

어린이들이 가스레인지를 사용하는 건 위험해요.
It's dangerous for children to use gas stoves.
잇(ㅊ) 댄저러(ㅅ) 포 췰드런 투 유즈 개(ㅅ) 스터(ㅂ)

요리 준비

저녁 식사를 준비하는 중이에요.
I'm in the middle of making dinner.
아임 인 더 미들 어(ㅂ) 메이킹 디너

오늘 저녁은 뭐야?
What's for favorite dish?
왓(ㅊ) 포 페이버릿 디쉬

배고프다는 불평 좀 그만 하렴.
Stop complaining about being hungry.
스탑 컴플레이닝 어바웃 비잉 헝그리

10여 분 후면 저녁이 준비될 거야.
Dinner will be ready in about 10 minutes.
디너 윌 비 레디 인 어바웃 텐 미닛(ㅊ)

곧 저녁 식사 준비를 시작할게. 그 때까지 기다릴 수 있지?
I'll be starting dinner shortly. Can you wait until then?
아일 비 스타팅 디너 쇼(ㄹㅌ)리 캔 유 웨잇 언틸 덴

쉽고 빠르게 준비할 수 있는 요리는 뭔가요?
Which dish is quick and easy to prepare?
위취 디쉬 이즈 쿠익 앤 이지 투 프리패어

식탁 차리는 것 좀 도와줄래?
Will you help me prepare the table?
윌 유 헬(ㅍ) 미 프리패어 더 테이블

요리 하기

맛있는 냄새 때문에 군침이 도는 걸.
The delicious cooking smell made my mouth water.
더 딜리셔(ㅅ) 쿠킹 스멜 메잇 마이 마우쓰 워터

저녁으로 불고기를 준비했어요.
I have prepared Bulgogi for dinner.
아이 해(ㅂ) 프리패어(ㄷ) 불고기 포 디너

맛은 어때요?
How does it taste?
하우 더즈 잇 테이슷

엄마가 쓰던 요리법을 사용했을 뿐이에요.
I just use my mom's old recipe.
아이 저슷 유즈 마이 맘 솔(ㄷ) 레써피

요리법 좀 가르쳐 줄래요?
Would you mind sharing the recipe?
우 쥬 마인(ㄷ) 쉐어링 더 레서피

이 요리법에 나온 대로만 따라 하세요.
Just follow the steps in this recipe.
저슷 팔로우 더 스텝 신 디스 레서피

여러분을 위해 준비한 저녁을 맛있게 드세요.
Please make a feast of the dinner I prepared for you.
플리즈 메익 어 피슷 어(ㅂ) 더 디너 아이 프리패어(ㄷ) 포 유

식사 예절

입에 음식을 넣은 채 말하지 마라.
Don't talk with your mouth full.
돈 톡 윗 유어 마우쓰 풀

음식을 남기지 말고 다 먹도록 해.
You should clean your plate.
유 슈(ㄷ) 클린 유어 플레잇

식탁에 팔꿈치를 올리면 안 되요.
You shouldn't put your elbows on the table.
유 슈든(ㅌ) 풋 유어 엘보우 존 더 테이블

식사를 마치면 포크와 나이프를 접시 위에 놓으세요.
When you finish eating, put your knife and fork on the plate.
웬 유 피니쉬 이딩 풋 유어 나입 앤 포(ㄹ) 콘 더 플레잇

식탁에서 신문 읽는 것 그만두면 안 되겠어요?
Would you stop reading the paper at the table?
우 쥬 스탑 리딩 더 페이퍼 앳 더 테이블

자리에서 먼저 일어나도 될까요?
May I leave the table?
메이 아이 리(ㅂ) 더 테이블
May I be excused?
메이 아이 비 익스큐즈(ㄷ)
Do you mind if I leave the table?
두 유 마인 디 파이 리(ㅂ) 더 테이블

설거지

식탁 좀 치워 줄래요?
Would you clear the table?
우 쥬 클리어 더 테이블

그릇을 개수대에 넣어 줘.
Put your dishes in the sink.
풋 유어 디쉬 진 더 싱(ㅋ)

식탁을 치우고 그릇을 식기세척기에 넣어 줄래요?
Could you clear the table and load the dishwasher?
쿠 쥬 클리어 더 테이블 앤 로(ㄷ) 더 디쉬워셔

설거지는 내가 할게요.
I'll do the dishes.
아일 두 더 디쉬(ㅈ)

그가 제 대신 설거지를 할 거라고 했어요.
He said that he'd wash up for me.
히 세(ㄷ) 댓 히(ㄷ) 워쉬 업 포 미

요리는 당신이 했으니 설거지는 내가 하죠.
I'll do the dishes tonight, since you cooked for me.
아일 두 더 디쉬(ㅈ) 투나잇 신스 유 쿡(ㅌ) 포 미

설거지를 하려고 싱크대에 손을 담갔어요.
I submerged my hands in the sink to wash dishes.
아이 섭머(ㄹ)쥐(ㄷ) 마이 핸 진 더 싱(ㅋ) 투 워쉬 디쉬(ㅈ)

위생

식사 전에 손을 비누로 깨끗이 씻어라.
Wash your hands clean with soap before each meal.
워쉬 유어 핸(즈) 클린 윗 숍 비포 이취 밀

그녀는 집에 돌아오면 항상 손부터 씻는다.
She always washes her hands first as soon as she gets home.
쉬 얼웨이즈 워쉬(즈) 허 핸(즈) 퍼(ㄹ)슷 애(즈) 순 애(즈) 쉬 겟(츠) 홈

그들은 위생 관념이 없어요.
They have no sense of hygiene.
데이 해(ㅂ) 노 센스 업 하이진

그녀는 지나치게 청결에 집착해요.
She has a fetish about neatness.
쉬 해즈 어 페티쉬 어바웃 닛니스
She is fanatical about being clean.
쉬 이즈 퍼내티컬 어바웃 비잉 클린

청결이 병을 예방하는 최선책이에요.
Keeping clean is a safeguard against disease.
키핑 클린 이즈 어 세입가(ㄹ) 더게인슷 디지즈

청소

방이 어질러졌네. 좀 치우도록 해.
The room is so messy. Clean it up.
더 룸 이즈 소 메시 클린 잇 업

청소기를 돌려야겠어.
I have to vacuum.
아이 해(ㅂ) 투 배큠

집 청소하는 것 좀 도와줘.
Help me clean the house.
헬(ㅍ) 미 클린 더 하우스

선반의 먼지 좀 털어 줄래?
Can you dust the shelves?
캔 유 더슷 더 쉘(ㅂㅈ)

나는 매달 한 번씩 집안 구석구석을 청소한다.
I clean the house from cellar to rafter once a month.
아이 클린 더 하우스 프럼 셀러 투 래(ㅍ)터 원스 어 먼쓰

방 청소는 네 책임이잖아.
You are responsible for the sweeping of the room.
유 아 리(ㅅ)판서블 포 더 스윕핑 어(ㅂ) 더 룸

청소하지 않고도 집이 깨끗해졌으면 좋겠어.
I want my house clean without cleaning it.
아이 원(ㅌ) 마이 하우스 클린 위다웃 클리닝 잇

걸레질

내가 청소기를 돌릴 테니 당신은 걸레질을 해 줄래요?
I will vacuum the floor and will you mop it?
아이 윌 배큠 더 플로워 앤 윌 유 맙 잇

이 마루바닥은 걸레질이 필요하겠는데.
This floor needs scrubbing.
디스 플로워 니(ㅈ) 스크러빙

엎지른 물을 걸레로 훔쳐냈어.
I wiped up the spilt water with a cloth.
아이 와입 텁 더 스플릿 워터 윗 어 클로우드

창문 좀 닦아 줄래요?
Would you scrub the windows?
우 쥬 스크럽 더 윈도우(ㅅ)

아침 내내 욕조를 문질러 닦았다.
All morning I scrubbed the bathtub.
얼 모닝 아이 스크럽(ㅌ) 더 배쓰텁

미국의 분리수거 1

주에 따라 차이가 있지만 미국의 경우 대부분 분리수거를 하지 않습니다. 커다란 쓰레기통에 모든 쓰레기를 같이 넣어 두면 쓰레기차가 와서 수거해 갑니다. 혹은 쓰레기 수거회사에서 집집마다 배포한 쓰레기통을 정해진 요일에 집주인들이 집 앞에 내다 놓으면 쓰레기 수거차량이 쓰레기를 수거해 가기도 합니다.

분리수거(쓰레기)

쓰레기통 좀 비우지 그래?
Why don't you take out the garbage?
와이 돈 츄 테익 아웃 더 가(ㄹ)비쥐

쓰레기 좀 버려 줄래요?
Would you take out the garbage?
우 쥬 테익 아웃 더 가(ㄹ)비쥐

어젯밤에 쓰레기 내다 놨어요?
Did you put out the garbage last night?
디 쥬 풋 아웃 더 가(ㄹ)비쥐 래슷 나잇

오늘은 쓰레기 수거일이다.
It's garbage collection day today.
잇(ㅊ) 가(ㄹ)비쥐 컬렉션 데이 투데이

재활용 쓰레기는 분리해서 버려야 해요.
You should separate the garbage before you dispose of it.
유 슈(ㄷ) 세퍼레잇 더 가(ㄹ)비쥐 비포 유 디스포즈 어 빗

재활용 쓰레기는 어디에 버려야 하나요?
Where should I put the recyclable garbage?
웨어 슈 다이 풋 더 리싸이커블 가(ㄹ)비쥐

쓰레기 더미에서 악취가 나요.
The garbage dump gives off a terrible smell.
더 가(ㄹ)비쥐 덤(ㅍ) 기(ㅂ) 소 퍼 테러블 스멜

세탁

오늘은 빨래를 해야 해.
I need to do my laundry today.
아이 닛 투 두 마이 런드리 투데이

빨래가 산더미야.
The laundry has piled up.
더 런드리 해즈 파일 덥

세탁기를 돌려야겠어.
I'll run the washing machine.
아일 런 더 워싱 머쉰

다림질 할 옷이 산더미야.
I have a lot of clothes to iron.
아이 해 버 랏 어(ㅂ) 클로우드(ㅈ) 투 아이런

빨래 좀 널어 주세요.
Would you hang the laundry up to dry?
우 쥬 행 더 런드리 업 투 드라이
Please put up the clothes to dry.
플리즈 풋 업 더 클로우드(ㅈ) 투 드라이

빨래 좀 개어 줄래요?
Please help me fold up the clothes.
플리즈 헬(ㅍ) 미 폴 덥 더 클로우드(ㅈ)

셔츠 좀 다려 줄래요?
Will you iron the shirts?
윌 유 아이런 더 셔(ㄹㅊ)

집 꾸미기

전 집 꾸미기를 좋아해요.
I like furnishing houses.
아이 라익 퍼니싱 하우지(ㅈ)

인테리어나 가구 디자인에 관심이 많아요.
I'm interested in architecture and the design of furniture.
아임 인터레스티 딘 아키텍쳐 앤 더 디자인 어(ㅂ) 퍼니쳐

새 집의 인테리어가 마음에 들지 않아요.
I don't like the interior design of my new house.
아이 돈 라익 디 인티리어 디자인 어(ㅂ) 마이 뉴 하우스

인테리어 전문가가 집 전체를 개조했다.
The decorator made over the entire house.
더 데코레이터 메잇 오버 디 인타이어 하우스

새 커튼은 벽 색깔과 어울리지 않아.
The new curtains do not blend with the color of the wall.
더 뉴 커(ㄹ)튼(ㅅ) 두 낫 블렌(ㄷ) 윗 더 컬러 어(ㅂ) 더 월

빌의 집 거실은 화려한 가구로 꾸며져 있어요.
Bill's living room was luxuriously furnished.
빌(ㅅ) 리빙 룸 워즈 럭져리어슬리 퍼니쉬(ㅌ)

Unit 3 운전&교통

운전

어제 운전면허를 땄어요.
I got my driver's license yesterday.
아이 갓 마이 드라이버(ㅅ) 라이센스 예스터데이

난 아직 운전에 익숙하지 않거든요.
I'm not used to driving a car yet.
아임 낫 유즈 투 드라이빙 어 카 옛

그는 운전에 아주 능숙해요.
He is an expert in driving a car.
히 이즈 언 엑스퍼(ㄹ) 틴 드라이빙 어 카

최근에 운전면허를 갱신했어요.
I recently renewed my driver's license.
아이 리센(ㅌ)리 리뉴(ㄷ) 마이 드라이버(ㅅ) 라이센스

미국의 도로 이름

길 이름을 보자니, **street, avenue, road** 뿐이 아니죠. 구별해 보자면, 가장 많이 쓰이는 **Street**은 남북으로 달리는 도로를 가리킵니다. **Avenue**는 동서로 달리는 도로입니다. 그렇지만, 반드시 적용되는 건 아니랍니다.
그밖에 **Road**는 **Street, Avenue**보다 좀 더 작고 돌아가는 곳이 있는 길을, **Boulevard**는 오히려 더 넓고 길 옆으로 가로수가 있는 길을 가리킨답니다. **Lane**이나 **Drive**는 집 앞의 좁은 도로를 가리키고요.
보통 표지판에는 약자로 표기되죠.
·Street=St. / ·Avenue=Ave. / ·Road=Rd. / ·Boulevard=Blvd.
·Lane=Ln. / ·Drive=Dr.

내 운전면허증은 다음 달이 만기예요.
My driver's license expires next month.
마이 드라이버(ㅅ) 라이센스 익스파이어(ㅈ) 넥슷 먼쓰

음주 운전으로 면허를 취소당했어요.
I had my license revoked for drunk driving.
아이 해(ㄷ) 마이 라이센스 리보욱(ㅌ) 포 드렁(ㅋ) 드라이빙

너무 빠르잖아. 속도 좀 줄여!
You're driving too fast. Slow down!
유어 드라이빙 투 패슷 슬로우 다운

조심해! 빨간불이야!
Watch out! It changed to red!
왓취 아웃 잇 체인쥐(ㄷ) 투 레(ㄷ)

내가 교대로 운전해 줄까?
Can I take over the wheel?
캔 아이 테익 오버 더 윌
May I drive for you?
메이 아이 드라이(ㅂ) 포 유

안전벨트를 매도록 해.
Fasten your seat belt.
패슨 유어 싯 벨(ㅌ)

좌회전 해야 하니 좌측 차선으로 들어가.
Get over in the left lane to turn left.
겟 오버 인 더 레픗 레인 투 턴 레픗

주차

주차장은 어디에 있나요?

Where is the parking lot?

웨어 이즈 더 파킹 랏

Where can I park the car?

웨어 캔 아이 팍 더 카

여기에 주차해도 되나요?

Can I park here? / Is parking available?

캔 아이 팍 히어 / 이즈 파킹 어베일러블

건물 뒤에 주차장이 있습니다.

There is a parking lot behind the building.

데어 이즈 어 파킹 랏 비하(ㄷ) 더 빌딩

시간 당 주차료는 얼마인가요?

How much is it per hour?

하우 머취 이즈 잇 퍼 아워

주차장은 만차입니다.

The lot's full.

더 랏(ㅊ) 풀

저희가 주차해 드리겠습니다.

We'll park for you.

위일 팍 포 유

주차 금지!

No parking here!

노 파킹 히어

교통 체증

길이 꽉 막혔어요.
I got caught in traffic.
아이 갓 커웃 인 츠래픽
I got stuck in traffic.
아이 갓 스턱 인 츠레픽
I was held up in traffic.
아이 워즈 헬 덥 인 츠래픽
I was tied up in traffic.
아이 워즈 타이 덥 인 츠래픽

오늘은 교통 체증이 아주 심한데요.
The traffic is really bad today.
더 츠래픽 이즈 리얼리 뱃 투데이

모든 도로가 주차장으로 변해 버렸어요.
All the roads were turned into parking lots.
얼 더 로 줘 턴 딘투 파킹 랏(ㅊ)

왜 밀리는 거죠?
What's the holdup?
왓(ㅊ) 더 홀덥

앞에서 교통사고가 난 것 같은 데요.
There must be an accident up ahead.
데어 머슷 비 언 액시던 텁 어헤(ㄷ)

이 길은 항상 밀려요.
The traffic on this street is always heavy.
더 츠래픽 온 디스 스츠릿 이즈 얼웨이즈 헤비

교통 위반

오른쪽 길 옆으로 차를 세워 주세요.
Pull up to the right.
풀 업 투 더 라잇

면허증 좀 보여 주시겠어요?
May I see your driver's license?
메이 아이 시 유어 드라이버(ㅅ) 라이센스

차에서 내려 주시겠어요?
Step out of the car, please.
스텝 아웃 어(ㅂ) 더 카 플리즈

음주측정기를 부세요.
Please blow into this breath analyzer.
플리즈 블로우 인투 디스 브레쓰 애널라이저

교통 위반

미국에서 운전 시 교통 위반에 해당되는 내용을 모아 봤습니다.
각 항목은 초범, 재범에 따라 벌금 및 벌점이 달라집니다. 벌점이 높아지면 보험료도 높아집니다.
교통법규를 위반하여 티켓을 끊은 경우 벌금을 제대로 내지 않으면 추징금이 붙어 금액이 높아지며 추후 재입국 시 문제가 될 수도 있으니 주의하세요.

- 뺑소니 : 사물을 친 경우 / 사람을 친 경우
- 음주운전 : 상해 / 비상해
- 속도 위반 / · 난폭 운전
- 카풀 차선 및 버스전용 차선 위반 / · 교차로 위반 / · 스쿨버스 위법 통과
- 신호 위반 / · 정지 신호 무시 / · 안전벨트 착용 위반
- 6세 미만 어린이 전용좌석 설치 위반
- 주차 위반 / · 장애인 주차구역 위반 / · 무보험 운전 / · 면허정지 위반

정지 신호에서 멈추지 않으셨네요.
You didn't stop for the stop sign.
유 디든(ㅌ) 스탑 포 더 스탑 사인
You ignored the red light.
유 익노어(ㄷ) 더 레(ㄷ) 라잇

제한 속도를 위반하셨습니다.
You were driving faster than the limit.
유 워 드라이빙 패스터 댄 더 리밋

주차 위반 딱지를 받았습니다.
I got a parking ticket.
아이 갓 어 파킹 티킷

속도 위반 딱지를 끊겠습니다.
I'll issue a speeding ticket.
아일 이슈 어 스피딩 티킷

벌금은 얼마인가요?
How much is the fine?
하우 머취 이즈 더 파인
How much shall I charge?
하우 머취 샬 아이 차(ㄹ)쥐

무단 횡단을 하면 안 됩니다.
You shouldn't jaywalk.
유 슈든(ㅌ) 제이웍
Don't run the light.
돈 런 더 라잇

기차

뉴욕행 왕복 기차표 한 장 부탁합니다.
One round trip to New York, please.
원 라운(ㄷ) 츠립 투 뉴욕 플리즈

몇 등석으로 드릴까요?
Which class do you want?
위취 클래스 두 유 원(ㅌ)

텍사스로 가는 침대칸 한 장 주세요. 윗층으로 부탁합니다.
I'd like to take a sleeper to Texas. Up, please.
아이(ㄷ) 라익 투 테익 어 슬립퍼 투 텍사스 업 플리즈

열차의 배차 간격은 어떻게 되나요?
How often does the train come?
하우 오픈 더즈 더 츠레인 컴
Do you know how often the trains run?
두 유 노우 하우 오픈 더 츠레인(ㅅ) 런

30분 간격으로 다닙니다.
Every 30 minutes.
에브리 써(ㄹ)티 미닛(ㅊ)

LA행 열차는 몇 시에 출발합니까?
What time does the train for LA leave?
왓 타임 더즈 더 츠레인 포 엘에이 리(ㅂ)

열차가 30분 연착됐습니다.
Our train arrived 30 minutes behind schedule.
아워 츠레인 어라이(ㅂㄷ) 써(ㄹ)티 미닛(ㅊ) 비하인(ㄷ) 스케쥴

지하철

매표소는 어디입니까?
Where is the ticket counter?
웨어 이즈 더 티킷 카운터

지하철 노선도를 받을 수 있을까요?
Can I have a subway map?
캔 아이 해 버 섭웨이 맵
A subway map, please.
어 섭웨이 맵 플리즈

어디에서 갈아타야 하나요?
Where should I transfer?
웨어 슈 다이 츠랜(ㅅ)퍼
Where do I change?
웨어 두 아이 체인쥐

2호선으로 갈아타세요.
You can transfer to the number two line.
유 컨 츠랜(ㅅ)퍼 투 더 넘버 투 라인

요금은 얼마입니까?
How much is the fare?
하우 머취 이즈 더 페어

시청으로 나가는 출구가 어디인가요?
Where is the exit for the City Hall?
웨어 이즈 디 엑싯 포 더 시티 홀

버스

가까운 버스 정류장은 어디인가요?
Where is the nearest bus stop?
웨어 이즈 더 니어리슷 버스 스탑

이 버스가 공항으로 가나요?
Does this bus go to the airport?
더즈 디스 버스 고 투 디 에어포(ㄹㅌ)

어디에서 내려야 하는지 알려 주시겠어요?
Could you tell me where to get off?
쿠 쥬 텔 미 웨어 투 겟 오(ㅍ)
Please tell me when we arrive there.
플리즈 텔 미 웬 위 어라이(ㅂ) 데어

버스가 끊겼어요.
The bus stopped running.
더 버스 스탑(ㅌ) 러닝
There is no bus at this time of night.
데어 이즈 노 버스 앳 디스 타임 어(ㅂ) 나잇

도중에 내릴 수 있나요?
Can I stop over on the way?
캔 아이 스탑 오버 온 더 웨이

이 자리 비어 있습니까?
Is this seat vacant[taken]? / May I sit here?
이즈 디스 싯 베이컨(ㅌ) [테이큰] / 메이 아이 싯 히어

택시

택시를 불러 주시겠어요?
Could you call me a taxi, please?
쿠 쥬 컬 미 어 택시 플리즈
I'd like to call a taxi.
아이(ㄷ) 라익 투 컬 어 택시

여기에서 택시를 잡도록 하죠.
Let's catch a taxi here.
렛(ㅊ) 캣취 어 택시 히어

택시를 못 잡겠어요.
I can't find a cab.
아이 캔 파인 더 캡

어디로 가십니까?
Where to?
웨어 투
Where would you like to go?
웨어 우 쥬 라익 투 고

콩글리시 때려 잡기 – 썬팅/오픈카

보통 자동차 유리에 하는 썬팅이 영어가 아니라는 사실!
'~에 (연하게) 색칠하다'라는 뜻을 가진 **tint**를 써서 **tinting**이라고 한답니다. 여자들이 애용하는 화장품에도 자연스러운 입술 색깔을 표현하는 것을 **tint**라고 하죠.
오픈카는 영어 아니야?
오, **no**~ 아마 자동차 모델명에서 보셨을 거예요. **convertible**, 컨버러블~이라고 한답니다.

공항으로 가 주세요.
Can you take me to the airport?
캔 유 테익 미 투 디 에어포(ㄹㅌ)
Airport, please.
에어포(ㄹㅌ) 플리즈

이 주소로 가 주세요.
Take me to this address, please.
테익 미 투 디스 애드레스 플리즈
To this address, please.
투 디스 애드레스 플리즈

제가 급하니까 지름길로 가 주세요.
I'm in a hurry, so please take a short cut.
아임 인 어 허리 소 플리즈 테익 어 쇼(ㄹㅌ) 컷

빨리 가 주세요.
Step on it, please.
스텝 온 잇 플리즈

콩글리시 때려 잡기 – 핸들

운전할 때 꼭 잡고 가는 핸들은?
이것도 콩글리시예요.
정확하게 말하면 **steering wheel**이라고 해요.
그럼, 파워 핸들은, **power steering**이라고 하겠죠.

시간에 맞출 수 있을까요?
Can we make it?
캔 위 메익 잇

저 모퉁이에 내려 주세요.
Drop me off at the corner.
드랍 미 오 팻 더 코(ㄹ)너
Pull over at the corner, please.
풀 오버 앳 더 코(ㄹ)너 플리즈
Let us off at the corner, please.
렛 어스 오 팻 더 코(ㄹ)너 플리즈

다 왔습니다.
Here we are. / Here's your stop.
히어 위 아 / 히어 쥬어 스탑

제 가방을 꺼내 주시겠어요?
Can you take out my bags?
캔 유 테익 아웃 마이 백(ㅅ)

요금은 얼마입니까?
How much is it?
하우 머취 이즈 잇

잔돈은 가지세요.
Keep the change.
킵 더 체인쥐

Chapter

03

나랑 친구할래요?

Unit 1 날씨&계절

날씨 묻기

오늘 날씨 어때요?

What's the weather like today?

왓(ㅊ) 더 웨더 라익 투데이

How's the weather today?

하우(ㅈ) 더 웨더 투데이

그곳 날씨 어때요?

What's the weather like there?

왓(ㅊ) 더 웨더 라익 데어

바깥 날씨 어때요?

How's the weather out there?

하우(ㅈ) 더 웨더 아웃 데어

How's outside?

하우(ㅈ) 아웃사이드

내일 날씨는 어떨까요?

How will the weather be tomorrow?

하우 윌 더 웨더 비 투머로우

What will the weather be like tomorrow?

왓 윌 더 웨더 비 라익 투머로우

오늘 몇 도예요?

What's the temperature today?

왓(ㅊ) 더 템(ㅍ)러처 투데이

일기예보

오늘 일기예보 어때요?

What's the weather forecast for today?

왓(ㅊ) 더 웨더 포어캐숫 포 투데이

What's today's forecast?

왓(ㅊ) 투데이(ㅅ) 포어캐슷

일기예보를 확인해 봐.

Check the weather report.

첵 더 웨더 리포(ㄹㅌ)

오늘 일기예보는 맞았네요.

Today's weather forecast proved right.

투데이(ㅅ) 웨더 포어캐슷 푸루(ㅂㄷ) 라잇

일기예보가 또 틀렸어요.

The weatherman was wrong again.

더 웨더맨 워즈 롱 어겐

일기예보는 믿을 수가 없어요.

The weather forecasts are not to be relied on.

더 웨더 포어캐스(ㅊ) 아 낫 투 비 리라이 돈

날씨를 나타내는 형용사 1

·**fine, clear, fair** 맑은, 화창한 / ·**sunny** 구름 한 점 없이 맑게 갠
·**cloudy** 흐린 / ·**overcast** 우중충한(**overcast**는 동사와 형용사로 사용됨)
·**gloomy** 음산한 / ·**dark** 어두운
·**changeable, unsettled** 변덕스러운 / ·**unpredictable** 예측하기 어려운

맑은 날

오늘 날씨가 참 좋죠?
It's a fine day today, isn't it?
잇 처 파인 데이 투데이 이즌 팃
Beautiful day today, isn't it?
뷰디풀 데이 투데이 이즌 팃
Isn't it a wonderful day?
이즌 팃 어 원더풀 데이

날씨가 맑아요.
It's clear.
잇(ㅊ) 클리어

햇볕이 아주 좋아요.
It's very sunny.
잇(ㅊ) 베리 서니

오늘은 날씨가 화창하네요.
It's a beautiful day today.
잇 처 뷰디풀 데이 투데이

이런 날씨가 계속되면 좋겠어요.
I hope this weather will last.
아이 홉 디스 웨더 윌 래슷

내일은 맑아야 할 텐데.
Hope it will be fine tomorrow.
홉 잇 윌 비 파인 투머로우

흐린 날

날씨가 궂어요.
It's cloudy.
잇(ㅊ) 클라우디

날이 흐려졌어요.
It's getting cloudy.
잇(ㅊ) 게딩 클라우디
The sky is getting overcast.
더 스카이 이즈 게딩 오버캐슷

날이 너무 흐려요.
The sky is overcast.
더 스카이 이즈 오버캐슷
The sky has clouded up.
더 스카이 해즈 클라우디 덥
The sky has thickly clouded over.
더 스카이 해즈 씩리 클라우디 도버

하늘이 어두워졌어요.
The sky has become very dark.
더 스카이 해즈 비컴 베리 다(ㄹㅋ)

날씨가 우중충해요.
It's lovely weather for ducks.
잇(ㅊ) 러(ㅂ)리 웨더 포 덕(ㅅ)

비 오는 날

비가 와요.
It's raining.
잇(ㅊ) 레이닝

비가 뚝뚝 떨어지기 시작했어요.
It began to sprinkle. / It started raining.
잇 비갠 투 스프링클 / 잇 스타(ㄹ)티(ㄷ) 레이닝

비가 억수같이 퍼붓는데요.
It's pouring.
잇(ㅊ) 푸어링
It's raining hard.
잇(ㅊ) 레이닝 하(ㄹㄷ)
It's raining cats and dogs.
잇(ㅊ) 레이닝 캣 챈 독(ㅅ)

이제 비가 그쳤나요?
Has the rain stopped yet?
해즈 더 레인 스탑(ㅌ) 옛

비가 오락가락 하는데요.
It is raining on and off.
잇 이즈 레이닝 온 앤 오(ㅍ)

비가 올 것 같으니 우산을 가지고 가라.
Since it looks like rain, take your umbrella.
신스 잇 룩(ㅅ) 라익 레인 테익 유어 엄(ㅂ)렐러

천둥&번개

천둥이 치고 있어요.
It's thundering.
잇(ㅊ) 썬더링

번개가 쳐요.
It's lightning.
잇(ㅊ) 라잇(ㅌ)닝

천둥이 심하네!
What a clap of thunder!
왓 어 클랩 어(ㅂ) 썬더

번개가 번쩍하자 천둥 소리가 울렸다.
The lightning flashed and the thunder filled the air.
더 라잇(ㅌ)닝 플래쉬 탠 더 썬더 필(ㄷ) 디 애어

밤새 천둥 소리가 울렸어요.
It thundered through the night.
잇 썬더(ㄷ) 쓰루 더 나잇
The thunder rumbled all night.
더 썬더 럼블 덜 나잇

내일은 천둥을 동반한 비가 예상됩니다.
Tomorrow, we expect more rain with occasional lightning.
투머로우 위 익스펙(ㅌ) 모어 레인 윗 어캐져널 라잇(ㅌ)닝
Thunder showers are expected tomorrow.
썬더 샤워 사 익스펙티(ㄷ) 투머로우

봄 날씨

날씨가 따뜻해요.
It's warm.
잇(ㅊ) 웜

봄이 코 앞에 다가왔어요.
Spring is just around the corner. / Spring approaches.
스프링 이즈 저슷 어라운 더 코너 / 스프링 어프로취(ㅅ)

봄 기운이 완연하네요.
I think spring is in the air.
아이 씽(ㅋ) 스프링 이즈 인 디 에어

봄 날씨 치고는 꽤 춥네요.
It is rather cold for spring weather.
잇 이즈 래더 콜(ㄷ) 포 스프링 웨더

봄에는 날씨가 변화무쌍해요.
The weather is very changeable in the springtime.
더 웨더 이즈 베리 체인저블 인 더 스프링타임

날씨를 나타내는 형용사 2

·**dry** 건조한 / ·**humid** 습한 / ·**damp** 축축한
·**snowy** 눈 오는 / ·**rainy** 비 오는
·**foggy, misty** 안개 낀
(**fog**는 구름처럼 느껴지는 안개, **mist**는 물방울이 느껴지는 아침 안개를 말함)
·**windy** 바람부는 / ·**breezing** 산들바람이 부는
·**mild** 온화한 / ·**cool** 시원한
·**chilly** 쌀쌀한 / ·**freezing** 얼 것 같이 추운
·**sultry** 무더운 / ·**torrid** 타는 듯이 더운

개나리는 봄의 상징이에요.
The forsythia is the symbol of spring.
더 포씨디아 이즈 더 심벌 어(ㅂ) 스프링

그는 봄을 타요.
He has no appetite with the spring weather.
히 해즈 노 애피타잇 윗 더 스프링 웨더

사계절 중에서 봄이 제일 기분 좋아요.
Spring is the most pleasant of all seasons.
스프링 이즈 더 모슷 플레전 터 벌 시즌(ㅅ)

봄은 내게 전혀 반가운 계절이 아니야.
Spring isn't a season I'm looking forward to.
스프링 이즌 터 시즌 아임 루킹 포워(ㄷ) 투

한국의 봄은 제주도에서 시작됩니다.
Spring enters Korea through Jeju Island.
스프링 엔터(ㅅ) 커리아 쓰루 제주 아일랜(ㄷ)

봄은 만물이 생동하는 계절이에요.
In spring everything is fresh and vivid.
인 스프링 에브리씽 이즈 프레쉬 앤 비빗
Everything moves lively in spring.
에브리씽 무(ㅂㅅ) 라이(ㅂ)리 인 스프링

봄이 되면 들과 산은 신록으로 뒤덮여요.
In spring, the fields and hills are clothed in fresh verdure.
인 스프링 더 필 잰 힐 사 클로우드 딘 프레쉬 버저

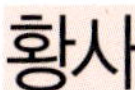

황사

황사의 계절이 돌아왔어요.
It becomes the sandstorm season.
잇 비컴(ㅅ) 더 샌(ㄷ)스톰 시즌

황사가 올 때는 외출을 삼가는 게 좋아요.
People should avoid outings when the sandstorm moves in.
피플 (슈 더보 다우팅(ㅅ) 웬 더 샌(ㄷ)스톰 무(ㅂ) 진

황사는 매년 봄 한반도에 몰려옵니다.
Yellow dust shows up on the Korean peninsula every spring.
옐로우 더슷 쇼우 접 온 더 커리언 페닌슐라 에브리 스프링

극심한 황사 현상으로 가시거리가 50m 이하로 떨어졌습니다.
A massive sandstorm had reduced visibility to less than 50 meters.
어 매시(ㅂ) 샌(ㄷ)스톰 해(ㄷ) 리듀스(ㅌ) 비저빌리티 투 레스 댄 핍티 미터(ㅅ)

당국이 오늘 황사 경보를 발령했습니다.
Authorities issued a yellow dust warning today.
어써리티 지슈 더 옐로우 더슷 워(ㄹ)닝 투데이

여름 날씨

날씨가 정말 덥네요.
It's terribly hot. / It's boiling.
잇(ㅊ) 테러블리 핫 / 잇(ㅊ) 버일링

날씨가 찌는 듯 해요.
It's very sweltering hot.
잇(ㅊ) 베리 스웰터링 핫
It's very sultry today.
잇(ㅊ) 베리 설츠리 투데이
It's unbearably hot.
잇(ㅊ) 언베어블리 핫

푹푹 찌네요!
What a scorcher!
왓 어 스커처

점점 더워지고 있어요.
It's getting warmer.
잇(ㅊ) 게딩 워머

여름에는 후덥지근해요.
It gets a little muggy in the summer.
잇 겟 처 리들 머기 인 더 서머

땀에 흠뻑 젖었어요.
I'm wet with perspiration.
아임 웨(ㅌ) 윗 퍼(ㄹ)스퍼레이션

진짜 더위는 이제부터예요.
The hottest season is yet to come.
더 하디슷 시즌 이즈 옛 투 컴

저는 여름을 타요.
I am susceptible to the summer heat.
아이 엠 서셉터블 투 더 서머 힛
I suffer from the summer heat.
아이 서퍼 프럼 더 서머 힛

오늘이 이번 여름 중 가장 더운 날이래요.
Today is the hottest day this summer.
투데이 이즈 더 하디슷 데이 디스 서머
It's supposed to be one of the hottest days this summer.
잇(ㅊ) 서포즈(ㅌ) 투 비 원 어(ㅂ) 더 하디슷 데이(ㅅ) 디스 서머

여름에는 더운 날씨가 정상이죠.
Hot weather is normal for the summer.
핫 웨더 이즈 노멀 포 더 서머

이 더위가 언제까지 지속될까요.
I wonder how long this heat will last.
아이 원더 하우 롱 디스 힛 윌 래슷

일기예보에 쓰이는 날씨 용어 1

·**weather** 날씨 / ·**climate** 기후 / ·**temperature** 기온
·**high pressure** 고기압 / ·**low pressure** 저기압 / ·**cold air mass** 차가운 기단
·**maximum temperature =highest temperature** 최고 기온
·**minimum temperature =lowest temperature** 최저 기온
·**average temperature** 평균 기온

장마

장마철에 접어들었어요.
The rainy season has set in.
더 레이니 시즌 해즈 셋 인
The wet season has begun.
더 웨(ㅌ) 시즌 해즈 비건

이제 본격적인 장마철이에요.
The rainy season has come in earnest.
더 레이니 시즌 해즈 컴 인 어(ㄹ)니슷

장마가 끝났어요.
The rainy season is over.
더 레이니 시즌 이즈 오버

눅눅해요.
It's humid.
잇(ㅊ) 휴밋

장마철엔 날씨가 오락가락해요.
In the rainy season, weather goes back and forth.
인 더 레이니 시즌 웨더 고(ㅈ) 백 앤 포(ㄹ)쓰

장마철에는 우산이 필수품이죠.
An umbrella is a must in the rainy season.
언 엄(ㅂ)렐러 이즈 어 머슷 인 더 레이니 시즌

태풍

태풍이 다가오고 있어요.
A typhoon is coming. / A typhoon is on its way.
어 타이푼 이즈 커밍 / 어 타이푼 이즈 온 잇(ㅊ) 웨이

오늘 폭풍 주의보가 내렸어요.
A storm warning is out today.
어 스톰 워(ㄹ)닝 이즈 아웃 투데이
There's a storm warning out for today.
데어 서 스톰 워(ㄹ)닝 아웃 포 투데이

폭풍이 쳐요.
It's stormy.
잇(ㅊ) 스토미

태풍의 여파로 파도가 높아요.
Waves are high because of a typhoon passing near.
웨이(ㅂ) 사 하이 비커 저 버 타이푼 패싱 니어

태풍이 동해안에 상륙했습니다.
The typhoon hit the eastern coast.
더 타이푼 힛 더 이스턴 커슷

일기예보에 쓰이는 날씨 용어 2

·below zero 영하 / ·humidity 습도
·shower 소나기 / ·heavy rain; downpour 폭우
·localized torrential downpour 집중 호우
·snowstorm 눈보라 / ·snow-slide; avalanche 눈사태
·snowflake 눈송이 / ·snowfall 강설, 강설량 / ·frost 서리

가뭄

가뭄으로 식물들이 시들어요.
Plants droop from drought.
플랜(ㅊ) 드룹 프럼 드라웃

사상 최악의 가뭄이 될 거래요.
It would be an unprecedented drought.
잇 우(ㄷ) 비 언 언프레써던티(ㄷ) 드라웃

한국은 현재 극심한 가뭄에 처해 있습니다.
Korea is badly in need of rain now.
커리아 이즈 뱃리 인 닛 어(ㅂ) 레인 나우

이번 가뭄으로 농작물이 큰 피해를 입었어요.
The current drought has been extremely hard on the crops.
더 커렌(ㅌ) 드라웃 해즈 빈 익스츠림리 하(ㄹ) 돈 더 크랍(ㅅ)

올 여름에는 가뭄이 장기간 지속될 예정입니다.
There will be a prolonged drought this summer.
데어 윌 비 어 프로롱(ㄷ) 드라웃 디 서머
We are going through a dry spell this summer.
위 아 고잉 쓰루 어 드라이 스펠 디 서머

일기예보에 쓰이는 날씨 용어 3

·icicle 고드름 / ·hail 우박 / ·sleet 진눈깨비
·thunderstorm 폭풍 / ·whirlwind 회오리바람
·tidal wave 해일

홍수

매년 이 무렵이면 홍수가 나요.
We suffer from a flood at this time of the year.
위 서퍼 프럼 어 플러 댓 디스 타임 어(ㅂ) 디 이어

여름 시즌 최대 강우량으로 기록되었습니다.
It was recorded the most rain in the summer season.
잇 워즈 리코디(ㄷ) 더 모슷 레인 인 더 서머 시즌

이 지역은 홍수 취약 지역이에요.
This area is liable to flooding.
디스 에어리어 이즈 라이블 투 플러딩

홍수로 그 다리가 떠내려갔어요.
The bridge was washed away by the swollen river.
더 브릿쥐 워즈 워쉬 터웨이 바이 더 스월른 리버
The flood swept away the bridge.
더 플러(ㄷ) 스웹 터웨이 더 브릿쥐

홍수 때문에 철도가 파괴되었어요.
The flood has destroyed the railroad track.
더 플러(ㄷ) 해즈 디스츠로이(ㄷ) 더 레일러(ㄷ) 츠랙

작년의 대규모 홍수로 인한 피해는 막대했어요.
Those massive floods last year were nasty.
더즈 매시(ㅂ) 플러(ㅈ) 래슷 이어 워 내스티

가을 날씨

날씨가 서늘해요.
It's so nice and cool.
잇(ㅊ) 소 나이스 앤 쿨

가을로 접어들었어요.
The autumn draws near.
더 어듬 드러(ㅈ) 니어
The autumn season approaches.
더 어듬 시즌 어프러취(ㅅ)

어느덧 가을이 왔어요.
Autumn has stolen up on us.
어텀 해즈 스털른 업 온 어스
Autumn slipped up on us unawares.
어듬 슬립 텁 온 어스 언어웨어(ㅈ)

가을 기운이 완연합니다.
Autumn is in the air.
어듬 이즈 인 디 에어

가을 바람이 살랑거리네요.
An autumn breeze blows softly.
언 어듬 브리즈 블로우(ㅅ) 소픗리

가을은 눈 깜짝할 사이에 지나갔어요.
Fall has flown by.
펄 해즈 플로운 바이

차가운 가을 공기에 기분이 상쾌해요.
The cold autumn air exhilarates me.
더 콜 더듬 에어 익질러레잇(ㅊ) 미

나는 가을을 타요.
I get sentimental in the fall.
아이 겟 센티멘틀 인 더 펄

가을은 여행하기에 좋은 계절이죠.
Autumn is a great season to travel.
어듬 이즈 어 그레잇 시즌 투 츠레블

가을은 독서의 계절입니다.
Autumn is a good season for reading.
어듬 이즈 어 굿 시즌 포 리딩

가을은 결실의 계절입니다.
Autumn is a harvest season.
어듬 이즈 어 하(ㄹ)비슷 시즌

섭씨와 화씨

온도를 재는 단위로는 '섭씨(Centigrade)'와 '화씨(Fahrenheit)'가 있습니다. 섭씨는 물이 어는 점을 0도로 물이 끓는 점을 100도로 하여 만든 온도이며, 화씨는 물과 염화나트륨의 혼합 용액이 자연스럽게 안정되어 평형이 되는 지점을 0도로 표시합니다.
우리나라는 전 세계적으로 통일된 도량형인 섭씨를 사용하고 있으나, 미국과 영국 등 구 영어권 국가의 일부에서는 아직도 화씨를 통용하고 있습니다.
0℃는 32°F이며, 섭씨와 화씨의 환산식은 다음과 같습니다.

- 화씨 → 섭씨 : 섭씨 = (화씨 − 32)/1.8
- 섭씨 → 화씨 : 화씨 = (섭씨 X 1.8)+32

단풍

낙엽이 물들고 있어요.
The fall leaves are changing colors.
더 펄 리(ㅂ) 자 체인징 컬러(ㅅ)

나무는 가을이 되면 낙엽이 져요.
Trees shed their leaves in fall.
츠리(ㅅ) 쉐(ㄷ) 데어 리(ㅂ) 신 펄
Leaves fall in autumn.
리(ㅂㅅ) 펄 인 어듬

가을이 되면 숲은 갖가지 색으로 물들어요.
The forest is a mass of color in autumn.
더 포리슷 이즈 어 매스 어(ㅂ) 컬러 인 어듬

은행나무가 노랗게 물들기 시작했어요.
The leaves of ginkgo trees begin to yellow .
더 리(ㅂ) 서(ㅂ) 긴코 츠리(ㅈ) 비긴 투 옐로우

산에 단풍이 들어서 불바다 같아요.
The hills are ablaze with autumnal tints.
더 힐 사 어블레이즈 윗 어듬널 틴츠

다음 주말에 단풍 놀이를 갈 거예요.
I'm going to go maple-viewing next weekend.
아임 고잉 투 고 메이플 뷰잉 네슷 위켄(ㄷ)

겨울 날씨

겨울이 다가오는 것 같은데요.
I think winter is on its way.
아이 씽(ㅋ) 윈터 이즈 온 잇(ㅊ) 웨이

날씨가 점점 추워지고 있어요.
It's getting colder and colder.
잇(ㅊ) 게딩 콜더 앤 콜더

날씨가 쌀쌀해졌어요.
It's getting chilly.
잇(ㅊ) 게딩 칠리

얼어붙는 듯이 추워요.
It's freezing.
잇(ㅊ) 프리징

오늘은 살을 에는 듯 추워요.
It's piercing cold today.
잇(ㅊ) 피어싱 콜(ㄷ) 투데이

추워서 덜덜 떨려요.
I'm shivering with cold.
아임 쉬버링 윗 콜(ㄷ)

뼈 속까지 추워요.
I feel chilled to the marrow of my bones.
아이 필 칠(ㄷ) 투 더 매로우 어(ㅂ) 마이 본(ㅅ)

동장군이 기승을 부리고 있네요.
Winter season is in full swing.
윈터 시즌 이즈 인 풀 스윙

올 겨울은 유난히 춥네요.
It is exceptionally cold this winter.
잇 이즈 익셉셔널리 콜(ㄷ) 디스 윈터
The cold of this winter is quite unprecedented.
더 콜 더(ㅂ) 디스 윈터 이즈 쿠아잇 언프리시던티(ㄷ)

추위가 많이 누그러졌어요.
The cold has relaxed in severity.
더 콜(ㄷ) 해즈 리랙스 틴 세베러디
The coldest season is over.
더 콜디슷 시즌 이즈 오버

지구온난화 때문에 겨울 날씨가 점점 따뜻해지고 있어요.
Due to global warming, the weather is getting warmer and warmer in winter.
듀 투 글러벌 워밍 더 웨더 이즈 게딩 워머 앤 워머 인 윈터

저는 겨울에 추위를 많이 타요.
I feel the cold badly in winter.
아이 필 더 콜(ㄷ) 뱃리 인 윈터

저는 겨울에 감기에 잘 걸려요.
I'm susceptible to colds in the winter.
아임 서셉터블 투 콜 진 더 윈터

눈

함박눈이 내려요.
It's snowing heavily.
잇(ㅊ) 스노윙 헤빌리

눈이 펑펑 내리고 있어요.
It's snowing in great flakes.
잇(ㅊ) 스노윙 인 그레잇 플레익(ㅅ)

눈이 부슬부슬 내려요.
It snows gently.
잇 스노우(ㅈ) 젠(ㅌ)리
A light powdery snow falls.
어 라잇 파우더리 스노우 펄(ㅅ)

눈보라가 치네요.
We have a snowstorm.
위 해 버 스노우스톰

어제 폭설이 내렸어요.
It snowed hard yesterday.
잇 스노우(ㄷ) 하(ㄹㄷ) 예스터데이
We had a heavy snow yesterday.
위 해 더 헤비 스노우 예스터데이

차가 눈 속에 갇혀 버렸어요.
My car got stuck in the snow.
마이 카 갓 스턱 인 더 스노우

계절

지금은 딸기가 제철이에요.
This is the season for strawberries.
디스 이즈 더 시즌 포 스츠로베리(ㅅ)
Strawberries are in season now.
스츠로베리 사 인 시즌 나우

이맘 때 날씨치고는 매우 덥네요.
It is very hot for this season of the year.
잇 이즈 베리 핫 포 디스 시즌 어(ㅂ) 디 이어

설악산은 계절마다 다른 독특한 경관으로 유명해요.
Mt. Seorak boasts a unique natural setting each season.
마운틴 서락 보웃 처 유닉 내츄럴 세딩 이쉬 시즌
Mt. Seorak is well known for its different kinds of beautiful scenery in each season.
마운틴 서락 이즈 웰 노운 포 잇(ㅊ) 디퍼런(ㅌ) 카인 저(ㅂ) 뷰디풀 시너리 인 이취 시즌

환절기가 되면 나는 예민해져요.
I'm sensitive when it comes to the changing seasons.
아임 베리 센서티(ㅂ) 웬 잇 컴(ㅈ) 투 더 체인징 시즌(ㅅ)

감기의 계절이 왔습니다.
Here comes the flu season.
히어 컴(ㅅ) 더 플루 시즌

Unit 2 명절&기념일

설날

한국인들은 설날에 떡국을 먹습니다.
Koreans feast on rice cake soup on New Year's Day.
커리언(ㅅ) 피슷 온 라이스 케익 숩 온 뉴 이어(ㅅ) 데이

새해를 맞이하다.
Ring in the New Year.
링 인 더 뉴 이어
Greet the New Year.
그릿 더 뉴 이어
Welcome the New Year.
웰컴 더 뉴 이어

새해 복 많이 받으세요.
I wish you a Happy New Year.
아이 위쉬 유 어 해피 뉴 이어
All the best for the New Year.
얼 더 베슷 포 더 뉴 이어
I offer you my hearty wishes for your happiness in the New Year.
아이 오퍼 유 마이 하(ㄹ)티 위쉬(ㅈ) 포 유어 해피니스 인 더 뉴 이어

새해가 다가온다.
The New Year draws near.
더 뉴 이어 드러(ㅅ) 니어
It will soon be the New Year.
잇 윌 순 비 더 뉴 이어

새해 결심

새해를 맞아 건배합시다.
Let's drink the toast of the Happy New Year.
렛(ㅊ) 드링(ㅋ) 더 토슷 어(ㅂ) 더 해피 뉴 이어
Would you care for a drink to celebrate the New year?
우 쥬 캐어 포 러 드링(ㅋ) 투 셀러브레잇 더 뉴 이어

새해에는 우리에게 새로운 희망이 있을 거예요.
The new year will bring us new hopes.
더 뉴 이어 윌 브링 어스 뉴 홉(ㅅ)

당신은 새해를 어떻게 맞이했어요?
How did you ring in the new year?
하우 디 쥬 링 인 더 뉴 이어

신년 결심으로 뭘 세웠어?
What resolution did you make for the new year?
왓 레절루션 디 쥬 메익 포 더 뉴 이어

제 새해 결심은 술을 끊는 거예요.
My New Year's resolution is staying off alcohol.
마이 뉴 이어(ㅅ) 레절루션 이즈 스테잉 오(ㅍ) 알코홀

난 새해 결심을 깨지 않을 거야.
I'm not going to break my New Year's resolution.
아임 낫 고잉 투 브레익 마이 뉴 이어(ㅅ) 레절루션

추석

추석은 음력 8월 15일이에요.
Chuseok is Aug. 15th according to the lunar calendar.
추석 이즈 오거슷 핍틴쓰 어커딩 투 더 루나 캘린더

추석이란 '한국의 추수감사절'이라고 할 수 있습니다.
We can say that Chuseok is 'the Korean Thanksgiving Day'.
위 컨 세이 댓 추석 이즈 더 커리언 쌩(ㅅ)기빙 데이

추석에 뭐 할 계획이에요?
What are your plans for Chuseok?
왓 아 유어 플랜(ㅅ) 포 추석

추석에 한국인들은 성묘하러 간다.
Koreans visit their family graves at Chuseok.
커리언(ㅅ) 비짓 데어 패밀리 그레이(ㅂ) 샛 추석

한국인들은 추석에 송편을 먹어요.
Koreans eat Songpyun at Chuseok.
커리언(ㅅ) 잇 송편 앳 추석

우리는 추석날 밤에 보름달을 즐겼다.
We enjoyed the full moon at night on Chuseok.
위 인조이(ㄷ) 더 풀 문 앳 나잇 온 추석

크리스마스

- 어린이들은 크리스마스 이브에 양말을 걸어둡니다.
  The children hang up their stockings on Christmas Eve.
  더 칠드런 행 업 데어 스터킹 손 크리(ㅅ)머(ㅅ) 이(ㅂ)

- 크리스마스가 가깝다.
  Christmas is near at hand. / Christmas is nearby.
  크리(ㅅ)머(ㅅ) 이즈 니어 앳 핸(ㄷ) / 크리(ㅅ)머(ㅅ) 이즈 니어바이
  Christmas is just around the corner.
  크리(ㅅ)머(ㅅ) 이즈 저슷 어라운 더 코너

- 기독교인들은 크리스마스 예배를 드리러 교회에 간다.
  Christians go to church to Christmas' worship.
  크리(ㅅ)천(ㅅ) 고 투 처(ㄹ)취 투 크리(ㅅ)머(ㅅ) 워쉽

- 크리스마스 트리를 만들자.
  Let's make a Christmas tree.
  렛(ㅊ) 메익 어 크리(ㅅ)머(ㅅ) 츠리

- 크리스마스 카드를 쓰고 있어요.
  I'm doing my Christmas cards.
  아임 두잉 마이 크리(ㅅ)머(ㅅ) 카(ㄹㅈ)

- 나는 크리스마스 선물로 새 구두를 받고 싶다.
  What I want for Christmas is new shoes.
  왓 아이 원(ㅌ) 포 크리(ㅅ)머(ㅅ) 이즈 뉴 슈(ㅈ)

- 올해 크리스마스는 목요일이네.
  Christmas falls on Thursday this year.
  크리(ㅅ)머(ㅅ) 펄 손 써스데이 디스 이어

부활절&추수감사절

부활절을 위해 우리는 달걀에 색칠을 했다.
We colored eggs for Easter.
위 컬러 덱(ㅅ) 포 이스터

부활절이 다가오고 있어.
Easter is coming up. / Easter is just around the corner.
이스터 이즈 커밍 업 / 이스터 이즈 저슷 어라운 더 코너

부활절을 축하합시다!
Happy Easter!
해피 이스터

추수감사절은 매년 11월 넷째 주 목요일입니다.
Thanksgiving falls on the fourth Thursday of November every year.
쌩(ㅅ)기빙 펄 손 더 포(ㄹ)쓰 써스데이 어(ㅂ) 노벰버 에브리 이어

추수감사절에 대부분의 미국인들은 가족들과 함께 보내요.
On Thanksgiving Day, most American people get together with their family.
온 쌩스기빙 데이 모슷 어메리컨 피플 겟 투게더 윗 데어 패밀리

추수감사절이면 우리 가족은 모여서 잔치를 하죠.
Every Thanksgiving, my whole family gets together and has a feast.
에브리 쌩스기빙 마이 호울 패밀리 겟(ㅊ) 투게더 앤 해즈 어 피슷

할로윈데이&발렌타인데이

할로윈데이에 어떤 아이들은 흡혈귀, 귀신, 마녀 복장을 한다.
On Halloween, some children dress up as vampires, ghosts and witches.
온 할로윈 섬 췰드런 드레스 업 애(ㅈ) 뱀파이어 새 고슷 챈 윗취(ㅅ)

할로윈데이는 10월 31일이에요.
Halloween is on October 31st.
할로윈 이즈 온 옥토버 써티 퍼(ㄹ)슷

발렌타인데이에 혼자 보내지 않을 거예요.
I'd never go alone on Valentine's Day.
아이(ㄷ) 네버 고 어론 온 밸런타인(ㅅ) 데이

그녀는 남자 친구에게 줄 발렌타인데이 선물을 샀다.
She bought a Valentine Day's gift for her boyfriend.
쉬 보웃 어 밸런타인(ㅅ) 데이(ㅅ) 기픗 포 허 보이프렌(ㄷ)

이번 발렌타인데이에 네게 주고 싶은 게 있어.
There's something I want to give you on Valentine's Day.
데어(ㅅ) 섬씽 아이 원 투 기 뷰 온 밸런타인(ㅅ) 데이

발렌타인데이 때 네 사랑을 확인했잖아.
You already confirmed your love on Valentine's Day.
유 얼레디 컨펌 주어 러 본 밸런타인(ㅅ) 데이

생일

오늘이 바로 내 생일이야.
This very day is my birthday.
디스 베리 데이 이즈 마이 버(ㄹ)쓰데이

내일이 Mark 씨 생일인 거 알고 있어요?
Did you know that tomorrow is Mr. Mark's birthday?
디 쥬 노우 댓 투머로우 이즈 미스터 막(ㅅ) 버(ㄹ)쓰데이

하마터면 여자 친구의 생일을 잊어버릴 뻔 했다.
I almost forgot my girlfriend's birthday.
아이 얼모슷 포(ㄹ)갓 마이 걸프렌(ㅈ) 버(ㄹ)쓰데이

I came very close to forgetting my girlfriend's birthday.
아이 케임 베리 클로즈 투 포(ㄹ)게딩 마이 걸프렌(ㅈ) 버(ㄹ)쓰데이

우리는 생일이 같은 날이에요.
Our birthdays's coincide.
아워 버(ㄹ)쓰데이(ㅅ) 커인사이드

내 생일이 일주일 남았다.
My birthday is only a week off.
마이 버(ㄹ)쓰데이 이즈 온리 어 윅 오(ㅍ)

선물

·**present**
- 친한 사람들 사이의 선물

·**gift**
- **present**보다 격식을 차린 말로, 값어치 있는 것을 가리킴

우리는 생일 케이크에 초를 꽂았다.
We stuck candles on a birthday cake.
위 스턱 캔들 손 어 버(ㄹ)쓰데이 케익

이번 생일로 나는 25살이 된다.
I shall be twenty-five years old next birthday.
아이 샬 비 트웬티 파이 비어(ㅅ) 올(ㄷ) 넥슷 버(ㄹ)쓰데이

생일 파티를 위해 예약하려고 하는데요.
I'd like to make a reservation for a birthday party.
아이(ㄷ) 라익 투 메익 어 레저베이션 포 러 버(ㄹ)쓰데이 파(ㄹ)티

Sally를 위해 '생일 축하' 노래를 불러요.
Let's sing 'Happy Birthday' to Sally.
렛(ㅊ) 싱 해피 버(ㄹ)쓰데이 투 샐리

우리는 돈은 조금씩 내서 Emily의 생일 선물을 샀다.
We all chipped in and bought Emily a birthday present.
위 얼 칩 틴 앤 보웃 에밀리 어 버(ㄹ)쓰데이 프레젠(ㅌ)

축하

생일 축하합니다!
Happy birthday!
해피 버(ㄹ)쓰데이

결혼 축하해요!
Congratulations on your wedding!
컨그레츄레이션 손 유어 웨딩

신의 축복이 있기를!
God bless you!
갓 블레스 유

성공을 빌어요!
May you succeed!
메이 유 석시(ㄷ)

행운을 빌어요!
Best wishes!
베슷 위쉬(ㅈ)
I wish you the best of luck!
아이 위쉬 유 더 베슷 어(ㅂ) 럭

고맙습니다, 당신도요!
Thank you, the same to you!
쌩 큐 더 세임 투 유
Thank you, too!
쌩 큐 투

Unit 3 음주

주량

주량이 어떻게 됩니까?
How much do you drink?
하우 머취 두 유 드링(ㅋ)

당신은 술이 센가요?
Are you a heavy drinker?
아 유 어 헤비 드링커

넌 술고래야.
You drink like a fish.
유 드링(ㅋ) 라익 어 피쉬
You are a heavy drinker.
유 아 어 헤비 드링커
You are such a maniac with the alcohol.
유 아 서취 어 매니악 윗 디 알코홀

그는 과음하는 버릇이 있어요.
He is too fond of drinking.
히 이즈 투 폰 더(ㅂ) 드링킹
He has a disposition to drink to excess.
히 해즈 어 디스포지션 투 드링(ㅋ) 투 익세스

전 술이 세서 거의 취하지 않아요.
I hardly get drunk.
아이 하(ㄹ)들리 겟 드렁(ㅋ)

전 맥주에는 잘 안 취해요.
I don't get drunk on beer.
아이 돈 겟 드렁 콘 비어

최근 주량이 늘었어요.
I've gained drinking capacity recently.
아이(ㅂ) 게인(ㄷ) 드링킹 캐퍼시디 리센(ㅌ)리
I've come to drink more than before.
아이(ㅂ) 컴 투 드링(ㅋ) 모어 댄 비포

전 술을 못 마셔요.
I don't drink at all.
아이 돈 드링 캣 얼
I don't touch alcohol.
아이 돈 터취 알코홀
I don't drink even a drop.
아이 돈 드링 키븐 어 드랍
I'm rather on the dry side.
아임 래더 온 더 드라이 사이드

술을 조금만 마셔도 얼굴이 새빨개져요.
A little drink makes me deeply flushed.
어 리들 드링(ㅋ) 메익(ㅅ) 미 딥리 플러쉬(ㄷ)
My face turns red when I drink.
마이 페이스 턴(ㅅ) 레(ㄷ) 웬 아이 드링(ㅋ)

한 잔만 마셔도 바로 취해요.
It goes straight to my head.
잇 고(ㅈ) 스츠레잇 투 마이 헤(ㄷ)

과음

그는 버는 족족 술값으로 나가요.
All the money he earns goes for drinking.
얼 더 머니 히 언(ㅅ) 고(ㅈ) 포 드링킹

또 술 때문에 말썽을 일으켰어.
You got into trouble through drink again.
유 갓 인투 츠러블 쓰루 드링 커겐

그는 술로 건강을 해쳤어요.
His health was undermined by drinking.
히즈 헬쓰 워즈 언더마인(ㄷ) 바이 드링킹

그녀는 최근 술독에 빠져 살아요.
She has given to drink recently.
쉬 해즈 기븐 투 드링(ㅋ) 리센(ㅌ)리
She does nothing but drink these days.
쉬 더즈 나씽 벗 드링(ㅋ) 디즈 데이(ㅅ)

술 안 마시고 지나간 날이 하루도 없어요.
A day didn't go by without drinking.
어 데이 디든 고 바이 위다웃 드링킹

미국의 음주문화 1

미국은 자유로운 나라로 보이지만 음주 문화에 있어서는 엄격한 편입니다. 우선 21세 미만의 청소년에게는 술을 판매할 수 없습니다. 술집 입구에는 신분증을 철저하게 검사합니다. 미성년자에게 술을 판 것이 적발되면 엄청난 벌금과 함께 영업 정지를 당하게 됩니다.

술버릇

너 술버릇 같은 거 있어?
How do you usually act when you are drunk?
하우 두 유 유쥬얼리 액(ㅌ) 웬 유 아 드렁(ㅋ)

그는 술버릇이 나빠요.
He is a bad drunk.
히 이즈 어 뱃 드렁(ㅋ)
He is a terrible person when he drinks.
히 이즈 어 테러블 퍼(ㄹ)슨 웬 히 드링(ㅅ)
He is pretty bad when he is wasted.
히 이즈 프리디 뱃 웬 히 이즈 웨이스티(ㄷ)

술을 마시면 자꾸 웃는 버릇이 있어.
When I drink, I tend to laugh a lot.
웬 아이 드링(ㅋ) 아이 텐(ㄷ) 투 래 퍼 랏

난 술을 마실 때마다 울어.
Every time I drink, I cry.
에브리 타임 아이 드링(ㅋ) 아이 크라이

술 마시고 우는 게 제일 안 좋은 버릇이야.
That's like the last thing you want to do when your drunk.
댓(ㅊ) 라익 더 래슷 씽 유 원 투 두 웬 유어 드렁(ㅋ)

넌 취해서 했던 말 또 하고 있잖아.
You're so drunk you're saying the same thing over and over again.
유어 소 드렁(ㅋ) 유어 세잉 더 세임 씽 오버 앤 오버 어겐

술에 취함

난 벌써 꽤 취했어.
I'm a little bit high.
아임 어 리들 빗 하이
I'm already pretty high.
아임 얼레디 프리디 하이
I'm pretty buzzed.
아임 프리디 버즈(ㅌ)

술기운이 도는데.
I'm feeling a little tipsy. / I'm catching a buzz.
아임 필링 어 리들 팁시 / 아임 캣칭 어 버즈

그는 술잔을 완전히 비웠다.
He drained his glass.
히 드레인(ㄷ) 히스 글래스

걔 장난 아니게 취했어.
She's butt-drunk.
쉬(ㅈ) 벗 드렁(ㅋ)

술은 입에 대지도 않았어요.
I'm straight. / I never touched alcohol.
아임 스츠레잇 / 아이 네버 터취(ㅌ) 알코홀

어젯밤 밤새도록 술 마시고 놀았어요.
I painted the town red last night.
아이 페인티(ㄷ) 더 타운 레(ㄷ) 래슷 나잇

어젯밤 곤드레만드레 술취했다.
I was hammered last night.
아이 워즈 해머(ㄷ) 래슷 나잇
I got butt-drunk yesterday.
아이 갓 벗 드렁(ㅋ) 예스터데이

술을 너무 많이 마셔서 필름이 끊겼어요.
I drank so much I totally blanked out.
아이 드랭(ㅋ) 소 머취 아이 토들리 블랭 타웃
Due to heavy drinking, I lost my memory.
듀 투 헤비 드링킹 아이 로슷 마이 메모리

그는 술에 취해 뻗어 버렸어요.
He drank himself down. / He got dead drunk.
히 드랭(ㅋ) 힘셀(ㅍ) 다운 / 히 드랭(ㅋ) 힘셀(ㅍ) 다운

그는 혀가 꼬부라지도록 술을 마셨어요.
He drank till his tongue trips.
히 드랭(ㅋ) 틸 히스 텅 츠립(ㅅ)

미국의 음주문화 2

길거리에서 술을 마시거나 술을 보이게 들고 다닐 수도 없습니다.
술을 사면 안이 보이지 않는 갈색 봉지에 넣어 줍니다. 또한 대부분 일요일에는 술을 팔지 않습니다.
미국의 술집에서는 우리나라처럼 양주를 병채로 주문하는 경우가 거의 없습니다. 일정 도수 이상의 술은 일반 슈퍼마켓에서는 팔지 않고 허가를 받은 주류 전문점에 가야 합니다.
그리고 한국의 술자리에서는 '원샷' 문화가 일반적이지만, 미국에 가서 'one shot'이라고 말하면 알아듣지 못합니다. 술집에서 'one shot'은 위스키나 데킬라 등의 술 한잔을 의미합니다. 우리의 '원샷'과 같은 한번에 들이켜 마신다도 말하려면 'bottoms up'이라고 하면 됩니다.

술에 대한 충고

나는 그녀에게 술을 마시지 말라고 충고했다.
I advised her not to drink.
아이 엇바이스(ㄷ) 허 낫 투 드링(ㅋ)
I warned against drinking.
아이 원(ㄹ)드 어게인슷 드링킹

취하도록 마시지 마.
Drink not to elevation.
드링(ㅋ) 낫 투 엘리베이션
Try not to get drunk.
츠라이 낫 투 겟 드렁(ㅋ)

인생을 술로 허송세월 하지 마라.
Don't drink away through your life.
돈 드링 커웨이 쓰루 유어 라입

홧김에 술 마시지 마세요.
Don't drink liquor in anger.
돈 드링(ㅋ) 리쿠어 인 앵거

술 마시고 운전하는 건 위험해.
It's dangerous to drink and drive.
잇(ㅊ) 댄저러(ㅅ) 투 드링 캔 드라이(ㅂ)

술을 마시는 건 좋지만, 정도의 문제지.
You may drink, but you must use moderation.
유 메이 드링(ㅋ) 벗 유 머슷 유즈 모더레이션

술에 대한 기호

한국인은 소주를 무척 즐겨 마십니다.
It's very common for a Korean to drink soju.
잇(ㅊ) 베리 커먼 포 러 커리언 투 드링(ㅋ) 소주

전 맥주를 그다지 좋아하지 않아요.
I'm not much on beer.
아임 낫 머취 온 비어

그는 스카치 위스키라면 사족을 못 쓰죠.
He is a scotchman himself.
히 이즈 어 스캇취맨 힘셀(ㅍ)

김 빠진 맥주는 마시고 싶지 않아.
I don't want to drink stale beer.
아이 돈 원 투 드링(ㅋ) 스테일 비어

맥주 맛이 좋은데요.
The beer was tasty.
더 비어 워즈 테이스티

그녀는 맥주를 병 채 마시는 것을 좋아해요.
She likes to drink beer by the neck.
쉬 라익(ㅅ) 투 드링(ㅋ) 비어 바이 더 넥

금주

난 이젠 술 끊을 거야.
I won't drink any more.
아이 워운(ㅌ) 드링 캐니 모어

그는 더 이상 술을 마시지 않아.
He does not drink any more.
히 더즈 낫 드링 캐니 모어

전 금주 중입니다.
I'm on the wagon.
아임 온 더 웨건

전 술을 끊어서 더 이상 마시지 않습니다.
I put in the pin and do not drink any longer.
아이 풋 인 더 핀 앤 두 낫 드링 캐니 롱거

어떤 일이 있어도 술은 입에 대지 않아요.
I will not drink for all the tea in China.
아이 윌 낫 드링(ㅋ) 포 얼 더 티 인 차이나

술을 끊게 하지 그래요?
Why don't you dry him out?
와이 돈 츄 드라이 힘 아웃

마지막으로 술 마시러 간 게 언제야?
When was the last time you went out to drink?
웬 워즈 더 래슷 타임 유 웬 타웃 투 드링(ㅋ)

술 기타

네가 술상을 차릴게요.
I'll prepare dishes to accompany the drinks.
아일 프리패어 디쉬(ㅈ) 투 어컴패니 더 드링(ㅅ)
Let me set the drinking table.
렛 미 셋 더 드링킹 테이블

지독한 숙취네요.
I just have a terrible hangover.
아이 저슷 해 버 테러블 행오버
I have a wicked hangover.
아이 해 버 윅(ㅌ) 행오버

빈속에 술을 마셨어요.
I had a drink on an empty stomach.
아이 해 더 드링 콘 언 엠티 스터먹

술 마시고 싶은 것을 꾹 참았어요.
I forbore my thirst for drinking.
아이 포보어 마이 써(ㄹ)슷 포 드링킹

이번엔 빼 줘, 더 이상은 못 마시겠어.
I'll pass this time, I can't drink anymore.
아일 패스 디스 타임 아이 캔 드링 캐니모어

그건 술김에 한 소리였어요.
I said that under the influence of alcohol.
아이 세(ㄷ) 댓 언더 디 인플런스 어(ㅂ) 알코홀

입만 댈게요.
Just a touch.
저슷 어 터취

그건 술이 없는 파티야.
It's a dry party.
잇 처 드라이 파(ㄹ)티

자기 전에 한 잔 마시면 푹 잘 수 있을 거예요.
A night cap will help you sleep better.
어 나잇 캡 윌 헬 퓨 슬립 베더

위스키 몇 잔 마시면 괜찮아질 거야.
A couple shots of whiskey should do it.
어 커플 샷 처(ㅂ) 위스키 슈(ㄷ) 두 잇

소량의 술은 오히려 약이 되요.
A little drink does you more good than harm.
어 리들 드링(ㅋ) 더 쥬 모어 굿 댄 함

새 술은 새 부대에 담아야 한다.
You can't put new wine in old bottles.
유 캔 풋 뉴 와인 인 올(ㄷ) 바들(ㅅ)

술 관련 속담

·**When wine is in, wit is out.** 술이 들어가면 지혜는 사라진다.
=**When drink enters, wisdom departs.**
=**Where the drink goes in, there the wit goes out.**
·**Bacchus kills more than Mars.** 술이 전쟁보다도 더 많은 사람을 죽인다.
(***Bacchus:** 바커스, 그리스 신화 속 술의 신)

Unit 4 흡연

흡연

여기에서 담배 피워도 될까요?
Is it all right to smoke here?
이즈 잇 얼 라잇 투 스모욱 히어
Is smoking allowed here?
이즈 스모킹 얼라우(ㄷ) 히어
Do you mind if I smoke? / Can I smoke here?
두 유 마인 디 파이 스모욱 / 캔 아이 스모욱 히어

그는 골초예요.
He is a heavy smoker.
히 이즈 어 헤비 스모커
He is a chain smoker.
히 이즈 어 체인 스모커
He smokes like a chimney.
히 스모욱(ㅅ) 라익 어 침니

그는 습관적으로 담배를 피워요.
He smokes only out of habit.
히 스모욱 온리 아웃 어(ㅂ) 해빗

담배 한 대 태우자.
Let's stop and have a smoke.
렛(ㅊ) 스탑 앤 해 버 스모욱

담배 생각이 간절한데요.
I'm dying for a smoke.
아임 다잉 포 러 스모욱

담배

담배 좀 빌려도 될까요?
May I burn a cigarette?
메이 아이 번 어 시그렛

담뱃불 좀 빌려도 될까요?
May I trouble you for a light?
메이 아이 츠러블 유 포 러 라잇
Could I have a light, please?
쿠 다이 해 버 라잇 플리즈

그는 내게 담배를 권했다.
He offered me a cigarette.
히 오퍼(ㄷ) 미 어 시그렛

담배를 피우는 습관이 생겼어요.
I dropped into the habit of smoking.
아이 드랍 틴투 더 해빗 어(ㅂ) 스모킹
I fell into a bad habit of smoking.
아이 펠 인투 어 뱃 해빗 어(ㅂ) 스모킹

난 담배 피우는 사람 옆에 앉는 것을 아주 싫어해요.
I absolutely detest having to sit next to smokers.
아이 앱솔룻리 디테슷 해빙 투 싯 넥슷 투 스오커(ㅅ)

담배는 일종의 마약입니다.
Tobacco is a kind of drug.
타바코 이즈 어 카인 더(ㅂ) 드럭

담배는 건강에 해로워요.
Smoking is injurious to your health.
스모킹 이즈 인쥬어리어(ㅅ) 투 유어 헬쓰

담배가 해롭다는 건 누구나 알고 있는 사실입니다.
Everyone knows the harm of tobacco.
에브리원 노우(ㅅ) 더 함 어(ㅂ) 타바코

식사 중에 담배를 피우는 것은 실례예요.
It is against etiquette to smoke at the table.
잇 이즈 어게인슷 에티켓 투 스모욱 앳 더 테이블

담배 꽁초를 함부로 버리지 마세요.
Don't litter with your cigarette butts.
돈 리더 윗 유어 시그렛 벗(ㅊ)
Don't throw away cigarette butts.
돈 쓰루 어웨이 시그렛 벗(ㅊ)

담배 꽁초는 꼭 재떨이에만 버리세요.
Leave your cigarette butts only in the ashtray.
리브 유어 시그렛 벗 촌리 인 디 애쉬츠레이

화장실에 가다

- **answer the call**
- **answer the call[demands] of nature**
- **leave the room** (구어)
- **see Mrs. Murphy** (구어) (Mrs. Murphy는 구어적 표현으로 '화장실' 을 의미함)
- **wash one's hands** (완곡)
- **powder one's nose[puff]** (여성에게 사용하는 완곡한 표현)
- **pay a call** (구어 완곡)
- **check the plumbing** (미국 속어) (***plumbing**은 수도 가스관의 설치 및 수리를 의미함)

금연

담배 좀 꺼 주시겠어요?
Do you mind putting out your cigarette?
두 유 마인(ㄷ) 푸딩 아웃 유어 시그렛

여긴 금연이에요.
No smoking here, please.
노 스모킹 히어 플리즈

이 건물은 금연 빌딩이에요.
You are not allowed to smoke in this building.
유 아 낫 얼라우(ㄷ) 투 스모욱 인 디스 빌딩
Smoking is forbidden in this building.
스모킹 이즈 포비든 인 디스 빌딩

금연 구역!
No smoking! / Smoking is prohibited!
노 스모킹 / 스모킹 이즈 프로히비팃

그는 담배를 피우지 않아요.
He is a nonsmoker. / He doesn't smoke.
히 이 저 넌스모커 / 히 더즌(ㅌ) 스모욱

그는 담배를 완전히 끊어야 해.
He has to completely cut out the smokes.
히 해즈 투 컴플릿리 컷 아웃 더 스모욱(ㅅ)

담배를 끊기로 결심했어.
I decided to stop smoking.
아이 디사이디(ㄷ) 투 스탑 스모킹
I gave my mind to give up smoking.
아이 게이(ㅂ) 마이 마인(ㄷ) 투 기 법 스모킹

나는 담배를 완전히 끊었어.
I quit smoking all together.
아이 쿠잇 스모킹 얼 투게더
I've sworn off cigarettes.
아이(ㅂ) 스원 오(ㅍ) 시그렛(ㅊ)

전 하루 1개피로 줄였어요.
I cut down to only one per day.
아이 컷 다운 투 온리 원 퍼 데이

줄이려고 노력은 하는데, 잘 안 되네요.
I'm trying to cut down, but I can't.
아임 츠라잉 투 컷 다운 벗 아이 캔(ㅌ)

담배를 끊기는 어려워요.
It's hard for us to quit smoking.
잇(ㅊ) 하(ㄹㄷ) 포 러스 투 쿠잇 스모킹

담배는 일단 습관이 되면 끊기 어려워요.
Once smoking becomes a habit, you can hardly give it up.
원스 스모킹 비컴 저 해빗 유 컨 하(ㄹ)들리 기 빗 업
The smoking habit stays with you.
더 스모킹 해빗 스테이(ㅅ) 윗 유

Unit 5 취미

취미 묻기

취미가 뭐예요?

What's your hobby?

왓(ㅊ) 유어 하비

What are your hobbies?

왓 아 유어 하비(ㅅ)

특별한 취미가 있습니까?

Do you have any particular hobbies?

두 유 해 배니 파티큘러 하비(ㅅ)

Are you interested in anything special?

아 유 인터레스티 딘 애니씽 스페셜

한가할 때 무엇을 하세요?

What do you do when you have free time?

왓 두 유 두 웬 유 해(ㅂ) 프리 타임

What do you do in your spare time?

왓 두 유 두 인 유어 스패어 타임

기분 전환하기 위해 뭘 하세요?

What do you do for recreation?

왓 두 유 두 포 레크리에이션

어떤 것에 흥미를 갖고 계신가요?

What are your interests?

왓 아 유어 인터레슷(ㅊ)

취미 대답하기

저는 취미가 다양해요.
I have a lot of hobbies.
아이 해 버 랏 어(ㅂ) 하비(ㅅ)

특별한 취미는 없어요.
I have no particular hobby.
아이 해(ㅂ) 노 파티큘러 하비

나는 그런 일에는 취미가 없어.
I have little interest in those things.
아이 해(ㅂ) 리들 인터레슷 인 도우즈 씽(ㅅ)
I'm not very interested in it.
아임 낫 베리 인터레스티 딘 잇

우리는 취미에 공통점이 많네요.
We have much in common in hobbies.
위 해(ㅂ) 머취 인 커먼 인 하비(ㅅ)
My tastes are congenial with yours.
마이 테이슷 차 컨지녈 윗 유어(ㅅ)

그는 별난 취미를 가졌어요.
He has a taste for odd things.
히 해 저 테이슷 포 아드 씽(ㅅ)
He has a bizarre taste.
히 해즈 어 비자르 테이슷

사진

- 사진 촬영은 제 취미 중 하나예요.
  Taking pictures is one of my hobbies.
  테이킹 픽처 시즈 원 어(ㅂ) 마이 하비(ㅅ)

- 최근 인물 사진 찍기에 흥미를 가지기 시작했어요.
  Recently, I have been interested in taking pictures of men and women.
  리센(ㅌ)리 아이 해(ㅂ) 빈 인터레스티 딘 테이킹 픽처 서(ㅂ) 멘 앤 위민

- 밤하늘에 떠 있는 별을 찍는 것은 재미있습니다.
  It's a lot of fun to take pictures of stars in the dark sky.
  잇 처 랏 어(ㅂ) 펀 투 테익 픽처 섭서(ㅂ) 스타 진 더 다(ㄹㅋ) 스카이

- 진귀한 나비 사진을 찍기 위해 여러 곳을 찾아다녔습니다.
  I visited various places to take pictures of rare butterflies.
  아이 비지티(ㄷ) 베리어(ㅅ) 플레이(ㅅ) 투 테익 픽처 서(ㅂ) 레어 버더플라이(ㅅ)

- 제 카메라는 거리도 노출도 전혀 맞출 필요가 없습니다.
  I don't have to adjust my camera by focusing and exposure time at all.
  아이 돈 해(ㅂ) 투 엇저숫 마이 캐머라 바이 포커싱 앤 익스포저 타임 앳 얼

스포츠

무슨 스포츠를 좋아하세요?
What sports do you like? / What's your favorite sport?
왓 스포(ㄹㅊ) 두 유 라잌 / 왓츠 유어 페이버릿 스포(ㄹㅌ)

스포츠라면 어떤 종류든 좋아해요.
I like any kind of sports.
아이 라잌 애니 카인 덥 스포(ㄹㅊ)

저는 스포츠광이에요.
I'm a sports nut.
아임 어 스포(ㄹㅊ) 넛

스포츠는 무엇이든 해요.
I'm an all-round sportsman.
아임 언 얼 라운ㄷ 스포(ㄹㅊ)맨

운동 신경이 둔해요.
I'm a poor athlete.
아임 어 푸어 애쓰릿

스포츠는 하는 것보다 보는 것을 좋아해요.
I like watching sports better than doing them myself.
아이 라잌 왓칭 스포(ㄹㅊ) 베더 댄 두잉 뎀 마이셀(ㅍ)

최근 조깅을 시작했어요.
I've taken up jogging recently.
아이(ㅂ) 테이큰 업 조깅 리센(ㅌ)리

운동으로 매일 걷고 있어요.
I take a walk everyday for exercise.
아이 테익 어 웤 에브리데이 포 엑서사이즈

저녁에 산보하는 것을 일과로 하고 있어요.
I make a daily routine of taking a walk every evening.
아이 메익 어 데일리 루틴 어(ㅂ) 테이킹 어 웤 에브리 이브닝

강변을 따라 인라인 스케이트를 탑니다.
I inline skate along the riverside.
아이 인라인 스케잇 어롱 더 리버사이드

요가를 계속할 생각이에요.
I'll keep on doing Yoga.
아일 킵 온 두잉 요가

저는 태권도 3단이에요.
I'm a third grade in Taekwondo.
아임 어 써(ㄹ)드 그레이드 인 태권도

낚시가 지금 크게 유행하고 있어요.
Fishing has now become a craze.
피쉉 해즈 나우 비컴 어 크레이즈
Fishing is very popular recently.
피쉉 이즈 베리 파퓰러 리센트리

예전부터 산을 좋아했죠.
I've been interested in climbing.
아이(ㅂ) 빈 인터레스티 딘 클라이밍

계절 스포츠

여름 스포츠 중에서는 수영을 제일 좋아해요.
I like swimming best of all summer sports.
아이 라익 스위밍 베슷 어 벌 서머 스포(ㄹㅊ)

특기는 배영이에요.
What I'm good at is backstroking.
왓 아임 굿 앳 이즈 백스츠로우킹

우리 가족은 매년 여름 래프팅하러 가요.
Our family go rafting annually in summer.
아워 패밀리 고 랩팅 애뉴얼리 인 서머

겨울이 되면, 거의 매주 스키를 타러 가요.
In the winter, I go skiing almost every week.
인 더 윈터 아이 고 스키잉 얼모슷 에브리 윅

전 스노보드 광이에요.
I'm a snowboarding enthusiast.
아임 어 스노우보딩 인쓔지에슷

콩글리시 때려 잡기 – 화이팅

우리가 응원할 때 자주 쓰는 '화이팅(Fighting)' 이란 말은 콩글리시입니다.
영어에서 우리의 '화이팅' 에 해당하는 말은 'Go for it!' 이라고 합니다.
또는 응원하는 사람이나 팀 이름을 넣어 'Go, Chanho! Go!' 라고도 합니다.
그 외에 응원할 때 쓰는 말들입니다.

·**Way to go!** 힘 내! / ·**Keep it up!** (잘하고 있을 때) 계속 그렇게 해!

·**More power to your elbow!** 건투를 빕니다!

구기 스포츠

요즘 테니스에 빠져 있습니다.
I have gone for tennis these days.
아이 해(ㅂ) 건 포 테니(ㅅ) 디즈 데이(ㅅ)

언젠가 같이 치러 가죠.
Let's play together sometime.
렛(ㅊ) 플레이 투게더 섬타임(ㅅ)

TV 야구 중계를 자주 봐요.
I often watch baseball games on TV.
아이 오픈 왓취 베이스볼 게임 온 티비

야구팀에서 3루수를 맡고 있어요.
I'm the third baseman of my baseball team.
아임 더 써(ㄹ)드 베이스맨 어(ㅂ) 마이 베이스볼 팀

그 선수 타율이 어떻게 되나요?
What is the player's batting average?
왓 이즈 더 플레이어(ㅅ) 배딩 애버리쥐

지금 몇 회예요?
What inning is it?
왓 이닝 이즈 잇

전 축구팀의 후보 선수예요.
I'm just a bench warmer on the football team.
아임 저슷 어 벤취 워머 온 더 풋볼 팀

어제 축구 경기는 상당히 접전이었어요.
The soccer match was very close yesterday.
더 사커 맷취 워즈 베리 클로즈 예스터데이

어느 축구팀을 응원하세요?
What soccer team do you prefer?
왓 사커 팀 두 유 프리퍼
What soccer team are you pulling for?
왓 사커 팀 아 유 풀링 포

요즘 골프에 빠져 있어요.
I'm passionate about golf these days.
아임 패셔네잇 어바웃 골(프) 디즈 데이(스)
I'm now bitten with golf.
아임 나우 비든 윗 골(프)

골프 한 게임 칠까요?
How about playing a round of golf?
하우 어바웃 플레잉 어 라운 더(브) 골(프)

소변을 보다

- **make water / pass water** (water는 눈물, 땀, 오줌, 침 등의 분비액을 의미)
- **relieve nature** (대변·소변을 보다)
- **urinate** (소변과 함께 배설하다)
- **do ones** (속어)
- **drain off** (남성에게 사용하는 속어)
- **have a splash** (영국 속어)
(splash는 물 튀김, 물 튀기는 소리를 의미하며 남성에게 사용)
- **squeeze the lemon** (미국 속어)
- **burn the grass** (호주 속어) ('서서 소변을 보다' 의 의미로 남성에게 사용)
- **strain the potatoes** (호주 속어)
- **siphon the python** (익살스러운 속어)

음악

음악 듣는 것을 좋아해요.
I like listening to music.
아이 라익 리스닝 투 뮤직

어떤 음악을 좋아하세요?
What kind of music do you like?
왓 카인 더(ㅂ) 뮤직 두 유 라익
What kind of music do you listen to?
왓 카인 더(ㅂ) 뮤직 두 유 리슨 투

좋아하는 가수는 누구예요?
Who's your favorite singer?
후 쥬어 페이버릿 싱어

시간이 날 때에는 팝 음악을 들어요.
I listen to pop music whenever I'm free.
아이 리슨 투 팝 뮤직 웨네버 아임 프리

최근에는 클래식을 듣기 시작했어요.
Recently I've started listening to classical music.
리센(ㅌ)리 아이(ㅂ) 스타티(ㄷ) 리스닝 투 클래시컬 뮤직

그녀의 CD는 거의 가지고 있어요.
I have almost all of her CDs.
아이 해(ㅂ) 얼모슷 얼 어(ㅂ) 허 씨디(ㅅ)

마이클 잭슨의 콘서트를 빼놓지 않고 갔었어요.
I never failed to go to Michael Jackson's concerts.
아이 네버 페일(ㄷ) 투 고 투 마이클 잭슨(ㅅ) 콘서(ㄹㅊ)

악기를 다룰 줄 아세요?
Do you play any musical instruments?
두 유 플레이 애니 뮤지컬 인스츠루먼(ㅊ)

피아노를 조금 칩니다.
I play the piano a little.
아이 플레이 더 피애노 어 리들

열 살 때부터 바이올린을 치고 있어요.
I have played the violin since I was ten.
아 해(ㅂ) 플레이(ㄷ) 더 바이올린 신스 아이 워즈 텐

어렸을 때 10년 간 피아노를 쳤어요.
I played the piano for 10 years when I was a child.
아이 플레이(ㄷ) 더 피애노 포 텐 이어(ㅅ) 웬 아이 워즈 어 차일(ㄷ)

취미로 기타를 배우고 있어요.
I'm learning to play the guitar for fun.
아임 러닝 투 플레이 더 기타 포 펀

영화 관련 단어 1

·movie 영화
=film, picture, motion picture, a cinema
*movie는 주로 미국에서 cinema는 주로 영국에서 쓰는 말
*영화를 총칭할 때는 the movies(미), the cinema(영), the screen
·flick 영화 (속어로 영화 한 편이 의미)
·movie theater 극장 =movie house, cinema(영)

영화 감상

영화 보기를 좋아합니다.
I like to watch movies.
아이 라익 투 왓취 무비(ㅅ)

나는 영화광입니다.
I'm crazy about movies.
아임 크레이지 어바웃 무비(ㅅ)
I'm a film buff.
아임 어 피(ㄹ)음 버ㅍ
I'm a movie addict.
아임 어 무비 애딕(ㅌ)

어떤 종류의 영화를 좋아하세요?
What kinds of movies do you like?
왓 카인 저(ㅂ) 무비(ㅅ) 두 유 라익

저는 미스터리 영화, 특히 탐정물을 좋아해요.
I love mysteries, especially detective movies.
아이 러(ㅂ) 미스테리(ㅅ) 이스페셜리 디텍티(ㅂ) 무비(ㅅ)

공포 영화를 자주 봅니다.
I often watch horror movies.
아이 오픈 왓취 호러 무비(ㅅ)

최루성 영화를 가장 좋아해요.
I like tearjerkers best.
아이 라익 티어저커(ㅅ) 베슷

지금까지 중 가장 좋았던 영화는 〈반지의 제왕〉입니다.
The movie I enjoyed most so far is <The Lord of the Rings>.
더 무비 아이 인조이(ㄷ) 모슷 소 파 이즈 더 로 더(ㅂ) 더 링(ㅅ)

전에 '톰 행크스' 주연의 〈포레스트 검프〉를 보고 감동 받았습니다.
I was moved by <Forrest Gump> starring 'Tom Hanks' the other day.
아이 워즈 무(ㅂㄷ) 바이 포레슷 검(ㅍ) 스타링 탐 행(ㅋㅅ) 디 어더 데이

그 영화의 주연은 누구인가요?
Who is starring in the movie? / Who is in the movie?
후 이즈 스타링 인 더 무비 / 후 이즈 인 더 무비

그 영화를 다섯 번 이상 봤어요.
I saw the movie more than five times.
아이 서우 더 무비 모어 댄 파이(ㅂ) 타임(ㅅ)

그녀가 주연한 영화는 모두 봤어요.
I have seen all of her films.
아이 해(ㅂ) 신 얼 어(ㅂ) 허 피(ㄹ)음

영화 관련 단어 2

·**release** 개봉 / ·**newly released movie** 개봉 영화
·**trailer** 예고편 / ·**preview** 시사회 / ·**synopsis** 줄거리
·**double feature** 동시 상영 / ·**starring** 출연하는
·**scenario** 영화 각본 / ·**movie director** 영화 감독 / ·**producer** 제작자
·**filmgoer, moviegoer** 영화팬 / ·**film review** 영화평
·**film[movie] critic** 영화 평론가
·**make a movie, cinematize, picturize** 영화화하다
·**movie[film] industry** 영화 산업

영화관 가기

영화 보러 자주 가세요?
Do you go to the movies very often?
두 유 고 투 더 무비(ㅅ) 베리 오픈

한 달에 두세 편은 봐요.
I see two or three movies a month.
아이 시 투 오어 쓰리 무비 서 먼쓰

저는 좀처럼 극장에 가지 않아요.
I seldom go to the movies.
아이 셀덤 고 투 더 무비(ㅅ)

극장에 가기보다는 TV 영화 보는 것을 좋아합니다.
I like to see movies on TV rather than go to the theater.
아이 라익 투 시 무비 손 티비 래더 댄 고 투 더 씨어터

오늘 밤에 영화 보러 가자.
Let's go to see a movie tonight.
렛(ㅊ) 고 투 시 어 무비 투나잇
Would you like to go to a movie tonight?
우 쥬 라익 투 고 투 어 무비 투나잇

지금 극장에서 뭐 하지?
What's on at the theater now?
왓 촌 앳 더 씨어터 나우
What's playing recently?
왓(ㅊ) 플레잉 리센(ㅌ)리

독서

제 취미는 소설 읽기예요.
My hobby is reading novels.
마이 하비 이즈 리딩 나블(ㅅ)

저는 책벌레예요.
I'm a bookworm.
아임 어 북웜

한가할 땐 독서로 시간을 보내요.
I devote my free time to reading.
아이 디봇 마이 프리 타임 투 리딩

한 달에 몇 권이나 읽으세요?
How many books do you read a month?
하우 메니 북(ㅅ) 두 유 리 더 먼쓰

최근에는 바빠서 책을 읽은 시간이 없습니다.
As I am very busy, I have no time to read books.
애 자이 앰 베리 비지 아이 해(ㅂ) 노 타임 투 리(ㄷ) 북(ㅅ)

어떤 책을 즐겨 읽으세요?
What kinds of books do you like to read?
왓 카인 저(ㅂ) 북(ㅅ) 두 유 라익 투 리(ㄷ)

책을 많이 읽으세요?
Do you read a lot?
두 유 리 더 랏

가장 좋아하는 장르는 무엇입니까?
What's your favorite genre?
왓 츄어 페이버릿 잔러

1년에 50권 이상 읽어요.
I read more than 50 books a year.
아이 리(ㄷ) 모어 댄 핍티 북 서 이어

추리 소설을 아주 좋아해요.
I love detective novels.
아이 러(ㅂ) 디텍티(ㅂ) 나블(ㅅ)

최근에는 로맨스 소설에 빠져 있어요.
I'm really into love stories these days.
아임 리얼리 인투 러(ㅂ) 스토리(ㅅ) 디즈 데이(ㅅ)

소설보다는 시를 좋아해요.
I prefer poems to novels.
아이 프리퍼 포엠(ㅅ) 투 너블(ㅅ)

좋아하는 작가는 누구인가요?
Who's your favorite author?
후 쥬어 페이버릿 어써

파울로 코엘료를 가장 좋아해요.
I like Paulo Coelho most.
아이 라익 파울로 코엘호 모슷
My favorite author is Paulo Coelho.
마이 페이버릿 어써 이즈 파올로 코엘호

그의 작품은 모두 읽었습니다.
I've read all of his works.
아이(ㅂ) 레 덜 어(ㅂ) 히스 워(ㄹㅋㅅ)

'내셔널 지오그래픽'을 정기 구독하고 있어요.
I subscribe to the National Geographic.
아이 섭스크라입 투 더 내셔널 지어그래픽

이 책은 매우 감동적이었어요.
I am extremely impressed by this book.
아이 앰 익스츠림리 임프레스(ㅌ) 바이 디스 북

그 책은 어린이들에게 맞지 않아요.
The book is not adapted to children.
더 북 이즈 낫 어댑티(ㄷ) 투 칠드런

하드 커버와 페이퍼백

우리나라의 경우 책이 한 종류만 나오는 경우가 대부분입니다.
그러나 미국의 경우 같은 책을 하드커버(Hardcover)와 페이퍼백(Paperback)의 두 가지로 발행하고 있습니다. 또한 베스트셀러 집계에도 두 종류를 나눠서 하는 경우가 많답니다.
출판사가 책을 출판할 때는 대부분 하드커버를 먼저 출판한 후 어느 정도 팔린 후 저렴한 버전의 페이퍼백을 냅니다.
하드커버는 딱딱한 종이를 책의 앞뒷면에 표지로 쓰는 책, 즉 우리나라에서 양장본이라 불리우는 책입니다. 페이퍼백은 얇은 종이로 되어 있는 책으로 가벼워서 들고 다니기에 편하며 가격도 저렴합니다.
또한 페이퍼백보다 작은 크기에 같은 내용을 담은 대중 판매용 염가 도서인 '포켓북(pocket book)'이 함께 나오는 경우도 있습니다.
이 밖에도 어린의 책의 경우에는 '보드북(board book)'이라는 형태의 책도 있는데, 보드북은 종이 여러 장을 눌러서 두껍게 만든 하드보드지 책으로 아이들이 넘기기에 편하고 침을 묻혀도 잘 망가지지 않습니다. 1-3세 어린이 책은 대개 보드북으로 만드는 경우가 많습니다.

십자수

그녀는 십자수 놓기를 즐겨요.
She delights in cross-stitching.
쉬 딜라잇 친 크로스 스티칭

십자수에는 재주가 없어요.
I don't have the knack for cross-stitching.
아이 돈 해(ㅂ) 더 낵 포 크로스 스티칭

새로운 십자수 패턴을 찾는 중이에요.
I'm looking for a new pattern of cross-stitch.
아임 루킹 포 러 뉴 패든 어(ㅂ) 크로스 스티취

이 패턴은 십자수에 적용할 수 있겠는데요.
The design can be worked in cross-stitch.
더 디자인 컨 비 워(ㄹㅋ) 틴 크로스 스티취

안젤라는 십자수로 수놓은 초상화를 가지고 있어요.
Angela has a cross-stitched portrait.
앤젤라 해즈 어 크로스 스티취(ㅌ) 포츠레잇

새로 나온 십자수 디자인은 한 사람이 50시간 걸려야 완성할 수 있어요.
The new cross-stitching design takes one person 50 hours to produce an entire work.
더 뉴 크로스 스티칭 디자인 테익(ㅅ) 원 퍼(ㄹ)슨 핍티 아워(ㅅ) 투 프로듀스 언 인타이어 워(ㄹㅋ)

수집

무엇을 수집하고 있습니까?
What do you collect?
왓 두 유 컬렉(ㅌ)

우표 수집을 시작한지 얼마나 되었나요?
How long have you been collecting stamps?
하우 롱 해 뷰 빈 컬렉팅 스탬(ㅅ)

어렸을 때부터 우표를 모으고 있어요.
I have been collecting stamps since childhood.
아이 해(ㅂ) 빈 컬렉팅 스탬(ㅅ) 신스 차일(ㄷ)후(ㄷ)

최근에는 엽서 모으기에 열중하고 있어요.
I've been fascinated with post cards recently.
아이(ㅂ) 빈 패서네이티(ㄷ) 윗 포슷 카(ㄹㅈ) 리센(ㅌ)리

전 세계의 동전을 모으고 있어요.
I collect coins from all over the world.
아이 컬렉(ㅌ) 커인(ㅅ) 프럼 얼 오버 더 워(ㄹㄷ)

제 동전 컬렉션은 아직 조금 밖에 안 되요.
My collection of coins is still small.
마이 컬렉션 어(ㅂ) 코인 시즈 스틸 스멀

골동품을 모으기 시작한 것은 불과 작년부터예요.
It was only last year that I began to collect antiques.
잇 워즈 온리 래슷 이어 댓 아이 비갠 투 컬렉(ㅌ) 앤틱(ㅅ)

Chapter 04

외모지상주의?

Unit 1 신체
Unit 2 얼굴&피부
Unit 3 이목구비
Unit 4 헤어스타일&수염
Unit 5 스타일
Unit 6 옷
Unit 7 화장&성형

Unit 1 신체

신체 특징

그의 어깨는 딱 벌어졌다.
He has square[broad] shoulders.
히 해즈 스쿠에어 [브러(ㄷ)] 쇼울더(ㅅ)
He is stout with broad shoulders.
히 이즈 스타웃 윗 브러(ㄷ) 쇼울더(ㅅ)

넌 롱다리구나.
You have long legs. / You're long-legged.
유 해(ㅂ) 롱 렉(ㅅ) / 유어 롱 렉(ㄷ)

내 무다리가 싫어.
I don't like my piano legs.
아이 돈 라익 마이 피애노 렉(ㅅ)

그녀는 엉덩이가 펑퍼짐하다.
She has a flat butt.
쉬 해즈 어 플랫 벗

저는 왼손잡이예요.
I am left-handed.
아이 앰 레픗핸디(ㄷ)

그는 평발이다.
He's flat-footed.
히즈 플랫푸티(ㄷ)

키

키가 얼마입니까?
How tall are you? / What's your height?
하우 털 아 유 / 왓(ㅊ) 유어 하잇

170cm예요.
About one-hundred-seventy centimeters.
어바웃 원 헌드레(ㄷ) 세븐티 센티미터(ㅅ)

키가 큰 편이네요.
You're rather tall.
유어 래더 털

그는 키가 좀 작다.
He is a little short.
히 이즈 어 리들 쇼(ㄹㅌ)

그녀는 키가 크고 날씬하다.
She is tall and slender.
쉬 이즈 털 앤 슬렌더

저는 키가 크고 마른 편이에요.
I am tall and thin.
아이 앰 털 앤 씬

그는 키가 작고 뚱뚱해요.
He is short and stout.
히 이즈 쇼(ㄹ) 탠 스타웃

체중

체중이 얼마입니까?
How much do you weigh?
하우 머취 두 유 웨이

요즘 체중이 늘었어요.
I've gained some weight recently.
아이(ㅂ) 게인(ㄷ) 섬 웨잇 리센(ㅌ)리
I've put on a little weight recently.
아이(ㅂ) 풋 온 어 리들 웨잇 리센(ㅌ)리

살이 좀 찐 것 같아요.
I'm afraid I'm a little overweight.
아임 어(ㅍ)레이(ㄷ) 아임 어 리들 오버웨잇

살이 좀 빠졌네요, 그렇죠?
You've lost a bit of weight, haven't you?
유(ㅂ) 로슷 어 빗 어(ㅂ) 웨잇 해븐 츄

그녀는 너무 말랐어요.
She is very thin, nothing but skin and bone.
쉬 이즈 베리 씬 나씽 벗 스킨 앤 본

그는 체중이 적당합니다.
He is the average weight for his height.
히 이즈 디 애버리쥐 웨잇 포 히스 하잇

그는 키에 비해 몸무게가 많이 나가요.
He is overweight for his height.
히 이즈 오버웨잇 포 히스 하잇

날씬해지려고 다이어트 중이에요.
I'm trying to slim down by going on a diet.
아임 츠라잉 투 슬림 다운 바이 고잉 온 어 다이엇

허리 살 좀 빼는 게 좋겠어.
You'd better make waist slim.
유(ㄷ) 베터 메익 웨이슷 슬림

그는 옆구리에 군살이 있어요.
He has love -handles.
히 해즈 러(ㅂ) 핸들(ㅅ)

그는 배가 나왔어요.
His stomach sticks out.
히스 스토먹 스틱 사웃
His belly is protruding.
히스 벨리 이즈 프로츠루딩
He is a pot-bellied man.
히 이즈 어 팟 벨리(ㄷ) 맨
He has a pot-belly.
히 해즈 어 팟 벨리

키와 몸무게

보통 미국에서는 키는 피트(ft), 인치(inch)를 쓰고, 몸무게는 파운드(lb)를 씁니다. 키가 170cm면 약 5.6피트 정도이고, 체중이 60kg이면 약 132파운드 정도 됩니다. 자신의 키와 몸무게를 어떻게 표현하면 되는지 환산해 볼까요?

체격&기타

그는 체격이 표준이다.

He's a man of medium build.

히즈 어 맨 어(ㅂ) 미디엄 빌(ㄷ)

He's of medium height and weight.

히즈 어(ㅂ) 미디엄 하잇 앤 웨잇

He has an average body.

히 해즈 언 애버리쥐 바디

그는 체격이 좋다.

He's well-built.

히즈 웰 빌(ㅌ)

He is a well-built man.

히 이즈 어 웰 빌(ㅌ) 맨

He has a good body.

히 해즈 어 굿 바디

건강해 보이네요.

You are in fine shape.

유 아 인 파인 쉐입

그는 통통하다.

He is chubby.

히 이즈 처비

사람은 겉보기로 알 수 없다.

We can't judge people by looks alone.

위 캔 저쥐 피플 바이 룩 서런

Unit 2 얼굴&피부

모습&얼굴

그녀는 동안이야.
She has a baby face.
쉬 해즈 어 베이비 페이스

나는 나이보다 어려 보인다.
I look young for my age.
아이 룩 영 포 마이 에이쥐
I look much younger than my age.
아이 룩 머취 영거 댄 마이 에이쥐

그녀는 나이가 들어 보여.
She looks old.
쉬 룩(ㅅ) 올(ㄷ)

그녀는 자기 나이처럼 안 보이는데.
She doesn't look her age.
쉬 더즌 룩 허 에이쥐

그는 이마가 넓습니다.
He has a broad forehead.
히 해즈 어 브러(ㄷ) 포어헤(ㄷ)

나는 양쪽 볼에 보조개가 있다.
I have dimples on my cheeks.
아이 해(ㅂ) 딤플 손 마이 칙(ㅅ)

얼굴형

내 얼굴은 동그랗다.
I have a round face.
아이 해 버 라운(ㄷ) 페이스

그녀는 얼굴이 좀 둥근 편이야.
Her face is rather round.
허 페이스 이즈 래더 라운(ㄷ)

난 달걀형 얼굴이야.
I have an oval face.
아이 해 번 오벌 페이스

그는 얼굴이 길어.
He has a long face.
히 해즈 어 롱 페이스

그녀는 사각 턱이야.
She has a square jaw.
쉬 해즈 어 스쿠에어 저

나는 얼굴이 좀 통통하다.
My face is a little chubby.
마이 페이스 이즈 어 리들 처비

나는 얼굴이 여윈 편이다.
I am thin-faced. / I have a meager face.
아이 앰 씬 페이스(ㅌ) / 아이 해 버 미거 페이스

피부

그녀는 피부색이 희다.
She has a fair complexion.
쉬 해즈 어 페어 컴플렉션

그녀는 피부색이 검다.
She is dark-skinned.
쉬 이즈 다(ㄹㅋ) 스킨(ㄷ)

피부가 텄어.
My skin is chapped.
마이 스킨 이즈 챕(ㅌ)
I have chapped skin.
아이 해(ㅂ) 챕(ㅌ) 스킨

피부가 거칠어.
I have rough skin.
아이 해(ㅂ) 러(ㅍ) 스킨

그녀의 피부는 탄력이 있다.
Her skin is elastic.
허 스킨 이즈 엘라스틱

네 피부가 곱다.
You have fair skin.
유 해(ㅂ) 페어 스킨

피부가 지성이군요.
Your skin is oily.
유어 스킨 이즈 오일리

피부 상태

얼굴에 각질이 생겼어.
My face is peeling.
마이 페이스 이즈 필링

모공 때문에 고민이야.
I worry about my pores.
아이 워리 어바웃 마이 포어(ㅅ)

머드팩이 당신의 피부에 변화를 줄 거예요.
A mudpack will work wonders for your skin.
어 멋팩 윌 워(ㄹㅋ) 원더(ㅅ) 포 유어 스킨

햇빛에 그을려 까무잡잡하다.
I was tanned[sunburnt] by the sun.
아이 워즈 탠(ㄷ) [선번(ㅌ)] 바이 더 선

피부가 너무 예민해.
I have sensitive skin.
아이 해(ㅂ) 센서티(ㅂ) 스킨

요즘 피부색이 칙칙해졌어.
My facial complexion has become dark.
마이 페이셜 컴플렉션 해즈 비컴 다(ㄹㅋ)
Your face is blushed.
유어 페이스 이즈 블러쉬(ㅌ)

피부 트러블

얼굴에 뭐가 났네.
Your face looks so bumpy.
유어 페이스 룩(ㅅ) 소 범피

얼굴에 여드름이 났어.
There are pimples on my face.
데어 아 핌플 손 마이 페이스

내 얼굴에는 점이 너무 많아.
I have too many spots on my face.
아이 해(ㅂ) 투 매니 스팟 촌 마이 페이스

네 얼굴에 주름이 많은데.
You have a lot of wrinkles on your face.
유 해 버 랏 어(ㅂ) 링클 손 유어 페이스

나는 주근깨가 좀 있어.
I have some freckles.
아이 해(ㅂ) 섬 프레클(ㅅ)

얼굴에 온통 두드러기가 났어.
A rash broke out all over my face.
어 래쉬 브로욱 아웃 얼 오버 마이 페이스

Unit 3 이목구비

눈

난 쌍꺼풀이 있어.
I have double eyelids.
아이 해(ㅂ) 더블 아이리(ㅈ)
I have double-edged eyelids.
아이 해(ㅂ) 더블 엣쥐(ㄷ) 아이리(ㅈ)

난 속쌍꺼풀이 있어.
I have inner double eyelids.
아이 해 비너 더블 아이리(ㅈ)
I have hidden double eyelids.
아이 해(ㅂ) 히든 더블 아이리(ㅈ)

난 긴 속눈썹을 가졌지.
I have long eyelashes.
아이 해(ㅂ) 롱 아이래쉬(ㅅ)

그는 눈이 부리부리하다.
He has big bright eyes.
히 해즈 빅 브라잇 아이(ㅅ)

그녀는 크고 아름다운 눈을 가졌지.
She has big beautiful eyes.
쉬 해즈 빅 뷰디풀 아이(ㅅ)

눈이 멀리 떨어져 있다.
My eyes are far apart from each other.
마이 아이 사 파 어파(ㄹㅌ) 프럼 이취 어더

그의 눈은 가까이 몰려 있어.
His eyes are close together.
히스 아이 사 클로스 투게더

눈이 위로 올라갔다.
My eyes slant upward.
마이 아이(ㅅ) 슬랜(ㅌ) 업워(ㄷ)

눈이 아래로 쳐졌다.
My eyes slant downward.
마이 아이(ㅅ) 슬랜(ㅌ) 다운워(ㄷ)

눈이 움푹 들어갔다.
I have hollow eyes.
아이 해(ㅂ) 할로우 아이(ㅅ)
I have sunken eyes.
아이 해(ㅂ) 선큰 아이(ㅅ)
I have cavernous eyes.
아이 해(ㅂ) 캐버너(ㅅ) 아이(ㅅ)

eye와 관련된 idiom

eye라고 해도 신체의 눈만 의미하진 않아요.
관용어로 쓰이는 표현들을 보며, 의미를 잘못 이해하지 않도록 주의하세요.

·**That's all my eye.** 바보 같은 소리.
·**An eye for an eye.** 눈에는 눈.
·**Oh, my eye!** 저런!
·**Eyes left[right]!** 좌[우]로 봐! (구령)
·**Mind your eye.** 정신 차려.
·**In the blink of an eye.** 눈 깜짝할 사이 / ·**by an eyelash** 근소한 차이로
·**not bat an eyelash** 눈 하나 깜박이지 않다. 한 잠도 안 자다
(=not blink an eyelash)

시력

그는 색맹이다.
He is color-blind.
히 이즈 컬러 블라인(ㄷ)

시력이 어떻게 되요?
What's your vision?
왓 츄어 비전
How is your eyesight?
하우 이즈 유어 아이사잇

전 시력이 아주 좋아요.
I have twenty-twenty vision.
아이 해(ㅂ) 트웬티 트웬티 비전

저는 근시라서 안경을 쓰고 있어요.
I am near-sighted and so I wear glasses.
아이 앰 니어 사이티 댄 소 아이 웨어 글래시(ㅅ)

시력이 떨어진 거 같아.
I think my eyes are dimmed.
아이 씽(ㅋ) 마이 아이(ㅅ) 아 딤(ㄷ)
I think my eyesight is failing.
아이 씽(ㅋ) 마이 아이사잇 이즈 페일링

코의 생김새

난 코가 높다.
I have a long nose.
아이 해 버 롱 노우즈

그는 주먹코이다.
He has a bottle nose.
히 해즈 어 바들 노우즈
He has a bulbous nose.
히 해즈 어 불부(스) 노우즈
His nose is ball-shaped.
히스 노우즈 이즈 볼 쉐입(ㅌ)

넌 들창코구나.
You have a pug nose. / You have a snub nose.
유 해 버 퍽 노우즈 / 유 해 버 스넙 노우즈

그는 납작코이다.
He has a flat nose.
히 해즈 어 플랫 노우즈

그녀는 매부리코예요.
She is a hawk[hook]-nosed person.
쉬 이즈 어 혁 [훅] 노우즈(ㄷ) 퍼(ㄹ)슨
She has a hawk[hook] nose.
쉬 해즈 어 혁 [훅] 노우즈
She has a Roman nose.
쉬 해즈 어 로맨 노우즈
She has an aquiline nose.
쉬 해즈 언 애쿠얼라인 노우즈

귀

귀 좀 빌려줘.
Lend me your ear.
렌(ㄷ) 미 유어 이어

그는 보청기를 달고 있다.
He wears a hearing aid.
히 웨어 저 히어링 에이(ㄷ)

귀지가 가득 찼다.
Your ears are full of wax.
유어 이어 사 풀 어(ㅂ) 왁(ㅅ)

그는 귀가 어두워.
He has poor hearing.
히 해즈 푸어 히어링

우리는 열심히 귀를 기울인다.
We are all ears.
위 아 얼 이어(ㅅ)

그는 좋은 음감을 가지고 있다.
He has a good ear.
히 해즈 어 굿 이어

귀를 뚫는 귀걸이를 했다.
I wear pierced earrings.
아이 웨어 피어슷 이어링(ㅅ)

입&입술

그는 입이 커.
His mouth is big.
히스 마우쓰 이즈 빅

그녀는 입매가 예쁘다.
She has a lovely mouth.
쉬 해즈 어 러(ㅂ)리 마우쓰

그녀의 입술이 촉촉해 보인다.
Her lips look glossy.
허 립(ㅅ) 룩 글러시

그의 입술은 두껍다.
His lips are full.
히스 립 사 풀

내 입술은 얇다.
My lips are thin.
마이 립 사 씬

내 입술은 잘 튼다.
My lips often crack.
마이 립 소픈 크랙

치아 관련

이가 고르게 났다.
I have straight teeth.
아이 해(ㅂ) 스츠레잇 티쓰

덧니가 있다.
I have a double tooth.
아이 해 버 더블 투쓰

이를 때운 것이 몇 개 있어.
I have a few fillings.
아이 해 버 퓨 필링(ㅅ)

그녀는 이가 하얗다.
Her teeth are white.
허 티쓰 아 와잇

사랑니가 나고 있어.
My wisdom teeth are coming on.
마이 위즈덤 티쓰 아 커밍 온

충치가 있어요.
I have a cavity.
아이 해 버 캐비티

스타일

그녀는 섹시하게[귀엽게] 생겼어.
She looks cute.
쉬 룩(ㅅ) 큐트

그는 아주 지적으로 생겼어.
He looks quite intelligent.
히 룩(ㅅ) 쿠아잇 인텔리전(ㅌ)

그는 잘생겼어.
He is good looking.
히 이즈 굿 루킹

저 남자 섹시한데.
That guy is so hot.
댓 가이 이즈 소 핫

그녀는 굉장한 미인이다.
She is a real knockout.
쉬 이즈 어 리얼 낙아웃

그녀는 글래머야.
She's curvy.
쉬즈 커(ㄹ)비

오늘 멋져 보이는데요.
You look great today.
유 룩 그레잇 투데이

그는 멋을 아는 남자이다.
He's a straight man with taste.
히즈 어 스츠레잇 맨 윗 테이슷

난 그의 외모가 마음에 들어요.
I like the way he looks.
아이 라익 더 웨이 히 룩(ㅅ)

그는 항상 그 모습 그대로인 것 같다.
He looks the same as always.
히 룩(ㅅ) 더 세임 애 절웨이즈

그녀는 수수한 외모이다.
She looks plain.
쉬 룩(ㅅ) 플레인

옷의 종류

- overcoat 오버코트
- three-quater coat 짧은 코트
- trench coat 트렌치 코트
- wind breaker 스포츠용 점퍼
- cardigan 카디건
- turtlemeck 터틀넥
- pleat skirt 주름치마
- suspenders 멜빵 바지

닮았다고 말할 때

제가 아는 사람이랑 닮았네요.
You look like someone I know.
유 룩 라익 섬원 아이 노우

나는 외할머니를 닮았어요.
I'm much more like my grandmother on my mother's side.
아임 머취 모어 라익 마이 그랜(ㄷ)마더 온 마이 마더(ㅅ) 사이드

여동생은 눈 주위가 아버지를 닮았어요.
My sister resembles my father around the eyes.
마이 시스터 리젬블(ㅅ) 마이 파더 어라운(ㄷ) 디 아이(ㅅ)

당신은 아버지를 닮았어요, 어머니를 닮았어요?
Do you look more like your mother or your father?
두 유 룩 모어 라익 유어 마더 오어 유어 파더

당신이 브래드 피트를 닮았다고 하지 않나요?
Do people say you look like Brad Pitt?
두 피플 세이 유 룩 라익 브랫 핏

못생긴 외모

그는 엄청 못생겼다.

He has a face that only a mother could love.

히 해즈 어 페이스 댓 온리 어 마더 쿠(ㄷ) 러(ㅂ)

He has the face that could stop a clock.

히 해즈 더 페이스 댓 쿠(ㄷ) 스탑 어 클락

He is butt-ugly.

히 이즈 벗 어글리

He is gross.

히 이즈 그로우스

그녀는 성격만 좋아.

She has a nice personality.

쉬 해즈 어 나이스 퍼스낼러티

걘 외모가 떨어져.

She is short on looks.

쉬 이즈 쇼(ㄹ) 톤 룩(ㅅ)

그의 외모는 그저 그래.

His looks is just passable.

히스 룩 시즈 저슷 패서블

걔 못생겼지?

She looks busted?

쉬 룩(ㅅ) 버스티(ㄷ)

헤어스타일&수염

그는 대머리이다.
He is a bald.
히 이즈 어 볼(ㄷ)

그녀는 포니테일 스타일을 좋아한다.
She likes pony tails.
쉬 라익(ㅅ) 포니 테일(ㅅ)

당신의 머리는 무슨 색깔이에요?
What is the color of your hair?
왓 이즈 더 컬러 어 뷰어 헤어

그는 머리가 갈색이에요.
He has brown hair.
히 해즈 브라운 헤어
His hair is brown.
히스 헤어 이즈 브라운
He's got brown hair.
히즈 갓 브라운 헤어

저는 단발 머리예요.
I wear my hair bobbed.
아이 웨어 마이 헤어 밥(ㄷ)

언니는 머리를 땋았어요.
My elder sister wears her hair in a braid.
마이 엘더 시스터 웨어(ㅅ) 허 헤어 인 어 브레이(ㄷ)

나는 짧은 머리이다.
I have short hair.
아이 해(ㅂ) 쇼(ㄹㅌ) 헤어
I have my hair clipped short.
아이 해(ㅂ) 마이 헤어 클립(ㅌ) 쇼(ㄹㅌ)

나는 헤어스타일을 바꿨어요.
I have changed my hair style.
아이 해(ㅂ) 체인쥐(ㄷ) 마이 헤어 스타일

그녀는 곱슬 머리에 짧은 금발이야.
She has short curly blonde hair.
쉬 해즈 쇼(ㄹㅌ) 커(ㄹ)리 블론드 헤어

최근 흰머리가 나기 시작했어.
My hair has begun to turn gray recently.
마이 헤어 해즈 비건 투 턴 그레이 리센(ㅌ)리

우리 아빠는 콧수염이 있다.
My daddy has a moustache.
마이 대디 해즈 어 머스태쉬

그는 구레나룻이 있다.
He has mutton chops.
히 해즈 멋든 찹(ㅅ)

그는 턱밑 수염을 기른다.
He has a goatee.
히 해즈 어 고우티

Unit 5 옷

옷 취향

난 원피스를 즐겨 입어.
I frequently wear a dress.
아이 프리쿠엔(ㅌ)리 웨어 어 드레스

그는 검정색 옷만 입는다.
He always wears black clothes.
히 얼웨이즈 웨어(ㅅ) 블랙 클로우드(ㅈ)

그녀는 옷을 야하게 입어.
She wears gaudy clothes.
쉬 웨어(ㅅ) 거디 클로우드(ㅈ)

난 옷 색깔을 맞춰 입는 편이야.
I always wear the clothes color-coordinated.
아이 얼웨이즈 웨어 더 클로우드(ㅈ) 컬러 코우더네이티(ㄷ)

그는 항상 줄무늬 옷을 입고 있던데.
He always wears striped clothes.
히 얼웨이즈 웨어(ㅅ) 스츠라입(ㅌ) 클로우드(ㅈ)

그녀는 늘 바지만 입어.
She always wears pants.
쉬 얼웨이즈 웨어(ㅅ) 팬(ㅊ)

그는 항상 정장을 입어.
He always wears a suit.
히 얼웨이즈 웨어 서 수웃

옷차림

나는 특히 유행하는 옷은 별로야.
I don't particularly like fashionable clothes.
아이 돈 파티큐러리 라익 패셔너블 클로우드(ㅈ)

그녀는 최신 유행 옷만 입어.
She only wears the latest fashions.
쉬 온리 웨어(ㅅ) 더 레이티슷 패션(ㅅ)

이거 지금 유행 중이야.
It's in vogue now.
잇(ㅊ) 인 보그 나우

이거 최신 스타일이야.
This is the latest style.
디스 이즈 더 레이티슷 스타일

그는 옷차림에 별로 신경을 쓰지 않아.
He doesn't care about his clothes much.
히 더즌 캐어 어바웃 히스 클로우드(ㅈ) 머취

너는 아무거나 잘 어울려.
Everything looks good on you.
에브리씽 룩(ㅅ) 굿 온 유
You look good in everything.
유 룩 굿 인 에브리씽

네 스타일 멋있는데.
Your style is money.
유어 스타일 이즈 머니

세련되어 보이는데.
You look sharp.
유 룩 샤(ㄹㅍ)

이 바지는 나한테 너무 꽉 끼어.
These pants are too tight for me.
디즈 팬 차 투 타잇 포 미

요즘 스키니진이 유행이야.
Skinny jeans are popular these days.
스키니 진 사 파퓰러 디즈 데이(ㅅ)

이런 청바지를 안 입으면 유행에 뒤떨어져.
You're not in if you don't wear this style of blue jean.
유어 낫 인 이 퓨 돈 웨어 디스 스타일 어(ㅂ) 블루 진

그녀는 옷을 잘 차려 입었다.
She dressed up nicely.
쉬 드레스 텁 나이스리

그녀는 촌스러운 사람이야.
She is a hillbilly.
쉬 이즈 어 힐빌리

그녀는 명품만 입어.
She only wears designer clothes.
쉬 온리 웨어(ㅅ) 디자이너 클로우드(ㅈ)

Unit 6 화장&성형

화장

화장이 잘 먹었다.
I have good makeup.
아이 해(ㅂ) 굿 메익업
My makeup looks good.
마이 메익업 룩(ㅅ) 굿

오늘 화장이 떴는데.
Your makeup does not blend in today.
유어 메익업 더즈 낫 블렌 딘 투데이
Your makeup doesn't blend with your face.
유어 메익업 더즌 블렌(ㄷ) 윋 유어 페이스

그녀는 화장이 너무 짙다.
She always wears too much makeup.
쉬 얼웨이즈 웨어(ㅅ) 투 머취 메익업

mouth&lip와 관련된 idiom

mouth와 lip이라고 해도 신체의 입과 입술만 의미하진 않아요.
관용어로 쓰이는 표현들을 보며, 의미를 잘못 이해하지 않도록 주의하세요.
- **from hand to mouth** 하루살이 생활
- **mouth down** 잠자코 있다
- **with one mouth** 이구동성으로
- **Out of the mouth comes evil.** 재앙은 입으로부터 생긴다.
- **make a lip** 입을 비쭉거리다
- **get lip** 키스하다
- **keep a stiff lip** 당황하지 않다
- **cross lips** 언급되다

그녀는 생얼 메이크업을 한다.
She wears light makeup that looks natural.
쉬 웨어(ㅅ) 라잇 메익업 댓 룩(ㅅ) 내츄럴

그녀는 매일 출근할 때 차 안에서 화장을 한다.
She puts her makeup in the car when she goes to work every day.
쉬 풋(ㅊ) 허 메익업 인 더 카 웬 쉬 고즈 투 워(ㄹㅋ) 에브리데이

넌 화장을 자주 고친다.
You restore[freshen] your makeup frequently.
유 리스토어 [프레션] 유어 메익업 프리쿠이언(ㅌ)리

눈 화장이 다 번졌어.
All your eye makeup is smeared.
얼 유어 아이 메익업 이즈 스미어(ㄷ)

그녀의 화장이 떡졌어.
Her makeup is caked on.
허 메익업 이즈 케익 톤
Her makeup is cakey.
허 메익업 이즈 케이키

nose와 관련된 idiom 1

nose라고 해도 신체의 코만 의미하진 않아요.
관용어로 쓰이는 표현들을 보며, 의미를 잘못 이해하지 않도록 주의하세요.

- **by a nose** 적은 차이로, 간신히
- **nose a job** 자기 이익이 되는 일을 용케 찾아내다
- **on the nose** 어김없이, 정확히

리스틱 바르는 거 잊지 마.
Don't forget to wear lipstick.
돈 포(ㄹ)겟 투 웨어 립스틱

립스틱 색이 너무 진한데.
Your lip color is too heavy.
유어 립 컬러 이즈 투 헤비

그녀는 화장을 안 해도 예뻐.
She looks pretty without any makeup.
쉬 룩(ㅅ) 프리디 위다웃 애니 메익업

화장을 해도 티가 안 나는데.
You don't look like you're wearing makeup.
유 돈 룩 라익 유어 웨어링 메익업

난 그녀가 화장을 진하게 안 했으면 해.
I want her not to wear heavy makeup.
아이 원 허 낫 투 웨어 헤비 메익업

nose와 관련된 idiom 2

· **The skin off your nose!** 건배!
· **Cleopatra's nose** 클레오파트라의 코(중대한 영향을 미치는 사소한 일을 비유하는 표현)
· **nose to tail** (차가) 정체되다(차가 정체되어 앞차와 바짝 붙어 있는 모양을 비유하는 표현)

무슨 브랜드의 화장품 쓰니?
Which makeup brand do you use?
위취 메익업 브랜(ㄷ) 두 유 유즈

무슨 향수를 뿌렸니?
What are you wearing?
왓 아 유 웨어링

화장 지웠니?
Did you take off your makeup?
디 쥬 테익 오(ㅍ) 유어 메익업

나는 콜드 크림으로 화장을 지웠다.
I used some cold cream to take makeup off her face.
아이 유즛 섬 콜(ㄷ) 크림 투 테익 메익업 오(ㅍ) 허 페이스

어제 화장도 안 지우고 잤어.
I slept with my makeup on yesterday.
아이 슬렙(ㅌ) 윗 마이 메익업 온 예스터데이

클렌징 하는 것이 중요하지.
It's important to cleanse the face.
잇(ㅊ) 임포턴(ㅌ) 투 클렌(ㅈ) 더 페이스

물 없이도 화장을 지우는데 사용할 수 있습니다.
It can be used without water and it removes makeup.
잇 컨 비 유즛 위다웃 워터 앤 잇 리무(ㅂㅅ) 메익업

성형

성형 수술을 하고 싶다.
I want to get plastic surgery.
아이 원 투 겟 플래스틱 서저리

성형 수술을 하고 싶지 않아.
I don't want to have any plastic surgery done.
아이 돈 원 투 해 배니 플래스틱 서저리 던

쌍꺼풀 수술을 했다.
I got double-eyelid surgery.
아이 갓 더블 아이리(ㄷ) 서저리

코 성형 수술이 잘못 되었다.
The plastic surgery on my nose had a problem.
더 플래스틱 서저리 온 마이 노우즈 해 더 프라블럼

턱을 깎았다.
I had the size of my jaw reduced.
아이 해(ㄷ) 더 사이즈 어(ㅂ) 마이 저 리듀스(ㅌ)

안면윤곽술을 했다.
I had plastic surgery on my face.
아이 해(ㄷ) 플래스틱 서저리 온 마이 페이스

성형 수술한 티가 안 나는데.
You don't look like you had plastic surgery.
유 돈 룩 라익 유 해(ㄷ) 플래스틱 서저리

Chapter 05

어디에서든 문제없어!

Unit 1 음식점
Unit 2 쇼핑
Unit 3 병원&약국
Unit 4 은행&우체국
Unit 5 미용실
Unit 6 세탁소
Unit 7 서점
Unit 8 도서관&미술관&박물관
Unit 9 영화관&기타 공연장
Unit 10 술집&클럽
Unit 11 파티

Unit 1 음식점

음식점 추천

간단하게 식사하고 싶은데요.
I'd like to have a light meal.
아이(ㄷ) 라익 투 해 버 라잇 밀

이 근처에 맛있게 하는 음식점 있나요?
Is there a good restaurant around here?
이즈 데어 어 굿 레스터런(ㅌ) 어라운(ㄷ) 히어

근처의 괜찮은 식당을 좀 추천해 주시겠어요?
Would you recommend a nice restaurant near here?
우 쥬 레커멘 더 나이스 레스터런(ㅌ) 니어 히어

이 시간에 문을 연 가게가 있습니까?
Is there a restaurant open at this time?
이즈 데어 어 레스터런(ㅌ) 오픈 앳 디스 타임

식당이 많은 곳은 어디인가요?
Where is the main area for restaurants?
웨어 이즈 더 메인 에어리어 포 레스터런(ㅊ)

특별히 정해 둔 식당이라도 있나요?
Did you have a particular place in mind?
디 쥬 해 버 파티큐러 플레이스 인 마인(ㄷ)

식당 예약

제가 레스토랑을 예약할까요?
Shall I book a table at the restaurant?
샬 아이 북 어 테이블 앳 더 레스터런(ㅌ)

그 레스토랑으로 예약해 주세요.
Make a reservation for the restaurant, please.
메익 어 레저베이션 포 더 레스터런(ㅌ) 플리즈

예약이 필요한가요?
Do we need a reservation?
두 위 닛 어 레저베이션

7시에 3인용 테이블을 예약하고 싶은데요.
I'd like a table for three at 7 o'clock.
아이(ㄷ) 라익 어 테이블 포 쓰리 앳 세븐 어클락

창가 쪽 테이블로 해 주세요.
I'd like a table near the window.
아이(ㄷ) 라익 어 테이블 니어 더 윈도우

예약을 변경하고 싶습니다.
I want to change my reservation.
아이 원 투 체인쥐 마이 레저베이션

예약을 취소해 주세요.
Cancel my reservation, please.
캔슬 마이 레저베이션 플리즈

예약 없이 갔을 때

몇 분이신가요?
How many are with you?
하우 메니 아 윗 유
How large is your party?
하우 라쥐 이즈 유어 파(ㄹ)티

다섯 명입니다.
We have a party of 5.
위 해 버 파(ㄹ)티 어(ㅂ) 파이(ㅂ)
We are group of 5.
위 아 그룹 어(ㅂ) 파이(ㅂ)
We need a table for 5, please.
위 닛 어 테이블 포 파이(ㅂ) 플리즈

흡연석과 금연석 중 어느 쪽으로 드릴까요?
Smoking or non-smoking?
스모킹 오어 넌 스모킹

금연석으로 부탁합니다.
Non-smoking, please. / Non-smoking would be nice.
넌 스모킹 플리즈 / 넌 스모킹 우(ㄷ) 비 나이스

죄송하지만 지금 자리가 다 찼습니다.
I'm afraid no tables are available now.
아임 어(ㅍ)레이(ㄷ) 노 테이블 사 어베일러블 나우

어느 정도 기다려야 하나요?
About how long will we have to wait?
어바웃 하우 롱 윌 위 해(ㅂ) 투 웨잇

메뉴 보기

메뉴 좀 볼 수 있을까요?

Can I see the menu, please?

캔 아이 시 더 메뉴 플리즈

May I have a menu, please?

메이 아이 해 버 메뉴 플리즈

오늘의 추천메뉴는 무엇인가요?

What would you recommend?

왓 우 쥬 레커멘(ㄷ)

What's good today?

왓(ㅊ) 굿 투데이

What's today's special?

왓(ㅊ) 투데이(ㅅ) 스페셜

메뉴를 좀 더 보고 싶은데요.

We need a little more time to look at the menu.

위 닛 어 리들 모어 타임 투 룩 앳 더 메뉴

주문은 잠시 후에 할게요.

Could you take our orders a little later?

쿠 쥬 테익 아워 오더 서 리들 레이러

이곳의 특선 요리는 무엇인가요?

What is the specialty of this house?

왓 이즈 더 스페셜티 어(ㅂ) 디스 하우스

저희는 가재 요리를 전문으로 하고 있습니다.

We specialize in lobsters.

위 스페셜라이즈 인 랍스터(ㅅ)

주문 전

주문을 받아도 될까요?

Are you ready to order?

아 유 레디 투 오더

May I have your order?

메이 아이 해 뷰어 오더

무엇으로 하시겠습니까?

What would you like?

왓 우 쥬 라익

주문하고 싶은데요.

We are ready to order.

위 아 레디 투 오더

Will you take my order, please?

윌 유 테익 마이 오더 플리즈

먼저 음료부터 주문할게요.

We'd like to order drinks first.

위(ㄷ) 라익 투 오더 드링(ㅅ) 퍼(ㄹ)슷

We'll begin with drinks.

위일 비긴 윗 드링(ㅅ)

빨리 되는 게 어떤 건가요?

What can you serve quickly?

왓 캔 유 서(ㄹㅂ) 쿠익리

저 사람이 먹고 있는 것은 무엇입니까?

What's that person having?

왓(ㅊ) 댓 퍼(ㄹ)슨 해빙

주문 결정

좋아요, 그걸로 할게요.
Okay, I'll have that.
오케이 아일 해(ㅂ) 댓

이걸로 주세요.
I'd like this one, please.
아이(ㄷ) 라익 디스 원 플리즈

저도 같은 걸로 주세요.
The same for me, please
더 세임 포 미 플리즈

주문 확인하겠습니다.
Let me check your order.
렛 미 첵 유어 오더

커피는 식사 후에 갖다 주세요.
Bring me the coffee later, please.
브링 미 더 커피 레이터 플리즈
I'd like my coffee after the meal, please.
아이(ㄷ) 라익 마이 커피 애(ㅍ)터 더 밀 플리즈

주문을 변경할 수 있을까요?
Can I change my order?
캔 아이 체인쥐 마이 오더

주문을 취소하고 싶은데요.
I want to cancel my order.
아이 원 투 캔슬 마이 오더

주문하기–메인 요리

스테이크는 어떻게 해 드릴까요?
How would you like your steak?
하우 우 쥬 라익 유어 스테익

중간 정도로 익혀 주세요.
Medium, please.
미디음 플리즈

완전히 익혀 주세요.
Well-done, please.
웰 던 플리즈

달걀은 어떻게 해 드릴까요?
How would you like your eggs?
하우 우 쥬 라익 유어 엑(ㅅ)

스크램블로 해 주세요.
I'll have them scrambled.
아일 해(ㅂ) 뎀 스크램블(ㄷ)

스테이크 익힘의 정도

스테이크를 시킬 때 꼭 물어보는 것이 고기의 익힘 정도입니다.
피가 흐를 정도로 덜 익힌 것에서 바짝 익힌 정도까지 어떻게 말할까요?
bloody rare-rare-medium rare-medium-medium well-well-done-very well-done-burnt

주문하기–선택 사항

밥과 빵 중 어느 것으로 하시겠어요?
Which would you prefer, bread or rice?
위취 우 쥬 프리퍼 브레 도어 라이스

수프나 샐러드가 함께 나옵니다. 어느 것으로 드릴까요?
That comes with a soup or salad. Which would you like?
댓 컴(ㅅ) 윗 어 숩 오어 샐럿 위취 우 쥬 라익

사이드 메뉴로 수프와 샐러드 중 선택하실 수 있습니다. 어느 것으로 하시겠어요?
You can choose soup or salad for a side dish. What would you like?
유 컨 추즈 숩 오어 샐럿 포 러 사이드 디쉬 왓 우 쥬 라익

드레싱은 어느 걸로 하시겠어요?
What kind of dressing would you like?
왓 카인 더(ㅂ) 드레싱 우 쥬 라익

드레싱에는 어떤 게 있나요?
What kind of dressing do you have?
왓 카인 더(ㅂ) 드레싱 두 유 해(ㅂ)

Tap water, please.

외국의 레스토랑에서 물(water)을 시키면 어떤 것으로 하시겠냐고 물어봅니다. 다양한 종류의 생수(**bottled water**)가 있는데 그 가격이 웬만한 음료보다 비싸답니다.
공짜 물을 시키려면 수돗물을 뜻하는 **tap water**를 달라고 하시면 됩니다.

주문하기–음료&디저트

음료는 무엇으로 하시겠습니까?
What would you like to drink?
왓 우 쥬 라익 투 드링(ㅋ)

술은 어떤 종류가 있습니까?
What kind of drinks do you have?
왓 카인 더(ㅂ) 드링(ㅅ) 두 유 해(ㅂ)

물이면 됩니다.
Water's fine with me.
워터(ㅅ) 파인 윗 미
Just a glass of water, please.
저슷 어 글래 서(ㅂ) 워터 플리즈

커피만 주세요.
Just coffee, please.
저슷 커피 플리즈

디저트로는 무엇이 있습니까?
What kind of dessert do you have?
왓 카인 더(ㅂ) 디저(ㄹㅌ) 두 유 해(ㅂ)

디저트는 아이스크림으로 할게요.
I will have some ice cream for dessert.
아이 윌 해(ㅂ) 섬 아이스 크림 포 디저(ㄹㅌ)

주문하기–요청 사항

소금을 넣지 않고 요리해 주세요.
I'd like it cooked without salt.
아이(ㄷ) 라익 잇 쿡(ㅌ) 위다웃 설(ㅌ)

양파는 빼고 주세요.
Hold the onion, please.
홀(ㄷ) 디 어니언 플리즈

너무 맵지 않게 해 주세요.
Make it not too spicy, please.
메익 잇 낫 투 스파이시 플리즈

빵을 좀 더 주세요.
Can I have more bread?
캔 아이 해(ㅂ) 모어 브레(ㄷ)

소금 좀 갖다 주시겠어요?
Could I have some salt, please?
쿠 다이 해(ㅂ) 섬 설(ㅌ) 플리즈

물 좀 더 주시겠어요?
May I have more water?
메이 아이 해(ㅂ) 모어 워터

음료수를 바로 가져다 드리겠습니다.
I'll bring your drinks right away.
아일 브링 유어 드링(ㅅ) 라잇 어웨이

서비스 불만

주문한 음식이 아직 안 나왔는데요.
My order hasn't come yet.
마이 오더 해즌(ㅌ) 컴 옛

이건 제가 주문한 게 아닌데요.
This is not what I ordered.
디스 이즈 낫 왓 아이 오더(ㄷ)

고기가 충분히 익지 않았는데요.
I'm afraid this meat is not done enough.
아임 어(ㅍ)레이(ㄷ) 디스 밋 이즈 낫 던 이넙

좀 더 구워 주시겠어요?
Could I have it broiled a little more?
쿠 다이 해 빗 브러일 더 리들 모어

이건 상한 것 같은데요.
I'm afraid this food is stale.
아임 어(ㅍ)레이(ㄷ) 디스 푸(ㄷ) 이즈 스테일
This food has gone bad.
디스 푸(ㄷ) 해즈 건 뱃

수프에 뭐가 들어 있어요.
There's something foreign in the soup.
데어(ㅅ) 섬씽 포린 인 더 숩

컵이 더러운데요. 다시 갖다 주시겠어요?
This glass is not clean. Can I have another one?
디스 글래 시즈 낫 클린 캔 아이 해 버나더 원

음식 맛 평가

오늘 음식 맛은 어떠셨나요?
Have you enjoyed your meal today?
해 뷰 인조이 쥬어 밀 투데이

이렇게 맛있는 음식은 처음 먹어요.
That was the most delicious meal I've ever had.
댓 워즈 더 모슷 딜리셔(ㅅ) 밀 아이 베버 해(ㄷ)
It is the best meal I've ever had.
잇 이즈 더 베슷 밀 아이 베버 해(ㄷ)

좀 단 것 같아요.
It's a little too sweet for me.
잇 처 리들 투 스윗 포 미

맛이 담백해요.
It's plain.
잇(ㅊ) 플레인

좀 기름진 것 같은데요.
I think it's a little greasy.
아이 씽(ㅋ) 잇 처 리들 그리시

죄송하지만, 제 입맛에 맞지 않아요.
Sorry, but it's not really my taste.
소리 벗 잇(ㅊ) 낫 리얼리 마이 테이슷

계산

계산서 부탁합니다.
Check, please.
첵 플리즈

계산은 어디서 하나요?
Where is the cashier?
웨어 이즈 더 캐쉬어

세금과 봉사료는 포함되어 있나요?
Does this bill include tax and service charge?
더즈 디스 빌 인클루드 택 샌 서비스 차(ㄹ)쥐

각자 계산하기로 하죠.
Let's go dutch.
렛(ㅊ) 고 덧취

따로따로 계산해 주세요.
Separate checks, please.
세퍼레잇 첵(ㅅ) 플리즈

오늘은 제가 살게요.
Let me treat you this time.
렛 미 츠릿 유 디스 타임
It's my treat tonight.
잇(ㅊ) 마이 츠릿 투나잇

그가 이미 계산했어요.
He got it all figured out already.
히 갓 잇 얼 피겨 다웃 얼레디

카페

커피 한 잔 할래요?
Shall we have a cup of coffee?
샬 위 해 버 컵 어(ㅂ) 커피
How about having a cup of coffee?
하우 어바웃 해빙 어 컵 어(ㅂ) 커피

커피 한잔 하면서 얘기합시다.
Let's talk over a cup of coffee.
렛(ㅊ) 톡 오버 어 컵 어(ㅂ) 커피

제가 커피 한 잔 살게요.
Let me treat you to a cup of coffee.
렛 미 츠릿 유 투 어 컵 어(ㅂ) 커피

커피를 진하게 주세요.
I'd like my coffee strong.
아이(ㄷ) 라익 마이 커피 스츠롱

커피에 설탕이나 크림을 넣을까요?
Would you like some sugar or cream in your coffee?
우 쥬 라익 섬 슈거 오어 크림 인 유어 커피

설탕과 크림을 넣어 주세요.
With sugar and cream, please.
윗 슈거 앤 크림 플리즈

패스트푸드

다음 분 주문하세요.
Next in line, please.
넥슷 인 라인 플리즈

와퍼 하나랑 콜라 주세요.
I'd like a wopper and a coke, please.
아이(ㄷ) 라익 어 워퍼 앤 어 콕 플리즈

마요네즈는 빼 주세요.
With no mayo.
윗 노 메요

피클을 빼 주세요.
Hold the pickles, please.
홀(ㄷ) 더 픽클(ㅅ) 플리즈

여기에서 드실 건가요, 아니면 포장인가요?
For here or to go? / Eat in or take out?
포 히어 오어 투 고 / 잇 인 오어 테익 아웃

버거에 치즈가 들어가나요?
Does the burger come with cheese?
더즈 더 버거 컴 윗 치즈

위에 뭘 얹어 드릴까요?
What would you like on it?
왓 우 쥬 라익 온 잇

배달

피자 시켜 먹자!
Let's get some pizza!
렛(ㅊ) 겟 섬 핏자
How about ordering pizza?
하우 어바웃 오더링 핏자

9.99달러에 두 판을 주문할 수 있는 쿠폰이 있어.
I've got a coupon for two small pizzas for 9.99.
아이(ㅂ) 갓 어 쿠폰 포 투 스멀 핏자(ㅅ) 포 나인 나인티 나인

합해서 4달러 21센트입니다.
That comes to 4 dollars 21 cents in total.
댓 컴(ㅅ) 투 포 달러(ㅅ) 트웬티 원 센 친 토들

배달되는데 얼마나 걸릴까요?
How soon will the pizza get here?
하우 순 윌 더 핏자 겟 히어

30분 이내에 배달되도록 해 주세요.
Please make it in 30 minutes or less.
플리즈 메익 잇 인 써(ㄹ)티 미닛 초어 리스

Unit 2 쇼핑

쇼핑

같이 쇼핑하러 가지 않을래?
Why don't we go shopping together?
와이 돈 위 고 샤핑 투게더

나는 쇼핑 중독이야.
I'm a shopaholic.
아임 어 샤퍼홀릭

넌 명품만 밝히는구나.
You are the type of person who digs only luxury goods.
유 아 더 타입 어(ㅂ) 퍼(ㄹ)슨 후 딕 손리 럭셔리 굿(ㅈ)

충동 구매를 하지 않으려면 쇼핑리스트를 만들어야 해.
You should make a shopping list so that you don't buy anything impulsively.
유 슈(ㄷ) 메익 어 샤핑 리슷 소 댓 유 돈 바이 애니씽 임펄시(ㅂ)리

쇼핑몰에 가면 다양한 가게에서 쇼핑을 할 수 있어.
We can shop at many different stores at the mall.
위 컨 샵 앳 매니 디퍼런(ㅌ) 스토어 잿 더 몰

그냥 쇼핑몰에서 시간을 보냈어요.
I was just hanging out in the shopping mall.
아이 워즈 저슷 행잉 아웃 인 더 샤핑 몰
I just enjoyed looking around in the mall.
아이 저슷 인조이(ㄷ) 루킹 어라운 딘 더 몰

옷 가게

찾으시는 물건이 있나요?
May I help you?
메이 아이 헬 퓨

그냥 좀 둘러보는 중이에요.
I'm just looking around.
아임 저슷 루킹 어라운(ㄷ)

지금 유행하는 스타일은 어떤 건가요?
What styles are popular now?
왓 스타일 사 파퓰러 나우

이건 유행이 지난 것 같은데요.
This seems to be out of fashion.
디스 심(ㅈ) 투 비 아웃 어(ㅂ) 패션

좀 입어 봐도 될까요?
Can I try this on?
캔 아이 츠라이 디스 온

한번 입어 보세요.
Why don't you try it on?
와이 돈 츄 츠라이 잇 온

탈의실은 어디인가요?
Where is the fitting room?
웨어 이즈 더 피딩 룸

옷 구입 조건

사이즈가 어떻게 되십니까?
What size do you wear?
왓 사이즈 두 유 웨어

M 사이즈는 저한테 안 맞아요. L 사이즈가 맞을 것 같아요.
Mediums don't fit me. I think I should go with Large.
미디음(ㅅ) 돈 핏 미 아이 씽(ㅋ) 아이 슈(ㄷ) 고 윗 라쥐

더 큰 사이즈로 있나요?
Does it come in a larger size?
더즈 잇 컴 인 어 라저 사이즈
Do you have it in a larger size?
두 유 해 빗 인 어 라저 사이즈

그렇게 끼는 옷은 감당할 수 없어요.
My body can't handle such tight clothes.
마이 바디 캔 핸들 서취 타잇 클로우드(ㅈ)

이 셔츠 다른 색상은 없나요?
Don't you have this shirt in another color?
돈 츄 해(ㅂ) 디스 셔(ㄹ) 틴 어나더 컬러

이 셔츠는 노출이 너무 심한데요.
This shirt is too revealing.
디스 셔(ㄹ) 티즈 투 리빌링

옷 구입 결정

잘 어울려. / 너한테 딱인데.

This will perfectly suit you.

디스 윌 퍼펙(ㅌ)리 수웃 츄

That looks great on you.

댓 룩(ㅅ) 그레잇 온 유

That's so you.

댓(ㅊ) 소 유

이게 바로 내가 찾던 거야.

This is just what I'm looking for.

디스 이즈 저슷 왓 아임 루킹 포

그걸로 사는 게 좋겠어.

You should go with that one.

유 슈(ㄷ) 고 윗 댓 원

가격이 적당하네요. 그걸로 할게요.

The price is reasonable. / I'll take it.

더 프라이스 이즈 리즈너블 / 아일 테익 잇

몇 군데 더 둘러보고 결정하겠어요.

I'll look around at a few more places and then decide.

아일 룩 어라운 댓 어 퓨 모어 플레이시 잰 덴 디사이드

다음에요.

Perhaps next time.

퍼햅(ㅅ) 넥슷 타임

대형 마트&슈퍼마켓

전기 제품 매장은 어디인가요?
Where can I find the electric appliances?
웨어 캔 아이 파인(ㄷ) 디 엘렉츠릭 어플라이언시(ㅅ)

식료품 매장은 지하에 있나요?
Is the food stuff in the basement?
이즈 더 푸(ㄷ) 스텁 인 더 베이스먼(ㅌ)

카트를 가져 오는 것이 좋겠네요.
I think we had better go and get a shopping cart.
아이 씽(ㅋ) 위 해(ㄷ) 베더 고 앤 겟 어 샤핑 카(ㄹㅌ)

낱개 판매도 하나요?
Can you break up the set?
캔 유 브레익 업 더 셋

시식해도 되나요?
Can I taste it?
캔 아이 테이슷 잇

죄송합니다만 지금은 재고가 없군요.
I'm sorry, it's out of stock right now.
아임 소리 잇 차웃 어(ㅂ) 스탁 라잇 나우

죄송하지만, 그 물건은 취급하지 않습니다.
I'm sorry, but we are out of it.
아임 소리 벗 위 아 아웃 어 빗

죄송하지만, 지금 문 닫을 시간인데요.
I'm sorry, but we're closing now.
아임 소리 벗 위어 클로징 나우

영업 시간이 어떻게 되나요?
What are the store's hours?
왓 아 더 스토어(ㅅ) 아워(ㅅ)
What time do you close?
왓 타임 두 유 클로즈

계산대는 어디 있어요?
Where is the check-out counter?
웨어 이즈 더 첵 아웃 카운터

봉투에 넣어 드릴까요?
Do you need a plastic bag?
두 유 닛 어 플래스틱 백

서명해 주시겠어요?
Can I get your signature here?
캔 아이 겟 유어 시그니처 히어
I need your signature here.
아이 닛 유어 시그니처 히어

제 차까지 짐을 운반해 주실 수 있으세요?
Would you please give me a hand to bring this to my car?
우 쥬 플리즈 기(ㅂ) 미 어 핸(ㄷ) 투 브링 디스 투 마이 카

할인 기간

지금 세일 중입니까?
Are you currently having a sale?
아 유 커렌(ㅌ)리 해빙 어 세일

여름 세일 중입니다.
The summer sales are on now.
더 서머 세일 자 온 나우

겨울 세일은 일주일 동안 계속됩니다.
The winter sale will go on for a week.
더 윈터 세일 윌 고 온 포 러 윅

봄 세일은 이번 주 금요일부터 시작됩니다.
The spring sale starts this Friday.
더 스프링 세일 스타(ㄹㅊ) 디스 프라이데이

연말 세일은 12월 20일부터 31일까지입니다.
The year-end sale from December 20 to 31.
디 이어 엔(ㄷ) 세일 프럼 디셈버 트웬티쓰 투 써(ㄹ)티퍼(ㄹ)슷

지금은 특별 세일 기간입니다.
This is the special season for bargain sale.
디스 이즈 더 스페셜 시즌 포 바겐 세일

재고정리 세일 중입니다.
We are having a clearance sale.
위 아 해빙 어 클리어런스 세일

세일은 언제인가요?
When is it going to be on sale?
웬 이즈 잇 고잉 투 비 온 세일

세일은 언제 끝나나요?
When does the sale end?
웬 더즈 더 세일 엔(ㄷ)

세일 기간은 얼마나 되나요?
How long is the sale?
하우 롱 이즈 더 세일
How long will this shop have a sale?
하우 롱 윌 디스 샵 해 버 세일

세일은 어제 끝났습니다.
The sale ended yesterday.
더 세일 엔디(ㄷ) 예스터데이

이 물건은 언제 다시 세일하나요?
Do you know when this item will go on sale again?
두 유 노우 웬 디스 아이듬 윌 고 온 세일 어겐

세일 가격은 5월 31일까지 유효합니다.
Sale prices are good through May 31.
세일 프라이시 자 굿 쓰루 메이 써(ㄹ)티퍼(ㄹ)슷

세일 때 산 물건은 교환이나 환불이 안 됩니다.
We're not allowed to make exchanges or give refunds for items bought on sale.
위어 낫 얼라우(ㄷ) 투 메익 익스체인쥐 소어 기(ㅂ) 리펀(ㅈ) 포 아이듬(ㅅ) 보웃 온 세일

할인 품목&비율

전 제품을 20% 할인하고 있습니다.
Everything's 20% off.
에브리씽(ㅈ) 트웬티 퍼(ㄹ)센(ㅌ) 오(ㅍ)

오늘 25% 할인 행사가 있어요.
There's a 25% off sale today.
데어 서 트웬티파이(ㅂ) 퍼(ㄹ)센(ㅌ) 오(ㅍ) 세일 투데이

정가는 100달러지만 세일해서 80달러예요.
It's regularly priced at $100 but it's on sale for $80.
잇(ㅊ) 레귤러리 프라이스 탯 원 헌(ㄷ)레(ㄷ) 달러(ㅅ) 벗 잇(ㅊ) 온 세일 포 에이티 달러(ㅅ)

티셔츠가 세일 중입니다. 3벌을 구입하시면 1벌을 무료로 드립니다.
T-shirts are on sale today. Buy 3 shirts and get the 4th free.
티 셔(ㄹ) 차 온 세일 투데이 바이 쓰리 셔(ㄹ) 챈 겟 더 포(ㄹ)쓰 프리

어떤 품목들을 세일하고 있나요?
Which items are on sale?
위취 아이듬 사 온 세일

그것은 할인 제품이 아닙니다.
It's not on sale.
잇(ㅊ) 낫 온 세일
It's not a discount item.
잇(ㅊ) 낫 어 디스타운 타이듬

할인 구입 조건

그 가게는 세일 기간에만 가요.
I go to the store only when they are having a sale.
아이 고 투 더 스토어 온리 웬 데이 아 해빙 어 세일

난 세일 때까지 기다릴래.
I think I'll wait until it's on sale.
아이 씽(ㅋ) 아일 웨잇 언틸 잇 촌 세일

리바이스가 엄청 세일 중인데. 거의 반 값이야.
There is a huge sale on Levi's. They're like half off.
데어 이즈 어 휴쥐 세일 온 리바이(ㅅ) 데어 라익 하(ㅍ) 오(ㅍ)

이 모자는 세일해서 겨우 10달러였어.
This hat was only 10 dollars on sale.
디스 햇 워즈 온리 텐 달러 손 세일

세일 기간 중에는 좋은 물건을 찾기 힘들어.
You can't really find quality goods on sale.
유 캔 리얼리 파인(ㄷ) 쿠얼리티 굿 존 세일

품질이 최고예요.
Quality speaks for itself.
쿠얼리티 스픽(ㅅ) 포 릿셀(ㅍ)

계산하기

전부 얼마입니까?

How much in all?

하우 머취 인 얼

How much are those altogether?

하우 머취 아 도우즈 얼투게더

How much does it come to all together?

하우 머취 더즈 잇 컴 투 얼 투게더

총액은 35달러입니다.

The total comes to 35 dollars.

더 토들 컴(ㅅ) 투 써(ㄹ)티파이(ㅂ) 달러(ㅅ)

That comes to 35 dollars all together.

댓 컴(ㅅ) 투 써(ㄹ)티파이(ㅂ) 달러(ㅅ) 얼 투게더

어떻게 지불하실 건가요?

How will you be paying for it?

하우 윌 유 비 페잉 포 릿

How would you like to pay?

하우 우 쥬 라익 투 페이

현금과 신용카드 중 어떻게 계산하시겠어요?

Will you pay in cash or by credit card?

윌 유 페이 인 캐쉬 오어 바이 크레딧 카(ㄹㄷ)

현금으로 하겠어요.

I'd like to pay in cash.

아이(ㄷ) 라익 투 페이 인 캐쉬

카드로 해 주세요.
By credit card, please.
바이 크레딧 카(ㄹㄷ) 플리즈

신용카드도 되나요?
Can I pay with credit cards?
캔 아이 페이 윗 크레딧 카(ㄹㅈ)
Will you take credit cards?
윌 유 테익 크레딧 카(ㄹㅈ)

20달러짜리인데 잔돈 있으세요?
Do you have change for a twenty-dollar bill?
두 유 해(ㅂ) 체인쥐 포 러 트웬티 달러 빌

여기 거스름돈입니다.
Here is your change.
히어 이즈 유어 체인쥐

거스름돈이 모자라는데요.
The change is a little short. / I got short-changed.
더 체인쥐 이즈 어 리들 쇼(ㄹㅌ) / 아이 갓 쇼(ㄹㅌ) 체인쥐(ㄷ)

여기 영수증이요.
Here is your receipt.
히어 이즈 유어 리시잇

영수증 좀 주시겠어요?
Can I have a receipt, please?
캔 아이 해 버 리시잇 플리즈
Let me have a receipt, please.
렛 미 해 버 리시잇 플리즈

배송

집까지 배송해 주시겠어요?
Could you deliver them to my house?
쿠 쥬 딜리버 뎀 투 마이 하우스

배송료는 어떻게 계산하나요?
How are delivery charges calculated?
하우 아 딜리버리 차(ㄹ)쥐(ㅅ) 캘큘레이티(ㄷ)

이 상품의 가격에는 배송료가 포함되어 있지 않습니다.
The price does not include the delivery charge.
더 프라이(ㅅ) 더즈 낫 인클루드 더 딜리버리 차(ㄹ)쥐

배송료는 따로 청구하나요?
Do you charge extra for delivery?
두 유 차(ㄹ)쥐 엑스츠라 포 딜리버리

언제 배송되나요?
When will it be delivered?
웬 윌 잇 비 딜리버(ㄷ)

구입 다음 날까지 배송됩니다.
We can deliver overnight.
위 컨 딜리버 오버나잇

환불&반품

이거 환불해 주시겠어요?
May I get a refund on this, please?
메이 아이 겟 어 리펀 돈 디스 플리즈
I'd like to get a refund for this.
아이(ㄷ) 라익 투 겟 어 리펀(ㄷ) 포 디스
I demand a refund on this.
아이 디맨 더 리펀 돈 디스

환불 규정이 어떻게 되나요?
What are the rules on getting a refund?
왓 아 더 룰 손 게딩 어 리펀(ㄷ)

반품 가능 기간은 언제까지인가요?
When should I return this by?
웬 슈 다이 리턴 디스 바이

구입일로부터 2주 이내입니다.
Within 2 weeks from the day you bought it.
위딘 투 윅(ㅅ) 프럼 더 데이 유 보웃 잇

영수증이 없으면 반품할 수 없습니다.
You can't return without the receipt.
유 캔 리턴 위다웃 더 리시잇
We can't take this back without the receipt.
위 캔 테익 디스 백 위다웃 더 리시잇

환불 및 반품 불가.
No refund, no return.
노 리펀(ㄷ) 노 리턴

Unit 3 병원&약국

병원 예약&수속

접수 창구는 어디입니까?
Where is the reception desk, please?
웨어 이즈 더 리셉션 데슥 플리즈

진찰 예약을 하고 싶습니다.
I'd like to make an appointment to see the doctor.
아이(ㄷ) 라익 투 메익 언 어포인먼(ㅌ) 투 시 더 닥터

1시에 Smith 선생님께 진료 예약을 했는데요.
I have an appointment to see Dr. Smith at 1 o'clock.
아이 해 번 어포인먼(ㅌ) 투 시 닥터 스미쓰 앳 원 어클락

건강 검진을 받고 싶은데요.
I'd like to get a physical exam.
아이(ㄷ) 라익 투 겟 어 피지컬 익잼

진료 시간이 어떻게 됩니까?
What are your office hours?
왓 아 유어 어피스 아워(ㅅ)

왕진도 가능한가요?
Do you make house calls?
두 유 메익 하우스 컬(ㅅ)

진찰실

증상이 어떻습니까?
What are your symptoms?
왓 아 유어 심텀(ㅅ)

전에 병을 앓은 적이 있으신가요?
Have you ever suffered from disease before?
해 뷰 에버 서퍼(ㄷ) 프럼 디지즈 비포

체온을 재겠습니다.
Let's take your temperature.
렛(ㅊ) 테익 유어 템퍼러쳐
Let's see if you have a temperature.
렛(ㅊ) 시 이 퓨 해 버 템퍼러쳐

진찰하도록 옷을 벗어 주세요.
Please remove your shirt so I can listen to your chest.
플리즈 리무 뷰어 셔(ㄹㅊ) 소 아이 컨 리슨 투 유어 체슷

숨을 깊이 들이쉬세요.
Take a deep breath.
테익 어 딥 브레쓰

병원 진료과복 1

·internal medicine(MG) 내과 / ·gastroenterology(GI) 소화기 내과
·cardiology(C) 순환기 내과 / ·pulmonology(P) 호흡기 내과
·endocrinology(E) 내분비 내과 / ·nephrology(N) 신장 내과
·pediatrics(PD) 소아과 / ·surgery 외과
·general surgery(GS) 일반 외과 / ·orthopedics(OS) 정형 외과

외과

다리가 부었어요.
I have a swollen foot.
아이 해 버 스월른 풋

교통사고로 다리가 부러졌어요.
I broke my leg in the car accident.
아이 브로욱 마이 렉 인 더 카 액시던(ㅌ)

넘어져서 무릎이 까졌어요.
I fell down and got my knees skinned.
아이 펠 다운 앤 갓 마이 니(ㅅ) 스킨(ㄷ)
I fell down and scraped my knees.
아이 펠 다운 앤 스크랩(ㅌ) 마이 니(ㅅ)

허리가 아파요.
I have a backache. / My back hurts.
아이 해 버 백에익 / 마이 백 허(ㄹㅊ)

등이 아파요.
My back aches. / I've got a pain in my back.
마이 백 에익(ㅅ) / 아이(ㅂ) 갓 어 페인 인 마이 백

발목을 삐었어요.
I sprained my ankle. / I have my ankle sprained.
아이 스프레인(ㄷ) 마이 앵클 / 아이 해(ㅂ) 마이 앵클 스프레인(ㄷ)

어깨가 결려요.
My shoulders are stiff.
마이 쇼울더 사 스티(ㅍ)

내과-감기

감기에 걸린 것 같아요.
I seem to have caught a cold.
아이 심 투 해(ㅂ) 커웃 어 콜(ㄷ)
I've got a cold.
아이(ㅂ) 갓 어 콜(ㄷ)

코가 막혔어요.
I have a stuffy nose. / My nose is stuffy.
아이 해 버 스터피 노우즈 / 마이 노우즈 이즈 스터피

콧물이 나요.
I have a runny nose.
아이 해 버 러니 노우즈
My nose is running.
마이 노우즈 이즈 러닝

침을 삼킬 때마다 목이 아파요.
My throat hurts when I swallow.
마이 쓰롯 허(ㄹㅊ) 웬 아이 스왈로우

기침을 할 때마다 목이 아파요.
I have a burning sensation when I cough.
아이 해 버 버닝 센세이션 웬 아이 커(ㅍ)

독감이 유행하고 있어요.
There's a lot of flu going around.
데어 서 랏 어(ㅂ) 플루 고잉 어라운(ㄷ)

내과–열

열이 있어요.

I have a fever.

아이 해 버 피버

I feel feverish.

아이 필 피버리쉬

I feel very hot.

아이 필 베리 핫

열이 38도예요.

I have a temperature of 38 degrees.

아이 해 버 템퍼러쳐 어(ㅂ) 써(ㄹ)티에잇 디그리(ㅅ)

머리가 깨질 듯 아파요.

I have a terrible headache.

아이 해 버 테러블 헷에익

I have splitting headache.

아이 해(ㅂ) 스플리딩 헷에익

현기증이 나요.

I feel languid

아이 필 랭구이(ㄷ)

I feel dull.

아이 필 덜

목이 쉬었어요.

My voice is hoarse.

마이 보이스 이즈 허(ㄹ)스

내과–소화기

배가 아파요.
My stomach is upset. / I have a stomachache.
마이 스토먹 이즈 업셋 / 아이 해 버 스토먹에익

배가 콕콕 쑤시듯 아파요.
I have a sharp pain in the stomach.
아이 해 버 샤(ㄹㅍ) 페인 인 더 스토먹
I have an acute pain in my stomach.
아이 해 번 어큐트 페인 인 마이 스토먹

아랫배에 통증이 있어요.
I have a pain in my abdomen.
아이 해 버 페인 인 마이 앱더먼

배탈이 났어요.
I've got the runs. / I have a loose stool.
아이(ㅂ) 갓 더 런(ㅅ) / 아이 해 버 루즈 스툴

구역질이 나요.
I feel like vomiting.
아이 필 라익 바미딩
I suffer from nausea.
아이 서퍼 프럼 너씨아
I feel sick.
아이 필 식
I feel queasy.
아이 필 쿠이지

속이 뒤틀려서 죽겠어요.
My stomach kept flipping over on itself.
마이 스토머 켑(ㅌ) 플리핑 오버 온 잇셀(ㅍ)

먹으면 바로 토해요.
I throw up when I eat.
아이 쓰로우 업 웬 아이 잇

속이 거북해요.
My stomach feels heavy.
마이 스토먹 필(ㅅ) 헤비

신트림이 나요.
I have sour eructation.
아이 해(ㅂ) 사워 이럭테이션

요 며칠 동안 변을 못 봤어요.
I've had no bowel movement for a few days.
아이(ㅂ) 해(ㄷ) 노 바월 무(ㅂ)먼(ㅌ) 포 러 퓨 데이(ㅅ)

설사를 합니다.
I have loose bowels.
아이 해(ㅂ) 루즈 바월(ㅅ)
I have diarrhea.
아이 해(ㅂ) 다이어리어

어제부터 내내 설사만 했어요.
I've had diarrhea all day long since yesterday.
아이(ㅂ) 해(ㄷ) 다이어리어 얼 데이 롱 신스 예스터데이

치과-치통

이가 몹시 아파요.

My teeth ache. It really hurts.
마이 티쓰 에익 잇 리얼리 허(ㄹㅊ)

I have a severe toothache.
아이 해 버 서비어 투쓰에익

Toothache is killing me now.
투쓰에익 이즈 킬링 미 나우

이가 쿡쿡 쑤셔요.

I'm suffering from a twinge of toothache.
아임 서퍼링 프럼 어 트윈쥐 어(ㅂ) 투쓰에익

치통이 있어요. 이 어금니가 아파요.

I've got a toothache. This back tooth hurts me.
아이(ㅂ) 갓 어 투쓰에익 디스 백 투쓰 허(ㄹㅊ) 미

이가 약간 아픕니다.

I have a slight toothache.
아이 해 버 슬라잇 투쓰에익

먹을 때마다 이가 아파서 아무 것도 먹을 수 없습니다.

I have a toothache whenever I eat, I can't eat anything.
아이 해 버 투쓰에익 웨네버 아이 잇 아이 캔 팃 애니씽

치통 때문에 음식을 잘 씹을 수가 없습니다.

I can't chew my food well because of the toothache.
아이 캔 츄 마이 푸(ㄷ) 웰 비커즈 어(ㅂ) 더 투쓰에익

치과–발치

이 하나가 흔들거립니다.
One of my teeth is loose.
원 어(ㅂ) 마이 티쓰 이즈 루스
I have a loose tooth.
아이 해 버 루스 투쓰

이를 빼야 할 것 같아요.
I think I should extract a tooth.
아이 씽(ㅋ) 아이 슈(ㄷ) 익스츠랙 터 투쓰
I should have a tooth pulled out.
아이 슈(ㄷ) 해 버 투쓰 풀 다웃

사랑니가 났어요.
I've cut a wisdom tooth.
아이(ㅂ) 컷 어 위즈덤 투쓰

사랑니가 삐져 나와서 엄청 아파요.
A wisdom tooth was cutting through and it hurt like hell.
어 위즈덤 투쓰 워즈 커딩 쓰루 앤 잇 허(ㄹㅊ) 라익 헬

사랑니를 뽑는 게 좋겠어요.
You'd better pull out the wisdom teeth.
유(ㄷ) 베더 풀 아웃 더 위즈덤 티쓰

사랑니는 아직 뽑지 않는게 좋겠어요.
You'd rather not have your wisdom tooth extracted yet.
유(ㄷ) 래더 낫 해 뷰어 위즈덤 투쓰 익스츠랙티(ㄷ) 옛

치과–충치

충치가 있는 것 같습니다.
I think I have a cavity.
아이 씽(ㅋ) 아이 해 버 캐비티
I got a decayed tooth.
아이 갓 어 디케이(ㄷ) 투쓰
I have a tooth decay.
아이 해 버 투쓰 디케이

아래쪽 어금니에 충치가 생겼어요.
I developed a cavity in one of my lower back teeth.
아이 디벨롭 터 캐비티 인 원 어(ㅂ) 마이 로워 백 티쓰

가벼운 충치가 두 개 있는 것 같군요.
It looks like you have two small cavities.
잇 룩(ㅅ) 라익 유 해(ㅂ) 투 스멀 캐비티(ㅈ)

충치가 엄청 쑤셔요.
A decayed tooth aches awfully.
어 디케이(ㄷ) 투쓰 에익(ㅅ) 어풀리

충치를 때워야겠어요.
I need to have my cavity filled in. / I have to get a filling.
아이 닏 투 해(ㅂ) 마이 캐비티 필 딘 / 아이 해(ㅂ) 투 겟 어 필링

병원 진료과목 2

·plastic surgery(PS) 성형 외과 / ·neurosurgery(NS) 신경 외과
·chestsurgery(CS)흉부 외과 / ·ophthalmology(EY) 안과
·otolaryngology=ear, nose and throat(ENT) 이비인후과

치과–기타

찬 음식을 먹으면 이가 시려요.
My tooth hurts when I drink something cold.
마이 투쓰 허(ㄹㅊ) 웬 아이 드링(ㅋ) 섬씽 콜(ㄷ)

양치질 할 때 잇몸에서 피가 나요.
When I brush my teeth, my gums bleed.
웬 아이 브러쉬 마이 티쓰 마이 검(ㅅ) 블리(ㄷ)

잇몸이 너무 부어 밤에 잠을 잘 수가 없어요.
My gums are so swollen that I can't sleep at night.
마이 검 사 소 스월른 댓 아이 캔 슬립 앳 나잇

축구를 하다가 치아가 부러졌어요.
I broke a tooth playing soccer.
아이 브로욱 어 투쓰 플레잉 사커

치아 미백을 받고 싶어요.
I want to bleach my teeth.
아이 원 투 블리취 마이 티쓰
I need to get tooth-whitening.
아이 닛 투 겟 투쓰 와잇(ㅌ)닝

치실을 사용하시는 게 좋겠어요.
You need to start flossing your teeth.
유 닛 투 스타(ㄹㅌ) 플러싱 유어 티쓰

진료-기타

생리를 건너 뛰었어요.
I missed a monthly period.
아이 미스 터 먼쓰리 피어리어(ㄷ)

꽃가루 알레르기가 있어요.
I'm allergic to pollen.
아임 앨러직 투 팔런

온몸에 온통 두드러기가 났어요.
I've got a strange rash all over my whole body.
아이(ㅂ) 갓 어 스츠레인쥐 래쉬 얼 오버 마이 호울 바디
A rash broke out over my whole body.
어 래쉬 브로욱 아웃 오버 마이 호울 바디

빈혈이 있어요.
I suffer from anemia.
아이 서퍼 프럼 애니미어

병원 진료과목 3

·**dermatology(DR)** 피부과 / ·**family medicine(FM)** 가정의학과
·**obstetrics & gynecology(OB&GY)** 산부인과 ·**neuropsychiatry(NP)** 신경정신과
·**neurology(NU)** 신경과 / ·**urology(UR)** 비뇨기과
·**radiology(RD)** 방사선과 / ·**rehabitational medicine(RM)** 재활의학과 /
·**anesthetics(AN)** 마취과 / ·**clinical pathology(CP)** 임상병리과
·**emergency room (ER)** 응급의학과, 응급실
·**intensive care unit(ICU)** 중환자실
·**dentistry** 치과 / ·**oriental medicine** 한의원

코피가 나요.
I have a nose bleed. / I have a bloody nose.
아이 해 버 노우즈 블리(ㄷ) / 아이 해 버 블러디 노우즈

고혈압이 있어요.
I have high blood pressure.
아이 해(ㅂ) 하이 블러(ㄷ) 프레셔

식욕이 없습니다.
I have no appetite.
아이 해(ㅂ) 노 애피타잇

다리에 쥐가 났어요.
I've got a charley horse in my leg.
아이(ㅂ) 갓 어 촬리 호(ㄹ) 신 마이 렉
I got a cramp in my foot.
아이 갓 어 크램 핀 마이 풋

물집이 생겼어요.
I have blisters.
아이 해(ㅂ) 블리스터(ㅅ)

발가락이 동상에 걸렸어요.
My toes are hurt by cold.
마이 토 사 허(ㄹㅌ) 바이 콜(ㄷ)

온몸에 멍이 들었어요.
I'm black and blue all over.
아임 블랙 앤 블루 얼 오버

입원

입원 수속을 하려고 하는데요.
I've come to be admitted.
아이(ㅂ) 컴 투 비 엇밋티(ㄷ)

입원해야 합니까?
Do I have to enter the hospital?
두 아이 해(ㅂ) 투 엔터 더 하스피틀
Should I be hospitalized?
슈 다이 비 하스피탈라이즈(ㄷ)

즉시 입원 수속을 해야 합니다.
You should be admitted right away.
유 슈(ㄷ) 비 엇밋티(드) 라잇 어웨이

얼마나 입원해야 합니까?
How long will I have to be in hospital?
하우 롱 윌 아이 해(ㅂ) 투 비 인 하스피틀

입원에도 의료보험이 적용됩니까?
Will my insurance policy cover hospitalization?
윌 마이 인슈어런스 폴리시 커버 하스피틀리제이션

가능하면 1인실로 해 주세요.
I would like to have a private room if possible.
아이 우(ㄷ) 라익 투 해 버 프라이빗 룸 이(ㅍ) 파서블

수술

그는 위독한 상태입니다.
He's seriously ill.
히즈 시리어슬리 일
It doesn't look like he will make it.
잇 더즌 룩 라익 히 윌 메익 잇

이 달을 넘기기 힘들 것 같습니다.
I'm afraid he may not see this month out.
아임 어(ㅍ)레이(ㄷ) 히 메이 낫 시 디스 먼쓰 아웃

수술을 받아야 하나요?
Does he need surgery?
더즈 히 닛 서저리
Do you have to operate on him?
두 유 해(ㅂ) 투 오퍼레잇 온 힘

수술 받은 적이 있나요?
Have you ever had any operations?
해 뷰 에버 해 대니 오퍼레이션(ㅅ)

제왕절개 수술을 했습니다.
I had a C-section.
아이 해 더 씨 섹션

맹장 수술을 했습니다.
I had an appendectomy.
아이 해 던 애픈덱터미

병원비&보험

진찰료는 얼마입니까?
How much will it be for this visit?
하우 머취 윌 잇 비 포 디스 비짓

건강보험이 있나요?
Do you have health insurance?
두 유 해(ㅂ) 헬쓰 인슈어런스

저는 건강보험에 가입되어 있어요.
I have health insurance.
아이 해(ㅂ) 헬쓰 인슈어런스

저는 보험에 가입되어 있지 않아요.
I don't have insurance.
아이 돈 해 빈슈어런스
I'm not covered by any insurance policy.
아임 낫 커버(ㄷ) 바이 애니 인슈어런스 폴리시

모든 비용이 보험 적용이 되나요?
Does my insurance cover all the costs?
더즈 마이 인슈어런스 커버 얼 더 코슷(ㅊ)

일부 의약품은 보험 적용이 안 됩니다.
Some kinds of medicine are not covered by insurance.
섬 카인 저(ㅂ) 메디슨 아 낫 커버(ㄷ) 바이 인슈어런스

문병

안 됐군요. 몸조심 하십시오.
That's bad. Please take good care of yourself.
댓(ㅊ) 뱃 플리즈 테익 굿 캐어 어 뷰어셀(ㅍ)

빨리 회복되기를 바랍니다.
I hope you will get well soon.
아이 홉 유 윌 겟 웰 순
I hope you'll be feeling better soon.
아이 홉 유일 비 필링 베더 순

건강하십시오.
Good luck.
굿 럭

심각한 병이 아니길 바라요.
I hope it's nothing serious.
아이 홉 잇(ㅊ) 나씽 시리어(ㅅ)

편찮으시다니 유감입니다.
I'm sorry to hear you've been sick.
아임 소리 투 히어 유(ㅂ) 빈 식

나아지셨다니 다행이네요.
I'm glad you're feeling better.
아임 글랫 유어 필링 베더

처방전

- 처방전을 써 드리겠습니다.
  I'll prescribe some medicine.
  아일 프리스크라입 섬 메디슨
  I'm going to write you a prescription.
  아임 고잉 투 라잇 유 어 프리스프립션

- 사흘치 약을 처방해 드리겠습니다.
  I'll prescribe some medicine for 3 days.
  아일 프리스크라입 섬 메디슨 포 쓰리 데이(ㅅ)

- 약에 알레르기가 있습니까?
  Are you allergic to any medicine?
  아 유 앨러직 투 애니 메디슨

- 이 약을 드시면 졸음이 올 겁니다.
  It will make you feel a little drowsy.
  잇 윌 메익 유 필 어 리들 드라우지

- 현재 복용하는 약이 있나요?
  Are you taking any medication?
  아 유 테익킹 애니 메디케이션

- 이 약에 부작용은 없나요?
  Can I expect any side effects?
  캔 아이 익스펙 테니 사이드 이펙(ㅊ)

- 요즘 복용하는 약이 있나요?
  Are you taking any medicine these days?
  아 유 테익킹 애니 메디슨 디즈 데이(ㅅ)

약국-복용 방법

이 처방전대로 조제해 주시겠습니까?

Can I get this prescription filled?

캔 아이 겟 디스 프리스크립션 필(ㄷ)

Would you make up this prescription, please?

우 쥬 메익 업 디스 프리스크립션 플리즈

몇 알씩 먹어야 하나요?

How many should I take?

하우 메니 슈 다이 테익

얼마나 자주 약을 먹어야 하나요?

How often do I have to take the medicine?

하우 오픈 두 아이 해(ㅂ) 투 테익 더 메디신

5시간마다 한 알씩 복용하세요.

Take one every 5 hours.

테익 원 에브리 파이(ㅂ) 아워(ㅅ)

이 약을 하루 한 번 한 알씩 복용하세요.

Take this medicine, one capsule at a time.

테익 디스 메디슨 원 캡슐 앳 어 타임

1일 3회, 식전에 복용하세요.

Three times a day before meals, please.

쓰리 타임 저 데이 비포 밀(ㅅ) 플리즈

약국–약 구입

수면제 좀 주세요.
May I have some sleeping pills?
메이 아이 해(ㅂ) 섬 슬리핑 필(ㅅ)

진통제 있나요?
Is there any pain-killer?
이즈 데어 애니 페인 킬러

수면제를 좀 주십시오.
How should I take this medicine?
하우 슈 다이 테익 디스 메디슨

반창고 한 통 주세요.
Give me a roll of adhesive tape.
기(ㅂ) 미 어 롤 어(ㅂ) 앳히시(ㅂ) 테입

생리대 있나요?
Do you carry sanitary napkins here?
두 유 캐리 새니터리 냅킨(ㅅ) 히어

콘돔 좀 주시겠어요?
Can I have some rubbers?
캔 아이 해(ㅂ) 섬 러버(ㅅ)

처방전 없이 약을 살 수 없습니다.
You can't buy it without the prescription.
유 캔 바이 잇 위다웃 더 프리스크립션

Unit 4 은행&우체국

은행 계좌&입출금

저축 계좌를 개설하고 싶습니다.
I'd like to open a bank account.
아이(ㄷ) 라익 투 오픈 어 뱅 커카운(ㅌ)

어떤 종류의 예금을 원하십니까?
What type of account do you want?
왓 타입 어 버카운(ㅌ) 두 유 원(ㅌ)

저축예금인가요, 아니면 당좌예금인가요?
A savings account or a checking account?
어 세이빙 서카운 토어 어 첵킹 어카운(ㅌ)

이자율은 어떻게 됩니까?
What's the interest rate?
왓(ㅊ) 디 인터레슷 레잇

은행 계좌를 해지하고 싶습니다.
I'd like to close my bank account.
아이(ㄷ) 라익 투 클로즈 마이 뱅 커카운(ㅌ)

지금부터 예금과 출금을 하셔도 됩니다.
From now on, you can deposit and withdraw.
프럼 나우 온 유 컨 디파짓 앤 윗드러

500달러를 예금하려 합니다.
I'd like to make a deposit of 500 dollars.
아이(ㄷ) 라익 투 메익 어 디파짓 어(ㅂ) 파이(ㅂ) 헌드레(ㄷ) 달러(ㅅ)
I'd like to put this 500 dollars into my account.
아이(ㄷ) 라익 투 풋 디스 파이(ㅂ) 헌드레(ㄷ) 달러 신투 마이 어카운(ㅌ)

100달러를 인출하려 합니다.
I want to withdraw 100 dollars from my account.
아이 원 투 윗드러 원 헌드레(ㄷ) 달러(ㅅ) 프럼 마이 어카운(ㅌ)

제 계좌의 거래내역을 확인하고 싶은데요.
I'd like to check the precious transactions on my account.
아이(ㄷ) 라익 투 첵 더 프레셔(ㅅ) 츠랜잭션 손 마이 어카운(ㅌ)

미국 은행의 계좌

미국의 은행에서는 우리처럼 통장을 사용하지 않고 은행계좌(**bank account**) 만을 개설합니다.
계좌에는 일반적으로 **saving account**(저축예금)와 **checking account**(당좌예금)가 있는데, **saving account**는 이자를 받을 수 있지만 일정 금액 이상을 유지해야 하는 등 입출금에 제약이 있고, **checking account**는 이자가 없는 수표전용 계좌입니다. **checking account**는 개인수표를 사용하려면 꼭 필요한 계좌입니다.
오래 머무르거나 큰 돈을 넣어두는 목적이 아니라면 일반적으로 **checking account**만 개설해도 됩니다.

송금

이 계좌로 송금해 주세요.
Please transfer the funds to this account.
플리즈 츠랜스퍼 더 펀(ㅈ) 투 디스 어카운(ㅌ)

국내 송금인가요, 해외 송금인가요?
Is that a domestic or a foreign remittance?
이즈 댓 어 도메스틱 오어 어 포린 리밋든스

캐나다로 송금하고 싶습니다.
I'd like to make a remittance to Canada.
아이(ㄷ) 라익 투 메익 어 리밋턴스 투 캐나다
I want to do a wire transfer to Canada.
아이 원 투 두 어 와이어 츠랜스퍼 투 캐나다

은행 이체 수수료가 있습니까?
Is there a bank fee for transferring money?
이즈 데어 어 뱅(ㅋ) 피 포 츠랜스퍼링 머니

수수료는 3달러입니다.
There's a 3 dollar charge.
데어 서 쓰리 달러 차(ㄹ)쥐

bank account 계좌
deposit 예금하다
withdraw 인출하다 / **withdrawal** 인출
remittance 송금(=wire transfer)
transaction 거래내역
charge 수수료(=fee)
photo ID 사진이 있는 신분증

ATM 사용

현금 자동지급기는 어디에 있나요?
Where are the ATM machines?
웨어 아 더 에이티엠 머쉰(ㅈ)

어떻게 돈을 입금하나요?
How do I make a deposit?
하우 두 아이 메익 어 디파짓

여기에 카드를 넣어 주세요.
Please insert your card here.
플리즈 인서(ㄹ) 츄어 카(ㄹㄷ) 히어

비밀번호를 입력하세요.
Please enter your PIN number.
플리즈 엔터 유어 핀 넘버

계좌 잔고가 부족합니다.
Your balance is insufficient.
유어 밸런스 이즈 인서피션(ㅌ)

잔액조회 버튼을 누르세요.
Please press the account balance key.
플리즈 프레스 디 어카운(ㅌ) 밸런스 키

ATM 현금카드

현금 지급기는 몇 시까지 사용 가능한가요?
What are the service hours for this cash machine?
왓 아 더 서비스 아워(ㅅ) 포 디스 캐쉬 머쉰

현금 자동지급기 사용에 문제가 생겼어요.
I'm having some trouble using the ATM.
아임 해빙 섬 츠러블 유징 디 에이티엠

기계가 카드를 먹어버렸어요.
The ATM ate my card.
디 에이티엠 애잇 마이 카(ㄹㄷ)
My card got stuck inside the machine.
마이 카(ㄹㄷ) 갓 스턱 인사이드 더 머쉰

현금카드가 손상됐어요.
My ATM card has been damaged.
마이 에이티엠 카(ㄹㄷ) 해즈 빈 대미쥐(ㄷ)

현금카드를 재발급 받고 싶은데요.
I'd like to have my ATM card reissued.
아이(ㄷ) 라익 투 해(ㅂ) 마이 에이티엠 카(ㄹㄷ) 리이슈(ㄷ)

ATM(Automated Teller Machine) 현금 자동지급기
PIN(Personal Identification Number) 개인증명번호, 즉 비밀번호
balance 잔액
cash 현금
check 수표
expiry date 유효 기간

신용카드

신용카드를 신청하고 싶은데요.
I want to apply for a credit card.
아이 원 투 어플라이 포 러 크레딧 카(ㄹㄷ)
I'd like to get a credit card.
아이(ㄷ) 라익 투 겟 어 크레딧 카(ㄹㄷ)

카드가 언제 발급되나요?
When will it be issued?
웬 윌 잇 비 이슈(ㄷ)

사용 한도액이 어떻게 되나요?
How much is the limit for this card?
하우 머취 이즈 더 리밋 포 디스 카(ㄹㄷ)

유효 기간은 언제인가요?
When is the expiry date of this credit card?
웬 이즈 디 익스파이어리 데잇 어(ㅂ) 디스 크레딧 카(ㄹㄷ)

최근 신용카드 사용내역을 확인하고 싶은데요.
I want to check my latest credit card statement.
아이 원 투 첵 마이 레이티슷 크레딧 카(ㄹㄷ) 스테잇먼(ㅌ)

신용카드를 도난 당했어요. 해지해 주세요.
I had my credit card stolen. Please cancel it.
아이 해(ㄷ) 마이 크레딧 카(ㄹㄷ) 스톨른 플리즈 캔슬 잇

환전

환전할 수 있습니까?
Do you exchange foreign currency?
두 유 익스체인쥐 포린 커렌시

원화를 달러로 환전하고 싶습니다.
I'd like to exchange Korean won to US dollars.
아이(ㄷ) 라익 투 익스체인쥐 커리언 원 투 유에스 달러(ㅅ)

여행자 수표를 달러로 환전하고 싶은데요.
I want to change a traveler's check into dollars.
아이 원 투 체인쥐 어 츠래블러(ㅅ) 첵 인투 달러(ㅅ)

환전한 금액의 10%를 수수료로 받고 있습니다.
We get a 10% commission of the exchanged amount.
위 겟 어 텐 퍼(ㄹ)센(ㅌ) 커미션 어(ㅂ) 디 익스체인쥐 더마운(ㅌ)

전액 10달러 지폐로 주세요.
Please give it to me in 10 dollars bills.
플리즈 기 빗 투 미 인 텐 달러(ㅅ) 빌(ㅅ)

길 건너편에 환전소가 있습니다.
There is a change booth across the street.
데어 이즈 어 체인쥐 부쓰 어크러스 더 스츠릿

환율

오늘 환율이 어떻게 됩니까?
What's the current exchange rate?
왓(ㅊ) 더 커렌(ㅌ) 익스체인쥐 레잇

오늘 달러 환율이 어떻게 되나요?
What's today's rate for U.S. dollars?
왓(ㅊ) 투데이(ㅅ) 레잇 포 유에스 달러(ㅅ)

원화를 달러로 바꾸는 환율이 어떻게 되나요?
What's the rate for won to dollars?
왓(ㅊ) 더 레잇 포 원 투 달러(ㅅ)

오늘 환율은 1달러에 1,300원입니다.
Today's exchange rate is 1,300 won to a dollar.
투데이(ㅅ) 익스체인쥐 레잇 이즈 원 싸우전(ㄷ) 쓰리 헌드레(ㄷ) 원 투 어 달러

1달러에 1,200원의 환율로 환전했어요.
I exchanged money at the rate of 1,200 won to the U.S. dollar.
아이 익스체인쥐(ㄷ) 머니 앳 더 레잇 어(ㅂ) 트웰(ㅂ) 헌드레(ㄷ) 원 투 디 유에스 달러

환율은 벽에 게시되어 있습니다.
The exchange rates have been posted on the wall.
디 익스체인쥐 레잇(ㅊ) 해(ㅂ) 빈 포스티 돈 더 월

은행 기타

제 계좌 잔고를 알 수 있을까요?
Can you tell me how much I have in my account?
캔 유 텔 미 하우 머취 아이 해 빈 마이 어카운(ㅌ)
I would like to know how much the balance is.
아이 우(ㄷ) 라익 투 노우 하우 머취 더 밸런스 이즈

이상한 거래내역이 있는지 정기적으로 계좌를 확인해야 합니다.
You should check your account regularly for any odd transactions.
유 슈(ㄷ) 첵 유어 어카운(ㅌ) 레귤러리 포 래니 아(ㄷ) 츠랜섹션(ㅅ)

인터넷뱅킹을 신청하고 싶은데요.
I want to start internet banking.
아이 원 투 스타(ㄹㅌ) 이너넷 뱅킹

번호표를 뽑고 잠시 기다려 주세요.
Please take a waiting number ticket out and wait for a while.
플리즈 테익 어 웨이팅 넘버 티킷 아웃 앤 웨잇 포 러 와일

잔돈으로 교환해 주시겠어요?
Could you break this, please?
쿠 쥬 브레익 디스 플리즈
Can you break this into small money?
캔 유 브레익 디스 인투 스멀 머니

이 수표에 이서해 주시겠어요?
Could you endorse this check, please?
쿠 쥬 엔도(ㄹ)스 디스 첵 플리즈

편지 발송

50센트짜리 우표 세 장 주세요.
Could I have three 50 cent stamps?
쿠 다이 해(ㅂ) 쓰리 핍티 센(ㅌ) 스탬(ㅅ)

이 편지 요금이 얼마입니까?
How much is the postage for this letter?
하우 머취 이즈 더 포스티쥐 포 디스 레더

보통 우편인가요, 빠른 우편인가요?
By regular mail or express?
바이 레귤러 메일 오어 익스프레스

빠른 우편으로 보내는 비용은 얼마인가요?
How much is it to send this letter by express mail?
하우 머취 이즈 잇 투 센(ㄷ) 디스 레더 바이 익스프레스 메일

등기 우편으로 보내고 싶은데요.
Please register this letter.
플리즈 리지스터 디스 레더
Send this letter by registered mail, please.
센(ㄷ) 디스 레더 바이 리지스터(ㄷ) 메일 플리즈

우편 요금은 착불입니다.
Postage will be paid by the addressee.
포스티쥐 윌 비 페이(ㄷ) 바이 디 어드레시

소포 발송

소포 무게 좀 달아주시겠어요?
Would you weigh this parcel?
우 쥬 웨이 디스 파슬

이 소포를 포장해 주세요.
Please wrap this parcel in package paper.
플리즈 랩 디스 파슬 인 팩키쥐 페이퍼

소포의 내용물은 무엇입니까?
What does your parcel contain?
왓 더즈 유어 파슬 컨테인
What is contained in it?
왓 이즈 컨테인 딘 잇

조심해 주세요! 깨지기 쉬운 물건입니다.
Please be careful! This parcel is fragile.
플리즈 비 케어풀 디스 파슬 이즈 프레이질

만일을 대비해 소포를 보험에 가입해 주세요.
Please insure this parcel just in case.
플리즈 인슈어 디스 파슬 저슷 인 케이스

도착하려면 얼마나 걸리나요?
How long does it take to reach there?
하우 롱 더즈 잇 테익 투 리취 데어
When will my parcel get there?
웬 윌 마이 파슬 겟 데어

우체국 기타

이 소포를 일본으로 보내려고 합니다.
I'd like send this parcel to Japan.
아이(ㄷ) 라익 센(ㄷ) 디스 파슬 투 재팬

항공편인가요, 배편인가요?
By airmail or surface mail?
바이 에어메일 오어 서(ㄹ)피스 메일

항공 우편 요금은 얼마인가요?
What is the rate for air mail?
왓 이즈 더 레잇 포 에어 메일

전보를 보내고 싶습니다.
I want to send a telegram.
아이 원 투 센 더 텔리그램
I would like to send a wire.
아이 우(ㄷ) 라익 투 센 더 와이어
A telegram blank, please.
어 텔리그램 블랭(ㅋ) 플리즈

체신환을 보내고 싶습니다.
I'd like to send a money order.
아이(ㄷ) 라익 투 센 더 머니 오더

판매용 기념우표를 취급하나요?
Do you have any commemorative stamps for sale?
두 유 해 배니 커메모레이티(ㅂ) 스탬(ㅅ) 포 세일

Unit 5 미용실

미용실 상담

헤어스타일을 새롭게 바꾸고 싶어요.
I need a new hair style.
아이 닏 어 뉴 헤어 스타일
I'd like to go for a new hair style.
아이(ㄷ) 라익 투 고 포 러 뉴 헤어 스타일

어떤 스타일로 해 드릴까요?
How would you like your hair?
하우 우 쥬 라익 유어 헤어
What will it be today?
왓 윌 잇 비 투데이

헤어스타일 책을 보여 드릴까요?
May I show you a hair style book?
메이 아이 쇼우 유 어 헤어 스타일 북

알아서 어울리게 해 주세요.
I'll leave it up to you.
아일 리 빗 업 투 유
Just do whatever is best for me.
저슷 두 왓에버 이즈 베슷 포 미

이 사진 속의 모델처럼 하고 싶어요.
I want to look like the model in this photo.
아이 원 투 룩 라익 더 마들 인 디스 포토

커트

머리를 자르고 싶어요.
I need to get my hair cut.
아이 닛 투 겟 마이 헤어 컷

어떻게 잘라 드릴까요?
How do you want it cut?
하우 두 유 원 팃 컷

이 정도 길이로 해 주세요.
Leave them this long, please.
리(ㅂ) 뎀 디스 롱 플리즈
Make them this long, please.
메익 뎀 디스 롱 플리즈

어깨에 오는 길이로 잘라 주시겠어요?
Can you cut it shoulder length?
캔 유 컷 잇 쇼울더 렝쓰

머리를 짧게 자르고 싶어요.
I'd like to have my hair cut short. / I want it short.
아이(ㄷ) 라익 투 해(ㅂ) 마이 헤어 컷 쇼(ㄹㅌ) / 아이 원 잇 쇼(ㄹㅌ)

머리 끝 약간만 잘라 주세요.
Please take a few inches off the ends.
플리즈 테익 어 퓨 인취 소(ㅍ) 디 엔(ㅈ)

스포츠형으로 짧게 잘라 주세요.
I want a crew cut.
아이 원 터 크류 컷

끝만 살짝 다듬어 주시겠어요?
Could you just trim the end?
쿠 쥬 저슷 츠림 디 엔(ㄷ)
I just want a trim, please. / Just a trim, please.
아이 저슷 원 터 츠림 플리즈 / 저슷 어 츠림 플리즈

단발머리를 하고 싶어요.
I'd like to wear bobbed hair.
아이(ㄷ) 라익 투 웨어 밥(ㄷ) 헤어
Please cut my hair in a bob-type style.
플리즈 컷 마이 헤어 인 어 밥 타입 스타일

앞머리도 잘라 주세요.
I'd like to have bangs, too.
아이(ㄷ) 라익 투 해(ㅂ) 뱅(ㅅ) 투

앞머리는 그대로 두세요.
I'd like to keep my bangs. / Please don't cut the bangs.
아이(ㄷ) 라익 투 킵 마이 뱅(ㅅ) / 플리즈 돈 컷 더 뱅(ㅅ)

머리 숱을 좀 쳐 주세요.
I want my hair thinned out.
아이 원(ㅌ) 마이 헤어 씬 다웃

머리에 층을 내 주세요.
I want my hair layered.
아이 원(ㅌ) 마이 헤어 레이어(ㄷ)

너무 짧게 자르지 마세요.
Don't cut it too short. / Not too short, please.
돈 컷 잇 투 쇼(ㄹㅌ) / 낫 투 쇼(ㄹㅌ) 플리즈

퍼머

퍼머해 주세요.
I want to get a perm.
아이 원 투 겟 어 펌
I'd like a perm, please.
아이(ㄷ) 라익 어 펌 플리즈
I'd like to curl my hair.
아이(ㄷ) 라익 투 컬 마이 헤어

어떤 퍼머를 원하세요?
What kind of perm do you want?
왓 카인 더(ㅂ) 펌 두 유 원(ㅌ)

스트레이트 퍼머로 해 주세요.
I want to get rid of my curls.
아이 원 투 겟 리 더(ㅂ) 마이 컬(ㅅ)

웨이브 퍼머로 해 주세요.
I want my hair waved.
아이 원(ㅌ) 마이 헤어 웨이(ㅂㄷ)

부드러운 웨이브로 해 주세요.
I want a soft perm.
아이 원 터 소픗 펌

너무 곱슬거리게 말지는 마세요.
Don't curl my hair too much, please.
돈 컬 마이 헤어 투 머취 플리즈

염색

머리를 염색해 주세요.

I'd like to have my hair dyed, please.

아이(ㄷ) 라익 투 해(ㅂ) 마이 헤어 다이(ㄷ) 플리즈

I'd like to get my hair dyed.

아이(ㄷ) 라익 투 겟 마이 헤어 다이(ㄷ)

I want to have my hair colored.

아이 원 투 해(ㅂ) 마이 헤어 컬러(ㄷ)

어떤 색으로 하시겠어요?

What color do you want your hair dyed?

왓 컬러 두 유 원 츄어 헤어 다이(ㄷ)

갈색으로 염색해 주실래요?

Can you color my hair brown?

캔 유 컬러 마이 헤어 브라운

I want to dye my hair brown.

아이 원 투 다이 마이 헤어 브라운

금발로 하고 싶어요.

Can you make me a blonde?

캔 유 메익 미 어 블런(ㄷ)

밝은 색으로 염색하면 어려 보일 거예요.

Highlighting makes you look younger.

하이라잇팅 메익 슈 룩 영거

탈색하는 건 좀 싫은데요.

I'm afraid of bleaching my hair.

아임 어(ㅍ)레이 더(ㅂ) 블리칭 마이 헤어

네일

손톱 손질을 받고 싶은데요.
I want to have my nails done.
아이 원 투 해(ㅂ) 마이 네일(ㅅ) 던

매니큐어는 어떤 색이 있나요?
What colors of nail polish do you have?
왓 컬러 서(ㅂ) 네일 폴리쉬 두 유 해(ㅂ)

이 색은 마음에 안 들어요.
I do like this color on me.
아이 두 라익 디스 컬러 온 미

손톱을 다듬어 주세요.
I want my nails trimmed.
아이 원(ㅌ) 마이 네일(ㅅ) 츠림(ㄷ)
Can you file my nails down?
캔 유 파일 마이 네일(ㅅ) 다운

저는 손톱이 잘 부러지는 편이에요.
My nails are easily broken.
마이 네일 사 이질리 브로우큰

발톱 손질도 해 드릴까요?
Do you want your toenails polished, too?
두 유 원 츄어 토네일(ㅅ) 폴리쉬(ㅌ) 투

미용실 기타

저는 머리 숱이 무척 많아요.
My hair is very thick.
마이 헤어 이즈 베리 씩

저는 가르마를 왼쪽으로 타요.
I part my hair to the left.
아이 파(ㄹㅌ) 마이 헤어 투 더 레픗

평소에는 머리를 묶고 다니는 편이에요.
I usually wear my hair up.
아이 유주얼리 웨어 마이 헤어 업

그냥 드라이만 해 주세요.
Just blow-dry my hair, please.
저슷 블로우 드라이 마이 헤어 플리즈

면도해 주세요.
I'd like to get a shave.
아이(ㄷ) 라익 투 겟 어 쉐이(ㅂ)

머리결이 손상됐네요.
Your hair has been damaged severely.
유어 헤어 해즈 빈 대미쥐(ㄷ) 서비어리

머리카락 끝이 다 갈라졌어요.
I have so many split ends.
아이 해(ㅂ) 소 메니 스플릿 엔(ㅈ)

Unit 6 세탁소

세탁물 맡기기

이 옷들은 세탁소에 맡길 거예요.
I'm going to take these clothes to the cleaners.
아임 고잉 투 테익 디즈 클로우드(ㅈ) 투 더 클리너(ㅅ)

이 양복을 세탁소에 좀 맡겨 주시겠어요?
Can you put this suit in at the laundry?
캔 유 풋 디스 수웃 인 앳 더 런드리

이 양복을 세탁해 주세요.
Please clean this suit.
플리즈 클린 디스 수웃
I want to have this suit washed.
아이 원 투 해(ㅂ) 디스 수웃 워쉬(ㅌ)

이 바지를 좀 다려 주세요.
I'd like these pants to be pressed.
아이(ㄷ) 라익 디즈 팬(ㅊ) 투 비 프레스(ㅌ)

이 코트를 드라이클리닝 해 주세요.
Could I get this coat dry cleaned?
쿠 다이 겟 디스 코웃 드라이 클린(ㄷ)
I need my coat dry-cleaned.
아이 닛 마이 코웃 드라이 클린(ㄷ)

세탁물 찾기

언제 찾아갈 수 있나요?
When can I get it back?
웬 캔 아이 겟 잇 백
When will it be ready?
웬 윌 잇 비 레디

세탁물을 찾고 싶은데요.
I want to pick up my laundry.
아이 원 투 픽 업 마이 런드리

제 세탁물은 다 됐나요?
Is my laundry ready?
이즈 마이 런드리 레디

여기 세탁물 보관증입니다.
Here's my claim ticket.
히어(ㅅ) 마이 클레임 티킷

세탁비는 얼마인가요?
What's the charge for cleaning?
왓(ㅊ) 더 차(ㄹ)쥐 포 클리닝

코트 한 벌 드라이클리닝 비용은 얼마인가요?
How much do you charge to dry-clean a coat?
하우 머취 두 유 차(ㄹ)쥐 투 드라이 클린 어 코웃

세탁물 확인

제가 맡긴 세탁물이 다 됐는지 확인하려고 전화했습니다.
I'm calling to see if my laundry is ready.
아임 컬링 투 시 이(ㅍ) 마이 런드리 이즈 레디
I'd like to check if my laundry is ready.
아이(ㄷ) 라익 투 첵 이(ㅍ) 마이 런드리 이즈 레디

드라이 클리닝 맡긴 게 다 됐다는 메시지를 받았는데, 몇 시까지 하세요?
I got a message that my dry cleaning is ready.
What are your hours?
아이 갓 어 메시쥐 댓 마이 드라이 클리닝 이즈 레디 왓 아 유어 아워(ㅅ)

이거 다림질이 잘 안 된 것 같은데요.
I'm afraid this hasn't been ironed well.
아임 어(ㅍ)레이(ㄷ) 디스 해즌 빈 아이런(ㄷ) 웰

카펫도 세탁이 가능한가요?
Can you clean carpets, too?
캔 유 클린 카펫(ㅊ) 투

금발머리

보통 금발 머리 미인은 백치미라고 합니다. 아마 보통 금발을 가진 여자들 중 미인이 많고, 그녀들은 예쁜 외모만 믿고 공부를 안 하는 경향이 있어서 이런 말이 생겨난 것인가요?
금발을 소재로 한 영화인 〈Legally blonde〉에서도 보면, 금발 머리의 주인공이 각고의 노력 끝에 이런 선입견을 깬다는 스토리였죠.
금발 머리는 blonde hair, fair hair, golden hair 등의 단어를 씁니다.
참고로 검은 머리는 black hair라고 하지 않는다는 것! brunette이라고 한답니다. 빨강 머리는 carrottop이라는 속어가 있는데, 애칭으로도 쓰이는 말입니다.

얼룩 제거

얼룩 좀 제거해 주시겠어요?
Can you get this stain out?
캔 유 겟 디스 스테인 아웃

이 바지의 얼룩 좀 제거해 주시겠어요?
Could you take out the stains on these pants?
쿠 쥬 테익 아웃 더 스테인 손 디즈 팬(ㅊ)

드레스에 커피를 쏟았어요.
I spilled coffee all over my dress.
아이 스필(ㄷ) 커피 얼 오버 마이 드레스

이 얼룩은 빨아서 지워지지 않아요.
This stain won't wash out.
디스 스테인 워운(ㅌ) 워쉬 아웃

드라이 클리닝을 하면 얼룩을 지울 수 있어요.
The dry cleaner can remove the stain.
더 드라이 클리너 컨 리무(ㅂ) 더 스테인

얼룩이 제대로 빠지지 않았어요.
You didn't remove this stain.
유 디든 리무(ㅂ) 디스 스테인
The stain didn't come out.
더 스테인 디든 컴 아웃

수선

옷 수선도 잘하시나요?
Do you fix clothes as well?
두 유 픽(ㅅ) 클로우드(ㅈ) 애(ㅈ) 웰

이 코트를 좀 수선해 주세요.
Could you mend this coat?
쿠 쥬 멘(ㄷ) 디스 코웃

이 바지 길이를 좀 줄여 주세요.
I'd like to have the pants shortened.
아이(ㄷ) 라익 투 해(ㅂ) 더 팬(ㅊ) 쇼(ㄹ)튼(ㄷ)

이 바지 길이를 좀 늘여 주실래요?
Could you lengthen the pants?
쿠 쥬 렝쓴 더 팬(ㅊ)

지퍼가 떨어졌는데 바꿔 주시겠어요?
This zipper fell off. Can you replace it?
디스 집퍼 펠 오(ㅍ) 캔 유 리플레이스 잇

보이지 않게 수선해 주세요.
Can you repair it not to tell it was ripped?
캔 유 리페어 잇 낫 투 텔 잇 워즈 립(ㅌ)

단추를 달아 주시겠어요?
Can you put on button?
캔 유 풋 온 벗든

Unit 7 서점

서점

서점 담당자는 책꽂이에서 책 한 권을 집어 들고 있었다.
The bookstore manager was taking a book from the shelf.
더 북스토어 매니저 워즈 테이킹 어 북 프럼 더 쉘(프)

점원이 책 운반용 카트를 밀고 가고 있다.
The clerk is pushing the book cart.
더 클럭 이즈 푸싱 더 북 카(ㄹㅌ)

책은 통틀어 다섯 권입니다.
There are 5 books altogether.
데어 아 파이(ㅂ) 북(ㅅ) 얼투게더

이것은 상하 두 권으로 된 책입니다.
This is a book in 2 volumes[a double-decker].
디스 이즈 어 북 인 투 발륨(ㅅ) [어 더블 덱커]
The book is divided onto 2 volumes.
더 북 이즈 디바이디(ㄷ) 온투 투 발륨(ㅅ)

이것은 5부로 된 소설입니다.
This is a novel in 5 parts.
디스 이즈 어 나블 인 파이(ㅂ) 파(ㄹㅊ)

책 찾기

실례지만, Sidney Sheldon의 새 책 있어요?
Excuse me, do you have Sidney Sheldon's new book?
익스큐즈 미 두 유 해(ㅂ) 싯니 쉘던(ㅅ) 뉴 북

실례지만, 역사에 관한 책은 어디에 있죠?
Excuse me, where are the books on history?
익스큐즈 미 웨어 아 더 북 손 히스토리

책은 알파벳 순서대로 책꽂이에 꽂혀 있습니다.
The books are arranged alphabetically on the shelves.
더 북 사 어랜쥐(ㄷ) 앨퍼베티컬리 온 더 쉘(ㅂㅈ)

책을 찾는 방법 중 하나는 책의 제목을 이용하는 것이다.
One of the ways to find a book is by using the book's title.
원 어(ㅂ) 더 웨이(ㅈ) 투 파인 더 북 이즈 바이 유징 더 북(ㅅ) 타이들

그 책 출판사가 어디인지 아세요?
Do you know who publishes the book?
두 유 노우 후 퍼블리쉬(ㅈ) 더 북

원하시는 책 제목을 알려 주시겠어요?
Could you give me the title of the book you want?
쿠 쥬 기(ㅂ) 미 더 타이들 어(ㅂ) 더 북 유 원(ㅌ)

제가 찾고 있는 책을 찾을 수가 없어서요.
I can't find the book I'm looking for.
아이 캔 파인(ㄷ) 더 북 아임 루킹 포

〈중국의 역사〉가 있는지 알아보려고 전화했어요.
I'm calling to see if you have any copies of <the History of China> left.
아임 컬링 투 시 이 퓨 해 배니 카피 저(ㅂ) 더 히스토리 어(ㅂ) 차이나 레픗

그 책은 언제 나옵니까?
When will the book come out?
웬 윌 더 북 컴 아웃

그 책은 곧 발매됩니다.
The book will be put on sale soon.
더 북 윌 비 풋 온 세일 순

이 책은 지난주에 출판된 거예요.
The book went to press last week.
더 북 웬 투 프레스 레슷 윅

이 소설은 막 나온 신간입니다.
This novel is hot off the press.
디스 나블 이즈 핫 오(ㅍ) 더 프레스

이 책은 절판되었습니다.
The book is out of print.
더 북 이즈 아웃 어(ㅂ) 프린(ㅌ)
They don't publish the book any more.
데이 돈(ㅌ) 퍼블리쉬 더 북 애니 모어

이 책은 전면 개정된 것입니다.
This book has been completely revised.
디스 북 해즈 빈 컴플릿리 리바이즈(ㄷ)

책 호응 수준

이 책이 가장 잘 팔렸어요.
This book was the best seller.
디스 북 워즈 더 베슷 셀러

그 책은 날개 돋친 듯 팔렸어요.
The book sold like hotcakes.
더 북 솔(ㄷ) 라익 핫케익(ㅅ)

이 책의 대부분 독자는 주부이다.
Most of the readers of this book are housewives.
모슷 어(ㅂ) 더 리더 서(ㅂ) 디스 북 아 하우스와이(ㅂㅅ)

이 책은 최근 인기가 많아졌어요.
This book has grown in popularity recently.
디스 북 해즈 그러운 인 파퓰러리티 리센(ㅌ)리

그 책은 다수의 독자를 얻었다.
The book found a wide audience.
더 북 파운 더 와이드 어디언스

지금 이런 책이 인기예요.
This type of book is popular.
디스 타입 어(ㅂ) 북 이즈 파퓰러

도서 구입

8달러 하는 책을 한 권 샀죠.
I bought a book which costs $8.
아이 보웃 어 북 위취 코스(ㅊ) 에잇 달러(ㅅ)

그 책은 12달러쯤 할 걸요.
The book will cost somewhere round $12.
더 북 윌 코슷 섬웨어 라운(ㄷ) 트웰(ㅂ) 달러(ㅅ)

30%나 할인하길래 책을 충동구매 해 버렸죠.
I bought the books on impulse as they were 30% off.
아이 보웃 더 북 손 임펄(ㅅ) 애(ㅈ) 데이 워 써(ㄹ)티 퍼(ㄹ)센(ㅌ) 오(ㅍ)

원래 15달러인데, 책 한 권당 20% 할인해 드립니다.
It originally costs 15 dollars, but we give you 20% discount per book.
잇 어리지널리 코스(ㅊ) 핍틴 달러(ㅅ) 벗 위 기 뷰 트웬티 퍼(ㄹ)센(ㅌ) 디스카운(ㅌ) 퍼 북

책은 우편으로 보내 드리겠습니다.
The book will be sent to you by mail.
더 북 윌 비 센 투 유 바이 메일

파본은 교환해 드립니다.
We will exchange the book if the pages are out of order.
위 윌 익스체인쥐 더 북 이(ㅍ) 더 페이쥐 사 아웃 어(ㅂ) 오더

인터넷 서점

온라인으로 책을 구입하는 것은 서점에 들르는 횟수가 적어져 수고가 줄어듭니다.

On-line book shopping may reduce energy use by less frequent visits to bookstores.

온 라인 북 샤핑 메이 리듀스 에너쥐 유즈 바이 리스 프리쿠언(ㅌ) 비짓(ㅊ) 투 북스토어(ㅅ)

그 책의 주문을 취소했다.

I canceled an order for the book.

아이 캔슬 던 오더 포 더 북

책 두 권을 주문했습니다.

I ordered 2 copies of a book.

아이 오더(ㄷ) 투 카피 저 버 북

I placed an order for 2 copies of a book.

아이 플레이스 턴 오더 포 투 카피 저 버 북

그 책은 주문 중이에요.

The book is in order.

더 북 이즈 인 오더

그 책 좀 주문해 주시겠어요?

Could you order the book for me?

쿠 쥬 오더 더 북 포 미

우편 요금은 책의 대금과 함께 보내 주세요.

Please send us the postage as well as the price of the books.

플리즈 센 더스 더 포스티쥐 애(ㅈ) 웰 애(ㅈ) 더 프라이스 어(ㅂ) 더 북(ㅅ)

Unit 8 도서관&미술관&박물관

도서관

도서관은 30분 후에 문을 닫습니다.
The library closes in 30 minutes.
더 라입레리 클로지 잔 써(ㄹ)티 미닛(ㅊ)

이 도서관에는 책이 3만 권 있을 걸.
I guess this library to contain 30,000 books.
아이 게스 디스 라입레리 투 컨테인 써(ㄹ)티 싸우전(ㅈ) 북(ㅅ)

도서관의 책을 예약했다.
I put a hold on a library book.
아이 풋 어 홀 돈 어 라입레리 북

네가 찾는 책은 도서관에 있어.
It's a library book that you find.
잇 처 라입레리 북 댓 유 파인(ㄷ)

그 책은 5층 뒤 서가에 있습니다.
That book is way back in the stacks on the 5th floor.
댓 북 이즈 웨이 백 인 더 스택 손 더 핍쓰 플로워

그는 도서관에서 책을 빌리고 있어요.
He is borrowing books from the library.
히 이즈 보로잉 북(ㅅ) 프럼 더 라입레리

우리는 도서관에서 책을 읽고 있었어.
We were reading books in the library.
위 워 리딩 북 신 더 라입레리

사서가 책꽂이에 책을 꽂고 있었다.
The librarian was putting books on the shelves.
더 라입레리언 워즈 푸딩 북 손 더 쉘(ㅂㅅ)

도서관 책꽂이에는 책이 가득 꽂혀 있다.
The library's shelves are filled with books.
더 라입레리(ㅅ) 쉘(ㅂ) 사 필(ㄷ) 윗 북(ㅅ)

도서관에 있는 책들이 잘 정리되어 책들을 찾기가 쉬워졌다.
Careful arrangement of books in the library made them easy to find.
캐어풀 어랜쥐먼(ㅌ) 어(ㅂ) 북 신 더 라입레리 메잇 뎀 이지 투 파인(ㄷ)

도서관 카드를 만들고 싶은데요.
I'd like to make a library card.
아이(ㄷ) 라익 투 메익 어 라입레리 카(ㄹㄷ)

미국 도서관 이용하기

미국 도서관 시설을 이용하려면 Library card를 만들어야 합니다.
카드를 만들려면 거주지 주소를 확인할 수 있는 신분증을 갖고 도서관에 가서 application form을 적어서 사서에게 제출하면 됩니다.
그밖에 도서관에서 꼭 알아두어야 할 단어 몇 가지.

- **circulation desk** 메인 데스크(대출·반납 등의 업무를 하는 곳)
- **reference materials** 참고서적(대출할 수 없는)
- **periodicals** 정기간행물
- **back issues** 과월호

도서 대출

대출하실 책은 대출계로 가져오세요.
Please take any materials you want to check out to the front desk.
플리즈 테익 애니 머테리얼(ㅅ) 유 원 투 첵 아웃 투 더 프런(ㅌ) 데슥

어떤 종류의 책을 대출하시겠습니까?
What kind of books would you like to check out?
왓 카인 더(ㅂ) 북(ㅅ) 우 쥬 라익 투 첵 아웃

책의 대출과 반납에 대해 설명해 드릴게요.
I'd like to explain about checking out and returning books.
아이(ㄷ) 라익 투 익스플레인 어바웃 체킹 아웃 앤 리터닝 북(ㅅ)

책은 다섯 권까지 대출할 수 있습니다.
There's a limit of 5 books to check out.
데어 서 리밋 어(ㅂ) 파이(ㅂ) 북(ㅅ) 투 첵 아웃

책을 대출하려면 어떻게 해야 되죠?
How can I check out a book?
하우 캔 아이 첵 아웃 어 북

책을 빌리려면 열람 카드가 필요하다.
A library card is a requisite for checking out a book.
어 라입레리 카(ㄹ) 디즈 어 레쿠이짓 포 체킹 아웃 어 북

도서 반납

도서관 책은 내일 아침 9시까지 반납되어야 해.
The library books need to be returned by 9 o'clock tomorrow morning.
더 라입레리 북(ㅅ) 닛 투 비 리턴(ㄷ) 바이 나인 어클락 투머로우 모닝

오늘까지 반납해야 할 책이 있어서 도서관에 가야 해.
I have to go to the library to return some books due today.
아이 해(ㅂ) 투 고 투 더 라입레이 투 리턴 섬 북(ㅅ) 듀 투데이

책을 반납하려고 왔는데요.
I've come here to return this book.
아이(ㅂ) 컴 히어 투 리턴 디스 북

책은 10일 안에 반납해야 합니다.
Each book should be returned in 10 days.
이취 북 슈(ㄷ) 비 리턴 딘 텐 데이(ㅅ)

그 책은 대출되었습니다. 다음 주 월요일에 반납됩니다.
It's been checked out. It's due to next Monday.
잇(ㅊ) 빈 첵 타웃 잇(ㅊ) 듀 투 넥슷 먼데이

기한이 지난 책을 반납하려고요.
I'm returning these books late.
아임 리터닝 디즈 북(ㅅ) 레잇

도서 연체&대출 연장

책 한 권에 하루 50센트씩 벌금을 내셔야 합니다.
There's a fine of 50 cents per book per day.
데어 서 파인 어(ㅂ) 핍티 센(ㅊ) 퍼 북 퍼 데이

도서관에서는 책을 기한 내에 반납하지 않는 사람들에게 연체료를 물린다.
The library will fine people for not returning books by their due date.
더 라입레리 윌 파인 피플 포 낫 리터닝 북(ㅅ) 바이 데어 듀 데잇

이 책은 대출 기한이 한 달이나 지났어요.
The book is 1 month overdue.
더 북 이즈 원 먼쓰 오버듀

책의 대출일을 하루 더 연장했다.
I renewed the library book for another day.
아이 리뉴(ㄷ) 더 라입레리 북 포 러나더 데이

오늘이 반납일인데 책 대출 기한을 연장하고 싶어요.
I'd like to renew the book that's due back today.
아이(ㄷ) 라익 투 리뉴 더 북 댓(ㅊ) 듀 백 투데이

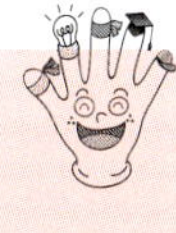

fine 벌금, 연체료
due date 만기일
overdue 지불 기한이 넘은
renew 갱신하다, ~의 기한을 연장하다

미술관&박물관

이번 주말에 저랑 미술관에 갈래요?
Would you take me there this weekend?
우 쥬 테익 미 데어 디스 윅켄(ㄷ)

L 미술관은 무슨 요일에 문을 닫나요?
On what day is the L Art Museum closed?
온 왓 데이 이즈 디 엘 아(ㄹㅌ) 뮤지음 클로즈(ㄷ)

국립미술관에서는 지금 추상파 전시회가 열리고 있어요.
There's an abstractionist show now at National Museum.
데어 선 앱스츠랙셔니슷 쇼우 나우 앳 내셔널 뮤지음

이 미술관에는 볼 만한 것이 아무것도 없네.
There's nothing to see in this gallery.
데어(ㅅ) 나씽 투 시 인 디스 갤러리

박물관 입장권을 사고 싶은데요.
I'd like to buy tickets for the museum.
아이(ㄷ) 라익 투 바이 티킷(ㅊ) 포 더 뮤지음

그 박물관은 연중 개관이다.
The Museum is open all the year round.
더 뮤지음 이즈 오픈 얼 디 이어 라운(ㄷ)

모처럼 왔는데, 박물관이 휴관이라 매우 실망했어.
Though I came to visit the museum all day, it was closed to my great disappointment.
더우 아이 케임 투 비짓 더 뮤지음 얼 데이 잇 워즈 클러즈(ㄷ) 투 마이 그레잇 디서포인먼(ㅌ)

Unit 9 영화관&기타 공연장

영화관

기분 전환하러 영화 보러 가자.
Let's go to a movie for a change.
렛(ㅊ) 고 투 어 무비 포 러 체인쥐

좋은 좌석을 맡기 위해 일찍 영화관에 갈 거야.
I'm going to the theater early so that I may get a good seat.
아임 고잉 투 더 씨어터 어(ㄹ)리 소 댓 아이 메이 겟 어 굿 싯

영화관 앞에서 6시 30분에 만나요.
I'll meet you in front of the theater at 6:30.
아일 밋 유 인 프런 터(ㅂ) 더 씨어터 앳 식(ㅅ) 써(ㄹ)티

이건 극장으로 들어가는 줄이에요.
This is the line to get into the theater.
디스 이즈 더 라인 투 겟 인투 더 씨어터

우리는 선착순으로 영화관에 입장했다.
We entered the cinema on a first-come first-served bases.
위 엔터(ㄷ) 더 시네마 온 어 퍼(ㄹ)슷 컴 퍼(ㄹ)슷 서(ㅂㄷ) 베이시(ㅈ)

영화관에 너무 늦게 도착해서 영화를 처음부터 못 봤어요.
I got to the movie too late to see it from the beginning.
아이 갓 투 더 무비 투 레잇 투 시 잇 프럼 더 비기닝

영화관이 초만원이라서 답답했다.
The theater was overcrowded and stuffy.
더 씨어터 워즈 오버크라우디 댄 스터피

가장 가까운 영화관이 어디에 있습니까?
Where is the nearest movie theater?
웨어 이즈 더 니어리슷 무비 씨어터

그 영화는 C 영화관에서 상영하고 있어요.
It's showing at the C theater.
잇(ㅊ) 쇼윙 앳 더 씨 씨어터

실례지만, 이 자리 누가 맡았나요?
Excuse me, is this seat taken?
익스큐즈 미 이즈 디스 싯 테이큰
Is this seat occupied?
이즈 디스 싯 어큐파이(ㄷ)
Is this seat free[available]?
이즈 디스 싯 프리 [어베일러블]
Is someone sitting here?
이즈 섬원 시딩 히어

비었어요. / 자리 있는데요.
It's free. / It's saved.
잇(ㅊ) 프리 / 잇(ㅊ) 세이(ㅂㄷ)

미국의 영화관

우리나라에서는 영화관에 가면 정해진 좌석이 있지만, 미국은 먼저 가는 사람이 앉으면 임자인 자율좌석제(**rush seating**)입니다. 일찍 도착한 친구가 일행의 자리를 맡아주기 일쑤인데요, 이런 행위는 **save seat**이라고 합니다. 맡아둔 자리에 가방이나 옷 등을 올려 놓아 맡아둔 자리임을 표시해 둡니다.

영화표

아직 그 영화표 구입이 가능한가요?
Are tickets for the movie still available?
아 티킷(ㅊ) 포 더 무비 스틸 어베일러블

그는 영화표를 사려고 줄을 서서 기다렸다.
He waited in line to buy a theater ticket.
히 웨이티 딘 라인 투 바이 어 씨어터 티킷

7시 영화표 두 장 주세요.
Two tickets for the 7 o'clock show, please.
투 티킷(ㅊ) 포 더 세븐 어클락 쇼우 플리즈
I'd like to buy two tickets for the 7 o'clock, please.
아이(ㄷ) 라익 투 바이 투 티킷(ㅊ) 포 더 세븐 어클락 플리즈
Can I buy two tickets for the 7 o'clock?
캔 아이 바이 투 티킷(ㅊ) 포 더 세븐 어클락

7시 표가 남았나요?
Do you have any tickets left for the 7 o'clock?
두 유 해 배니 티킷(ㅊ) 레픗 포 더 세븐 어클락

영화표 샀니?
Did you get our tickets?
디 쥬 겟 아워 티킷(ㅊ)

죄송하지만, 매진입니다.
Sorry, all sold out. / Sorry, that show is sold out.
소리 얼 솔 다웃 / 소리 댓 쇼우 이즈 솔 다웃

영화관에서의 에티켓

영화관에서는 음식을 먹을 수 없습니다.
Food is not allowed in the theater.
푸 디즈 낫 얼라우 딘 더 씨어터

영화 시작 전에 휴대전화를 꺼 두세요.
Turn your cell phone off before the movie starts.
턴 유어 셀 폰 오(ㅍ) 비포 더 무비 스타(ㄹㅊ)

앞 좌석의 의자를 발로 차지 마세요.
Don't kick the front seat.
돈 킥 더 프런(ㅌ) 싯

상영 중 촬영은 금물입니다.
Don't take any photo while the movie is showing.
돈 테익 애니 포토 와일 더 무비 이즈 쇼잉

앞 사람 때문에 화면이 잘 안 보여요.
The man sitting in front of me is blocking the view.
더 맨 시딩 인 프런 터(ㅂ) 미 이즈 블락킹 더 뷰

옆 사람한테 조용히 해 달라고 말 좀 해.
Tell the person next to you to be quiet.
텔 더 퍼(ㄹ)슨 넥슷 투 유 투 비 쿠아이엇

옆으로 좀 옮겨 주실래요?
Would you scoot[move] over, please?
우 쥬 스쿳 [무(ㅂ)] 오버 플리즈

기타 공연

그 연극은 지금 국립극장에서 공연 중이에요.
The play is now being presented at the National Theater.
더 플레이 이즈 나우 비잉 프리젠티 댓 더 내셔널 씨어터

입장권은 14번가 극장 매표소에서 구입할 수 있어요.
Tickets are available at the 14th Street theater box office.
티킷 차 어베일러블 앳 더 포(ㄹ)틴쓰 스츠릿 씨어터 박스 어피스

이 극장에서 자선 공연이 있을 것이다.
There will be a charity performance in this amphitheater.
데어 윌 비 어 채러디 퍼포먼스 인 디스 앰퍼씨어터

저녁에 외식하고 뮤지컬이나 봐요.
Let's go out to dinner and then see a musical.
렛(ㅊ) 고 아웃 투 디너 앤 덴 시 어 뮤지컬

뮤지컬이 20분 후에 시작해요.
The musical starts in 20 minutes.
더 뮤지컬 스타(ㄹ) 친 트웬티 미니(ㅊ)

미국의 영화 등급

- **NC-17(No Children)** 17세 이하 미성년자 관람 불가
- **R (Restricted)**제한조건부 허가. 17세 이하는 부모나 성인보호자 동반 시 관람 가능
- **PG (Parental Guidance Suggested)**보호자의 지도 필요. 연령 제한은 없으나 부모나 보호자의 지도가 요구
- **PG-13 (Parental Guidance-13)**보호자의 엄격한 지도 필요. PG 영화에 속하나 특히 13세 이하 어린이들에게 엄격한 주의와 지도가 요구
- **G (General Audiences)** 연소자 관람가 영화. 연령에 제한 없이 누구나 관람할 수 있는 영화

Unit 10 술집

술집

나는 퇴근 후에 종종 술집에 들른다.
I often visit a bar after work.
아이 오픈 비짓 어 바 애(프)터 워(ㄹㅋ)

이 술집은 제 단골집이에요.
The bar is my hangout.
더 바 이즈 마이 행아웃

우리 단골 술집에서 한잔 할까?
Shall we prop up the bar?
샬 위 프랍 업 더 바

맥주 맛도 기가 막히고 생음악도 있는데.
They have excellent beer and live music.
데이 해 벡설런(ㅌ) 비어 앤 라이(ㅂ) 뮤직

대부분의 술집에는 담배 연기가 자욱하죠.
Smoke hangs in the air in most pubs.
스모욱 행 신 디 에어 인 모슷 펍(ㅅ)

이 술집은 일요일마다 라이브 재즈 공연이 있어요.
The pub has live jazz on Sundays.
더 펍 해즈 라이(ㅂ) 재즈 온 선데이(ㅅ)

술 약속 잡기

저 술집에 가서 맥주 한잔 합시다.
Let's get a beer in that bar.
렛(ㅊ) 겟 어 비어 인 댓 바

오늘 밤에 술집 갈래요?
How about going to the bar tonight?
하우 어바웃 고잉 투 더 바 투나잇

술집에 가서 술이나 한잔 하자.
Let's go to the bar and get a drink.
렛(ㅊ) 고 투 더 바 앤 겟 처 드링(ㅋ)

집에 가는 길에 맥주 한잔 하자.
Let's stop for a beer on the way home.
렛(ㅊ) 스탑 포 러 비어 온 더 웨이 홈

일 끝나면 맥주 한잔 살게요.
I'll buy you a beer when we're done.
아일 바이 유 어 비어 웬 위어 던

맥주 한잔 하죠!
Grab a beer!
그랩 어 비어

집에 가기 전에 긴장도 풀 겸 맥주나 한잔 하자.
Let's have a beer to unwind before we head home.
렛(ㅊ) 해 버 비어 투 언와인(ㄷ) 비포 위 헷 홈

술 권하기

건배!

Cheers! / Cheer up! / Here's to you! / Toast!

취어(ㅅ) / 취어 럽 / 히어(ㅅ) 투 유 / 토우슷

Bottoms up! / Down the hatch! / Kill it!

바덤 섭 / 다운 더 햇취 / 킬 잇

자 맥주를 들어요!

Get ready to chug your beer!

겟 레디 투 척 유어 비어

건배할까요?

May I propose a toast?

메이 아이 프로포즈 어 토우슷

Let's make a toast.

렛(ㅊ) 메익 어 토우슷

뭘 위해 건배할까요?

What shall we drink to?

왓 샬 위 드링(ㅋ) 투

한 잔 더 주세요.

Give me a refill, please.

기(ㅂ) 미 어 리필 플리즈

한 잔 더 할래?

Do you want one more shot?

두 유 원(ㅌ) 원 모어 샷

좀 더 마시자!
Let's drink some more!
렛(ㅊ) 드링(ㅋ) 섬 모어

제가 한 잔 따라 드릴까요?
Could I pour your glass?
쿠 다이 푸어 유어 글래스

오늘 실컷 마시자고!
Let's hit the bottle!
렛(ㅊ) 힛 더 바들

원샷은 내 전공이지.
Bottom's up is my middle name.
바텀 섭 이즈 마이 미들 네임

제가 한 잔 따라 드릴게요.
Let me pour you a drink.
렛 미 푸어 유 어 드링(ㅋ)

음주 관련 단어

·**booze** (구어) 술, 술을 많이 마시다 / ·**put back** (구어) 술을 진탕 마시다
·**gulp=take a gulp** 들이켜다, 벌컥벌컥 마시다·**sip=take a sip** 홀짝홀짝 마시다
·**regular** 단골 / ·**hangout** 단골집 / ·**drunk** 술에 취한 / ·**get drunk** 술에 취하다
·**tipsy** 얼큰히 취한, 술에 취해 비틀거리는 / ·**blitzed** (속어) 술에 취한
·**feel tipsy** 술기운이 돌다 / ·**pass out** (구어) 에 취해 곤드레가 되다, 필름이 끊기다
·**toasted** (구어) 몹시 취한 / ·**got toasted** 완전히 취하다 / ·**mix one's booze** 술을 섞다 / ·**go for another round** 2차 가다 / ·**bar hopping** 술집 전전하기
·**sober up=become sober** 술에서 깨다 / ·**hangover** 숙취
·**drunken driving** 음주 운전 (***DUI;driving under the influence of alcohol DWI;driving while intoxicated)**
·**breathalyzer =drunkometer** 음주 측정기

술 고르기

술은 뭘로 할래요?
What's your poison?
왓 츄어 포이즌

우선 맥주부터 드실래요?
Do you want to have a beer first?
두 유 원 투 해 버 비어 퍼(ㄹ)슷

맥주를 더 할래요, 아니면 위스키를 드실래요?
Would you like another beer or a shot of whiskey?
우 쥬 라익 어나더 비어 오어 어 샷 어(ㅂ) 위스키

다시 생각해 보니 맥주가 좋겠네요.
On second thought, make it a beer.
온 세컨(ㄷ) 쏘웃 메익 잇 어 비어

스카치위스키를 얼음에 타 주세요.
Scotch on the rocks, please.
스캇취 온 더 락(ㅅ) 플리즈

위스키에 물을 타 줄래요?
Could I have a whisky and water, please?
쿠 다이 해 버 위스키 앤 워터 플리즈

안주 고르기

안주로는 뭐가 있나요?
What are the cocktail dishes?
왓 아 더 칵테일 디쉬(ㅈ)
What is the appetizer?
왓 이즈 디 애피타이저

술 마시면서 안주를 좀 더 시켜요.
Let's order some more side dishes while we drink.
렛(ㅊ) 오더 섬 모어 사이드 디쉬(ㅈ) 와일 위 드링(ㅋ)

이건 와인과 어울리는 안주예요.
This goes very well with wine.
디스 고즈 베리 웰 윗 와인

맥주랑 같이 뭘 드실래요?
What would you like to have with your beers?
왓 우 쥬 라익 투 해(ㅂ) 윗 유어 비어(ㅅ)

술안주로는 이게 최고죠.
It's a capital accompaniment of drinks.
잇 처 캐피틀 어컴패니먼 터(ㅂ) 드링(ㅅ)

안주로 먹을 만한 게 없는데요.
There is nothing good to eat with our drinks.
데어 이즈 나씽 굿 투 잇 윗 아워 드링(ㅅ)

맥주 안주가 아무 것도 없어요.
I have nothing to take with beer.
아이 해(ㅂ) 나씽 투 테익 윗 비어

클럽

클럽에 가서 춤추는 건 어때요?
Why don't you go dancing in a club?
와이 돈 츄 고 댄싱 인 어 클럽

그 클럽은 몇 시에 열어요?
When does the club open?
웬 더즈 더 클럽 오픈

그 클럽 입장료가 얼마야?
How much is it the cover charge of the club?
하우 머취 이즈 잇 더 커버 차(ㄹ)쥐 어(ㅂ) 더 클럽

요즘 뜨는 클럽이 어디야?
What club is hip these days?
왓 클럽 이즈 힙 디즈 데이(ㅅ)

오늘 클럽에 가서 신나게 놀자.
Let's go out on the town tonight.
렛(ㅊ) 고 아웃 온 더 타운 투나잇

팁이 필요 없는 음식점

종업원의 서비스를 받지 않고 본인이 직접 음식을 받아오는 패스트푸드점이나 구내식당의 경우에는 팁을 주지 않아도 됩니다.
뷔페 식당의 경우에는 음식을 직접 가져와서 먹지만 종업원이 접시를 치워주는 등 기본적인 서비스를 제공하기 때문에 일반 음식점보다 적은 액수인 10% 정도를 팁으로 주면 됩니다.

Unit 11 파티

파티 전

파티 준비는 잘 되어가니?
Are the party preparations coming along well?
아 더 파(ㄹ)티 프리패어레이션(ㅅ) 커밍 어롱 웰

그녀는 파티 준비하느라 법석을 떨었다.
She had much ado to prepare the party.
쉬 해(ㄷ) 머취 어두 투 프리페어 더 파(ㄹ)티

우리는 Liz를 위해 깜짝 파티를 계획하고 있어.
We are planning a surprise party for Liz.
위 아 플래닝 어 서프라이즈 파(ㄹ)티 포 리즈

파티에 뭘 입고 갈까?
What should I wear to the party?
왓 슈 다이 웨어 투 더 파(ㄹ)티

파티에 제가 가져갈 게 있나요?
Should I bring anything to the party?
슈 다이 브링 애니씽 투 더 파(ㄹ)티

파티에 함께 갈 파트너가 없어.
I don't have a date for the party.
아이 돈 해 버 데잇 포 더 파(ㄹ)티

어디에서 파티 하지?
Where should we have the party?
웨어 슈 뒤 해(ㅂ) 더 파(ㄹ)티

파티 준비하느라 애 많이 썼어.
You took great pains to put together the party.
유 툭 그레잇 페인(ㅅ) 투 풋 투게더 더 파(ㄹ)티

파티를 신나게 즐기자!
Let's get naked for the party!
렛(ㅊ) 겟 네이키(ㄷ) 포 더 파(ㄹ)티

파티는 우리 집에서 7시에 시작해요.
It starts at 7 o'clock in my house.
잇 스타(ㄹ) 챗 세븐 어클락 인 마이 하우스

파티는 몇 시에 끝나요?
What time will the party be over?
왓 타임 윌 더 파(ㄹ)티 비 오버

파티에 몇 사람이 오죠?
How many people are going to be at the party?
하우 메니 피플 아 고잉 투 비 앳 더 파(ㄹ)티

아쉽지만 파티에 갈 수 없어요.
I am sorry to say I can't come to the party.
아이 앰 소리 투 세이 아이 캔 컴 투 더 파(ㄹ)티

우리는 그 파티를 일주일 연기했다.
We delayed the party for a week.
위 딜레이(ㄷ) 더 파(ㄹ)티 포 러 윅

파티 초대

파티에 올래?

Would you like to come to my party?

우 쥬 라익 투 컴 투 마이 파(ㄹ)티

Can you make it to the party?

캔 유 메익 잇 투 더 파(ㄹ)티

Are you going to come to my party?

아 유 고잉 투 컴 투 마이 파(ㄹ)티

나도 파티에 좀 끼워 줘.

Count me in for the party.

카운(ㅌ) 미 인 포 더 파(ㄹ)티

Nancy는 날 파티에 초대해 줬어.

Nancy asked me to the party.

낸시 애슥(ㅌ) 미 투 더 파(ㄹ)티

파티에 초대받지 않았는데 가도 될까요?

Mind if I crash your party?

마인 디 파이 크래쉬 유어 파(ㄹ)티

Jack은 파티의 흥을 깨잖아, 그를 초대하지 말자.

Jack often takes the gloss off of a party, I don't want to invite him.

잭 오픈 테익(ㅅ) 더 글러스 오 퍼 버 파(ㄹ)티 아이 돈 원 투 인바잇 힘

이 파티는 초대장을 받은 사람만 올 수 있어요.

This party is by invitation only.

디스 파(ㄹ)티 이즈 바이 인비테이션 온리

파티 후

파티가 끝내줬어.
The party was whipped. / That was quite a party.
더 파(ㄹ)티 워즈 윕(ㅌ) / 댓 워즈 쿠아잇 어 파(ㄹ)티

정말 최고의 파티였어요.
It was sure a swell party.
잇 워즈 슈어 어 스웰 파(ㄹ)티

파티는 정말 재미있었어요.
We got a kick out of the party.
위 갓 어 킥 아웃 어(ㅂ) 더 파(ㄹ)티

파티가 지루해서 나도 따분해 죽겠는데.
The party is boring, and I'm bored to death.
더 파(ㄹ)티 이즈 버링 앤 아임 버(ㄹㄷ) 투 데쓰

파티가 정말 근사했어.
Some party. / The party was really rad.
섬 파(ㄹ)티 / 더 파(ㄹ)티 워즈 리얼리 래(ㄷ)

파티가 완전 엉망으로 끝났어.
The party was a total disaster.
더 파(ㄹ)티 워즈 어 토들 디재스터

파티가 보잘것없던데.
The party was a dull affair.
더 파(ㄹ)티 워즈 어 덜 어페어

다양한 파티

그녀는 집들이 파티를 토요일에 할 거야.
Her housewarming party will be held on Saturday.
허 하우스워밍 파(ㄹ)티 윌 비 헬 돈 새터데이

내 생일 파티에 초대할게.
I'd like to invite you to my birthday party.
아이(ㄷ) 라익 투 인바잇 유 투 마이 버(ㄹ)쓰데이 파(ㄹ)티
Come to my birthday party.
컴 투 마이 버(ㄹ)쓰데이 파(ㄹ)티

누가 댄스 파티를 주관해?
Who is hosting the dance party?
후 이즈 호스팅 더 댄스 파(ㄹ)티

Sam에게 송별 파티를 열어 주는 건 어때요?
How about giving Sam a farewell party?
하우 어바웃 기빙 샘 어 페어웰 파(ㄹ)티

다양한 파티 1

·**barbecue party** 바비큐 파티
(집 뒤뜰이나 공원에서 고기를 구워 먹는 파티)
·**cocktail party** 칵테일 파티
(공식적인 행사 뒤에 칵테일과 간단한 안주거리가 준비됨)
·**dinner party** 저녁 식사 모임
·**garden party** 가든 파티 (뒤뜰이나 정원에서 하는 파티로 다양한 규모로 열림)
·**home-coming party** 홈커밍 파티
(멀리 떠나 있던 사람이 고향이나 모교를 방문할 때)

이건 자기가 마실 음료는 본인이 들고 가는 파티라고.
The party is BYOB.
더 파(ㄹ)티 이즈 비와이오비

결국 졸업생 파티에 오기로 했구나.
You decided to come to the prom after all.
유 디사이디(ㄷ) 투 컴 투 더 프럼 애(ㅍ)터 얼

오늘 크리스마스 파티에 올 거야?
Are you attending the Christmas party today?
아 유 어텐딩 더 크리(ㅅ)머(ㅅ) 파(ㄹ)티 투데이

할로윈 파티에 아이들을 데리고 오세요.
Bring your kids to the Halloween party.
브링 유어 키(ㅈ) 투 더 핼로윈 파(ㄹ)티

LA로 송년 파티 가는 건 어때요?
How about going to the New Year's Eve party in LA?
하우 어바웃 고잉 투 더 뉴 이어(ㅅ) 이(ㅂ) 파(ㄹ)티 인 엘에이

- **BYOB** Bring Your Own Bottle의 준 말
(혹시 파티 초대장에 이 문구가 써 있다면, 자신이 마실 음료수를 챙겨 가야 함)
- **prom** 고등학교나 대학교에서 학년말에 공식적으로 여는 댄스 파티
- **bachelorette party** 젊은 독신 여성의 파티

남자들끼리 총각 파티를 할 거라는데.
There will be a bachelor's party only for men.
데어 윌 비 어 배춰러(ㅅ) 파(ㄹ)티 온리 포 멘

그녀는 날 파자마 파티에 초대했어.
She invited me to a slumber party.
쉬 인바이티(ㄷ) 미 투 어 슬럼버 파(ㄹ)티

Jenny를 위해서 신부 파티를 열어 줄 거야.
We're throwing a bridal shower for Jenny.
위어 쓰로윙 어 브라이덜 샤워 포 제니

그녀를 위해 출산 파티를 열어 주자.
Let's throw a baby shower for her.
렛(ㅊ) 쓰로우 어 베이비 샤워 포 허

다양한 파티 2

·**potluck party** 포틀럭 파티 (각자 음식을 가져와 나누어 먹는 파티)
·**Thanksgiving party** 추수감사절 파티
(11월 넷째 목요일이 추수감사절로 칠면조 구이를 놓고 한 해 동안의 일에 대해 감사하는 마음을 나눔)

Chapter

06

그녀는 변덕쟁이!

Unit 1 좋은 감정

Unit 2 좋지 않은 감정

Unit 3 성격

Unit 4 기호

Unit 1 좋은 감정

기쁘다

몹시 기뻐요.
I'm overjoyed.
아임 오버조이(ㄷ)

기뻐서 펄쩍 뛸 것 같아요.
I'm about ready to jump out my skin.
아임 어바웃 레디 투 점 파웃 마이 스킨

날듯이 기뻤어요.
I jumped for joy. / I was walking on air now.
아이 점(ㅌ) 포 조이 / 아이 워즈 워킹 온 에어 나우

콧노래라도 부르고 싶은 기분이에요.
I feel like humming.
아이 필 라익 허밍

아주 기뻐서 말이 안 나와요.
I'm so happy, I don't know what to say.
아임 소 해피 아이 돈 노우 왓 투 세이

내 평생에 가장 기뻤어요.
Nothing could be more wonderful in my life.
나씽 쿠(ㄷ) 비 모어 원더풀 인 마이 라입

그거 기쁜 일이네요.
That's my pleasure.
댓(ㅊ) 마이 플레져

그 말을 들으니 기뻐요.
I'm pleased to hear that.
아임 플리즈(ㄷ) 투 히어 댓

당신을 만나서 정말 기쁜데.
I'm very glad to see you.
아임 베리 글랫 투 시 유

당신과 함께해서 즐거웠어요.
I enjoyed having you.
아이 인조이(ㄷ) 해빙 유

그들은 아주 들떠 있어요.
They are juiced.
데이 아 쥬스(ㄷ)
They are hyped.
데이 아 하입(ㅌ)
They are pumped up.
데이 아 펌(ㅍ) 텁

백만장자가 된 느낌이에요.
I feel like a million bucks.
아이 필 라익 어 미얼리언 벅(ㅅ)

행복하다

난 행복해요.
I'm happy.
아임 해피

더 이상 행복할 수 없어요.
I couldn't be happier with it.
아이 쿠든(ㅌ) 비 해피어 윗 잇

내 인생에 이보다 더 행복했던 적은 없었어요.
I've never been happier in my life.
아이(ㅂ) 네버 빈 해피어 인 마이 라입

하나님 감사합니다!
Thank heavens!
쌩(ㅋ) 헤븐(ㅅ)

꿈만 같아요.
It's just too good to be true.
잇(ㅊ) 저슷 투 굿 투 비 츠루

당신 때문에 아주 행복해요.
I'm very happy for you.
아임 베리 해피 포 유

그는 행복에 넘쳐 있어.
His cup runs over.
히스 컵 런 소버

안심하다

정말 안심했어요!
What a relief! / That´s a relief!
왓 어 릴립 / 댓 처 릴립
It´s a weight off my mind! / That´s a load off my shoulders!
잇 처 웨잇 오(ㅍ) 마이 마인(ㄷ) / 댓 처 로 도(ㅍ) 마이 쇼울더(ㅅ)

그 소식을 들으니 안심이 되요.
I'm relieved to hear the news.
아임 릴리(ㅂㄷ) 투 히어 더 뉴(ㅅ)

마음이 편해요.
My mind is at ease.
마이 마인 디즈 앳 이즈

안심해.
Be assured.
비 어슈어(ㄷ)

너무 안심하지 마.
Don't be too sure of it.
돈 비 투 슈어 어 빗

그 문제는 안심하셔도 되요.
You can put that matter to rest.
유 컨 풋 댓 매더 투 레슷
Set your mind at rest about that.
셋 유어 마인 댓 레슷 어바웃 댓
You may take it easy on that matter.
유 메이 테익 잇 이지 온 댓 매더

만족하다

정말 만족스러워요.
I'm completely contented.
아임 컴플릿리 컨텐티(ㄷ)

현재 대 만족이에요.
I'm very well as I am.
아임 베리 웰 애 자이 앰

나는 그것에 만족해요.
I'm satisfied[gratified/happy/quite pleased] with it.
아임 새티스파이(ㄷ) [그래티파이(ㄷ) / 해피 쿠아잇 / 플리즈(ㄷ)]윗 잇
It's alright with me.
잇 철라잇 윗 미

만족스러운 결과였어요.
It was a result right enough.
잇 워즈 어 리절(ㅌ) 라잇 이넙
The result was quite satisfactory.
더 리절(ㅌ) 워즈 쿠아잇 새티스팩터리

그는 그 생각에 매우 만족해 했어요.
He was highly tickled at the idea.
히 워즈 하이리 틱클 댓 디 아이디어
He turned up his thumb to the idea.
히 턴 덥 히스 썸 투 디 아이디어

그는 스스로 만족하고 있다.
He wills himself into contentment.
히 윌(ㅅ) 힘셀 핀투 컨텐먼(ㅌ)

재미있다

아주 재미있어요!
How exciting!
하우 익사이딩

정말 즐거워요!
What a lark!
왓 어 락

멋진 생각이에요!
That sounds great!
댓 사운(ㅈ) 그레잇
That's a wonderful idea!
댓 처 원더풀 아이디어
That would be nice! / Good idea!
댓 우(ㄷ) 비 나이스 / 굿 아이디어

즐거운 시간을 보냈어요.
I had the time of my life.
아이 해(ㄷ) 더 타임 어(ㅂ) 마이 라입

즐거워요.
I'm having fun.
아임 해빙 펀

아주 재미있어서 웃음이 멈추질 않아요.
It's so funny that I can't stop laughing.
잇(ㅊ) 소 퍼니 댓 아이 캔(ㅌ) 스탑 래핑

Unit 2 좋지 않은 감정

슬프다

슬퍼요.
I'm feeling sad.
아임 필링 새(ㄷ)
I feel miserable.
아이 필 미저러블
I'm feeling rather sad.
아임 필링 래더 새(ㄷ)

우울해요.
I feel blue. / I am in a dark mood.
아이 필 블루 / 아이 엠 인 어 다(ㄹㅋ) 무(ㄷ)

너무 괴로워요.
I'm distressed.
아임 디(ㅅ)츠레스(ㄷ)

절망적이에요.
I feel hopeless. / I'm in a no-win situation now.
아이 필 홉리스 / 아임 인 어 노 윈 시츄에이션 나우

마음이 공허해요.
I feel empty.
아이 필 엠티

세상이 끝나는 것 같아요.
I feel like the world is coming to an end.
아이 필 라익 더 워(ㄹ) 디즈 커밍 투 언 엔(ㄷ)

더 이상 아무 희망이 없어요.
There's just no more hope.
데어(ㅅ) 저슷 노 모어 홉

마음이 아파요.
I'm grieving. / I'm heartbroken.
아임 그리빙 / 아임 하(ㄹㅌ)브로우큰

가슴이 찢어지는 것 같았어요.
My heart broke.
마이 하(ㄹㅌ) 브로욱

슬퍼서 울음이 나올 것 같아요.
I'm so sad I could cry.
아임 소 새 다이 쿠(ㄷ) 크라이
I feel like crying.
아이 필 라익 크라잉

눈이 빠지도록 울었어요.
I cried my eyes out.
아이 크라이(ㄷ) 마이 아이 사웃

지금 농담할 기분이 아니에요.
I'm not in the mood for jokes.
아임 낫 인 더 무(ㄷ) 포 조욱(ㅅ)

실망하다

실망이야!
How very disappointing! / What a let down!
하우 베리 디서포인팅 / 왓 어 렛 다운

그거 실망인데.
That disappointed me. / That's disappointing.
댓 디서포인티(ㄷ) 미 / 댓(ㅊ) 디서포인팅

네게 실망했어.
I'm disappointed in you. / You really let me down.
아임 디서포인티 딘 유 / 유 리얼리 렛 미 다운

모두 허사라니!
What a waste!
왓 어 웨이슷

시간 낭비였어.
It was a waste of time.
잇 워즈 어 웨이슷 어(ㅂ) 타임

노력이 허사가 되어 버렸어.
All my efforts were wasted.
얼 마이 에포(ㄹ) 춰 웨이스티(ㄷ)

그 소식을 듣고 가슴이 철렁 내려앉았다.
My heart sank when I heard the news.
마이 하(ㄹㅌ) 생(ㅋ) 웬 아이 허(ㄹㄷ) 더 뉴(ㅅ)

화내다

너무 화가 나요.
I'm very annoyed. / I'm pissed off.
아임 베리 어노이(ㄷ) / 아임 피스 토(ㅍ)

그 때문에 열받았어.
He ticked me off.
히 틱(ㅌ) 미 오(ㅍ)

끔찍해!
How awful!
하우 어풀

젠장!
Damn it!
댐 잇

닥쳐!
Shut up!
셧 업

화내는 사람을 진정시킬 때

감정이 격해진 사람을 앞에 두고, 뭐라고 하면 좋을 까요? 다음 표현을 기억해 두었다가 써 먹어 보세요!

- **Calm down!** 진정해!
- **It's no big deal.** 별일도 아니잖아.
- **Why are you so angry?** 뭐 때문에 화가 난 거예요?
- **Please don't get angry.** 화내지 마세요.
- **There's no reason to get so angry.** 그렇게 화낼 이유가 없잖아요.

화가 나서 등골이 떨릴 정도야.
It gives me the creeps.
잇 기(ㅂㅅ) 미 더 크립(ㅅ)

너 때문에 화가 나서 미치겠어.
You burn me up. / You drive me crazy.
유 번 미 업 / 유 드라이(ㅂ) 미 크레이지
You make me sick. / You really make me angry.
유 메익 미 식 / 유 리얼리 메익 미 앵그리
I'm so mad at you.
아임 소 매 댓 유

더 이상은 못 참겠어.
Enough is enough.
이넙 이즈 이넙
I can't stand you.
아이 캔(ㅌ) 스탠 쥬
I can't take it any more.
아이 캔(ㅌ) 테익 잇 애니 모어

참는 것도 한도가 있어.
My patience is worn out.
마이 페이션스 이즈 원 아웃
This is the limit. I'm out of patience with you.
디스 이즈 더 리밋 아임 아웃 어(ㅂ) 페이션스 윗 유

도대체 뭐 하자는 거야?
What kind of question is it?
왓 카인 더(ㅂ) 쿠에스천 이즈 잇

밉다

나는 그의 미움을 샀어요.
I got on his bad side.
아이 갓 온 히스 뱃 사이드
He is very down on me.
히 이즈 베리 다운 온 미
They are in hatred of us.
데이 아 인 헤이츠리 더(ㅂ) 어스

증오심이 치밀어 올라요.
Hatred rises within me.
헤이츠리(ㄷ) 라이(ㅈ) 위딘 미

나는 성범죄를 증오해요.
I have sexual crimes in detestation.
아이 해(ㅂ) 섹슈얼 크라임 신 디테스테이션

그는 증오의 눈으로 나를 보았어요.
He looked at me with hatred in his eyes.
히 룩 탯 미 윗 헤이츠리 딘 히스 아이(ㅅ)

그는 주는 것 없이 미워.
I have an antipathy against him.
아이 해 번 앤티퍼씨 어게인슷 힘

왜 그렇게 선생님을 미워하니?
Why do you have it in for your teacher so badly?
와이 두 유 해 빗 인 포 유어 티춰 소 뱃리

억울하다

그건 억울해요.
You do me wrong. /I'm innocent of the charge.
유 두 미 롱 / 아임 이노선 터(ㅂ) 더 차(ㄹ)쥐

나는 억울함에 눈물을 흘렸다.
I shed tears in my mortification.
아이 쉐(ㄷ) 티어 신 마이 모티피케이션

나는 그 소식을 듣고 억울해서 어쩔 줄 몰랐다.
I was hotly indignant upon hearing the news.
아이 워즈 핫리 인딕넌(ㅌ) 어판 히어링 더 뉴(ㅅ)

그는 억울하게 체포됐다.
He was arrested on a false charge.
히 워즈 어레스티 돈 어 펄(ㅅ) 차(ㄹ)쥐
He was falsely accused.
히 워즈 펄(ㅅ)리 어큐즈(ㄷ)

그는 나에게 억울함을 호소했다.
He complained of an injustice to me.
히 컴플레인 더 번 인저스티스 투 미

억울하면 출세해.
It's good to be the boss.
잇(ㅊ) 굿 투 비 더 보스

왜 그렇게 분한 거야?
Why are you so worked up?
와이 아 유 소 워(ㄹㅋ) 텁

후회하다

후회 막심이에요.

I feel awfully sorry. / I have so many regrets.

아이 필 어풀리 소리 / 아이 해(ㅂ) 소 메니 리그렛(ㅊ)

그에게 사과했어야 하는 건데.

I would have apologized to him.

아이 우(ㄷ) 해 버폴러자이즈(ㄷ) 투 힘

내가 왜 그랬는지 후회가 되요.

I have come to worry over why I did that.

아이 해(ㅂ) 컴 투 워리 오버 와이 아이 디(ㄷ) 댓

난 후회하지 않아.

I don't have any regrets.

아이 돈(ㅌ) 해 배니 리그렛(ㅊ)

I have no regret on that score.

아이 해(ㅂ) 노 리그렛 온 댓 스코어

난 후회해 본 적 없어.

I've never regretted about it.

아이(ㅂ) 네버 리그레티 더바웃 잇

나중에 후회하게 될 거야.

Someday you'll be sorry.

섬데이 유일 비 소리

Someday you'll regret it.

섬데이 유일 리그렛 잇

You shall repent this.

유 샬 리펜(ㅌ) 디스

부끄럽다

제 자신이 부끄럽습니다.
I'm ashamed of myself.
아임 어쉐임 더(ㅂ) 마이셀(ㅍ)

제가 그렇게 해서 창피해요.
I'm ashamed that I did that.
아임 어쉐임(ㄷ) 댓 아이 디(ㄷ) 댓
I feel mean for what I have done.
아이 필 민 포 왓 아이 해(ㅂ) 던

전 천성적으로 수줍음을 잘 타요.
I'm very shy by nature.
아임 베리 샤이 바이 네이쳐

그녀는 부끄러움에 얼굴을 붉혔다.
She blushed for shame. / She turned red for shame.
쉬 블러쉬(ㅌ) 포 쉐임 / 쉬 턴(ㄷ) 레(ㄷ) 포 쉐임

부끄러움에 귀가 화끈거렸다.
My ears burned in embarrassment.
마이 이어(ㅅ) 번 딘 임배러스먼(ㅌ)

난 사진 찍히는 게 부끄러워.
I'm camera-shy.
아임 캐머라 샤이

그녀는 수줍어서 낯선 사람과 말을 못 해요.
She is too shy to speak to strangers.
쉬 이즈 투 샤이 투 스픽 투 스츠레인저(ㅅ)

걱정하다

무슨 일 있어요?

What's the matter with you?

왓(ㅊ) 더 매더 윗 유

What's wrong with you?

왓(ㅊ) 롱 윗 유

What's the problem?

왓(ㅊ) 더 프라블럼

Is anything wrong?

이즈 애니씽 롱

Is something wrong with you?

이즈 섬싱 롱 윗 유

걱정거리가 있어요?

What's bothering you?

왓(ㅊ) 바더링 유

What's your worry?

왓(ㅊ) 유어 워리

Are you in some kind of trouble?

아 유 인 섬 카인 더(ㅂ) 츠러블

Do you have something on your mind?

두 유 해(ㅂ) 섬씽 온 유어 마인(ㄷ)

왜 그렇게 초조해하고 있어?

What are you fretting over?

왓 아 유 프레딩 오버

정말 걱정이 되요.

I'm really concerned about it.

아임 리얼리 컨썬 더바웃 잇

오늘 기분이 안 좋아 보이는데.
You look under the weather today.
유 룩 언더 더 웨더 투데이
You look down today.
유 룩 다운 투데이

지금 너무 초조해요.
I'm on the edge right now.
아임 온 디 엣쥐 라잇 나우

심장이 두근거려.
My heart is pounding like a drum.
마이 하(ㄹ) 티즈 파운딩 라익 어 드럼

한숨도 못 잤어.
I have not slept a wink.
아이 해(ㅂ) 낫 슬렙 터 윙(ㅋ)

이제 어떡하지?
What shall I do now?
왓 쉘 아이 두 나우

걱정할 거 없어.
Don't worry about it.
돈(ㅌ) 워리 어바웃 잇
You have nothing to worry about.
유 해(ㅂ) 나씽 투 워리 어바웃

무섭다

무서워요.
I'm scared.
아임 스케어(ㄷ)

무서워 죽는 줄 알았어.
I was scared to death.
아이 워즈 스케어(ㄷ) 투 데쓰

소름 끼쳐.
It made my skin crawl. / That gave me the creeps.
잇 메잇 마이 스킨 크럴 / 댓 게이(ㅂ) 미 더 크립(ㅅ)

그 생각만 하면 무서워요.
I dread the thought of that.
아이 드레(ㄷ) 더 쏘웃 어(ㅂ) 댓

등골에 땀이 나요.
I have perspiration on my back.
아이 해(ㅂ) 퍼스피레이션 온 마이 백

간 떨어질 뻔 했어요.
I almost dropped a load.
아이 얼모슷 드랍 터 로(ㄷ)

무서워하지 마!
Don't be scared! / Never fear!
돈 비 스케어(ㄷ) / 네버 피어

놀라다

맙소사!

Oh, my God! / Oh, God! / Oh, Lord! / Oh, dear!

오 마이 갓 / 오 갓 / 오 로(ㄷ) / 오 디어

Oh, my goodness! / Goodness me!

오 마이 굿니스 / 굿니스 미

Bless my soul! / Mercy me!

블레스 마이 소울 / 머(ㄹ)시 미

놀라운걸!

What a surprise! / That's amazing!

왓 어 서프라즈 / 댓 처메이징

굉장해!

That's awesome! / That's terrific! / Fantastic!

댓 처섬 / 댓(ㅊ) 테러픽 / 팬터스틱

믿을 수 없어!

Incredible! / I don't believe it!

인크레더블 / 아이 돈(ㅌ) 빌리 빗

말도 안 돼!

No way!

노 웨이

설마!

Not really! / You don't say so!

낫 리얼리 / 유 돈 세이 소

농담이죠!

No kidding!

노 키딩

Are you kidding me?

아 유 키딩 미

You're pulling my leg, aren't you?

유어 풀링 마이 렉 안 츄

농담 그만해.

Stop joking around.

스탑 조우킹 어라운(ㄷ)

진심이야?

Are you serious?

아 유 시리어(ㅅ)

그럴 리 없어!

It can't be true! / I can't believe it!

잇 캔(ㅌ) 비 츠루 / 아이 캔(ㅌ) 빌리 빗

내 눈을 믿을 수가 없어.

I couldn't believe my eyes.

아이 쿠든(ㅌ) 빌리(ㅂ) 마이 아이(ㅈ)

face와 관련된 idiom

face라고 해도 신체의 얼굴만 의미하진 않아요.
관용어로 쓰이는 표현들을 보며, 의미를 잘못 이해하지 않도록 주의하세요.

·**lose face** 체면을 잃다 / ·**save face** 체면을 지키다

·**Let's face it.** 현실을 직시해. / ·**About face!** 뒤로 돌아!

·**Was my face red.** 창피해서 얼굴이 홍당무가 되었다.

·**Bag your face!** 꺼져!

금시초문이야!
That's news to me!
댓(ㅊ) 뉴(ㅅ) 투 미

깜짝 놀랐어.
I was frightened.
아이 워즈 프라이튼(ㄷ)
I was completely surprised.
아이 워즈 컴플릿리 서프라이즈(ㄷ)

그 소식을 듣고 매우 놀랐어요.
I was very surprised to hear that.
아이 워즈 베리 서프라이즈(ㄷ) 투 히어 댓
I was shocked to hear the news.
아이 워즈 샥(ㅌ) 투 히어 더 뉴(ㅅ)
I was astonished to hear the news.
아이 워즈 어스토니쉬(ㅌ) 투 히어 더 뉴(ㅅ)

놀라서 말도 안 나오는데.
I'm dumbstruck. / I'm speechless.
아임 덤스츠럭 / 아임 스피취리스

전혀 예상 밖이야.
It was totally unexpected.
잇 워즈 토들리 언익스펙티(ㄷ)
No one would've guessed.
노 원 우(ㄷㅂ) 게스(ㅌ)

마른 하늘에 날벼락이야!
That's a bolt out of the blue!
댓 처 볼 타웃 어(ㅂ) 더 블루

지겹다

정말 지루했어.
It was so boring.
잇 워즈 소 버링

지루해서 죽을 뻔 했어.
I'm bored to death.
아임 버(ㄹㄷ) 투 데쓰

이젠 질렸어.
I'm sick and tired of it. / I'm fed up with it.
아임 식 앤 타이어 더 빗 / 아임 페 덥 윗 잇

그런 말은 이제 듣기에도 지겨워.
It's disgusting even to hear.
잇(ㅊ) 디스거스팅 이븐 투 히어

생각만 해도 지긋지긋해.
It makes me sick even to think of it.
잇 메익(ㅅ) 미 식 이븐 투 씽 커 빗

오늘 하루는 지겹게도 길었어.
The day went so slowly.
더 데이 웬(ㅌ) 소 슬로우리
It's been such a long day.
잇(ㅊ) 빈 서취 어 롱 데이

귀찮다

정말 귀찮아!
What a nuisance! / How annoying!
왓 어 뉴선스 / 하우 어노잉

넌 정말 귀찮아.
You're very trying.
유어 베리 츠라잉
You are bothering me.
유 아 바더링 미
You are bugging me.
유 아 버깅 미

좀 내버려 둬.
Don't bother me.
돈 바더 미
Leave me alone.
리(ㅂ) 미 어론
Don't put me to trouble.
돈 풋 미 투 츠러블

귀찮아 죽을 것 같아.
I'm plagued to death.
아임 플레익(ㄷ) 투 데쓰

제발 좀 비켜.
Please buzz off.
플리즈 버 조(ㅍ)

짜증나다

정말 짜증나.

How irritating.

하우 이리테이딩

I'm really pissed off.

아임 리얼리 피스 터(ㅍ)

I'm a nervous wreck.

아이 어 너버(ㅅ) 렉

걔 때문에 너무 짜증나.

He frustrates me to no end.

히 프러스츠레이(ㅊ) 미 투 노 엔(ㄷ)

He really annoyed me.

히 리얼리 어노이(ㄷ) 미

He really ticked me off.

히 리얼리 틱(ㅌ) 미 오(ㅍ)

너랑 같이 있으면 짜증나.

I'm peed off with you.

아임 피 도(ㅍ) 윗 유

정말 스트레스 쌓여.

It's really stressful.

잇(ㅊ) 리얼리 스츠레스풀

당장 그만둬! 넌 정말 짜증나.

Stop that right now! You are getting under my skin.

스탑 댓 라잇 나우 유 아 게딩 언더 마이 스킨

아쉽다

아쉽네요!
That's too bad! / What a pity (it is)!
댓(ㅊ) 투 뱃 / 왓 어 피디 [잇 이즈]

그거 유감이네요.
That's a shame.
댓 처 쉐임

그렇게 노력했는데 허사가 됐구나.
All that for nothing.
얼 댓 포 나씽

그건 꼭 봤어야 했는데.
I should've seen it.
아이 슈(ㄷㅂ) 신 잇

그건 피할 수 있었을텐데.
That could be avoided.
댓 쿠(ㄷ) 비 어보이디(ㄷ)

아쉽지만 이만 가야겠어요.
I'm afraid I must leave now.
아임 어(ㅍ)레이 다이 머슷 리(ㅂ) 나우

아쉽게도 그를 만날 수 없었어요.
To my regret, I couldn't meet him.
투 마이 리그렛 아이 쿠든(ㅌ) 밋 힘

긴장하다

좀 긴장되는데.
I'm a little nervous right now.
아임 어 리들 너버(ㅅ) 라잇 나우

긴장하고 있어요.
I'm on the ball. / I'm tense.
아임 온 더 볼 / 아임 텐스

마음이 조마조마해.
I've got butterflies in my stomach.
아이(ㅂ) 갓 버더플라이 진 마이 스토먹

안절부절이에요.
I feel like I have ants in my pants.
아이 필 라익 아이 해 밴 친 마이 팬(ㅊ)

무릎이 덜덜 떨려요.
My knees are shaking.
마이 니 사 쉐이킹

손이 땀으로 흠뻑 젖었어.
My hands are sweaty.
마이 핸 자 스웨티

그렇게 긴장하지 마.
Try not to be so nervous. / Calm your nerves.
츠라이 낫 투 비 소 너버(ㅅ) / 컴 유어 너(ㅂㅅ)

불평하다

불평 좀 그만해.
Quit your bitching and moaning.
쿠잇 유어 빗칭 앤 모운잉
Keep your complaints to yourself.
킵 유어 컴플레인(ㅊ) 투 유어셀(ㅍ)
Stop your bellyaching.
스탑 유어 벨리에이킹

또 불평이야.
You're always complaining.
유어 얼웨이즈 컴플레이닝

그렇게 투덜거리지 마!
Never grumble so!
네버 그럼블 소

너무 그러지 마.
Why don't you give it a rest?
와이 돈 츄 기 빗 어 레슷

나한테 불만 있어?
Do you have something against me?
두 유 해(ㅂ) 섬씽 어게인슷 미

뭐가 그렇게 불만이야?
What are you complaining about?
왓 아 유 컴플레이닝 어바웃
What are you so dissatisfied about?
왓 아 유 소 디재디스파이 더바웃

신경질적이다

그는 신경질적인 기질을 가졌다.

He has a nervous temperament.

히 해즈 어 너버(ㅅ) 템퍼러먼(ㅌ)

He is a sharp tempered man.

히 이즈 어 샤(ㄹㅍ) 템퍼(ㄷ) 맨

그녀는 다혈질이다.

She's hot headed.

쉬즈 핫 헤디(ㄷ)

She has quite a personality.

쉬 해즈 쿠아잇 어 퍼(ㄹ)스낼러티

나는 사소한 일에 때때로 쉽게 흥분해요.

I'm sometimes get easily excited about unimportant things.

아임 섬타임(ㅅ) 겟 이질리 익사이티 더바웃 언임포턴(ㅌ) 씽(ㅅ)

임신한 여성은 신경이 극도로 예민해져요.

The pregnant woman becomes very nervous.

더 프렉넌(ㅌ) 워먼 비컴(ㅈ) 베리 너버(ㅅ)

The pregnant woman is highly strung.

더 프렉넌(ㅌ) 워먼 이즈 하일리 스츠렁

그녀는 아주 신경질적인 사람이에요.

She is a bag of nerves.

쉬 이즈 어 백 어(ㅂ) 너(ㅂㅈ)

실망하다

정말 실망스러워!
What a disappointment!
왓 어 디서포인먼(ㅌ)
What a let down! / What a sell!
왓 어 렛 다운 / 왓 어 셀

그거 실망스러운 일인데요.
That's very disappointed I must say.
댓(ㅊ) 베리 디서포인티 다이 머슷 세이

나를 실망시키지 마.
Don't let me down.
돈 렛 미 다운

당신한테 실망했어요.
I'm disappointed in you.
아임 디서포인티 딘 유

정말 유감입니다.
I'm frightfully sorry.
아임 프라잇풀리 소리
I'm more than unhappy about it. / Sorry to hear that.
아임 모어 댄 언해피 어바웃 잇 / 소리 투 히어 댓

난 이제 망했어.
I'm washed up. / My bolt is shot.
아임 워쉬 텁 / 마이 볼 티즈 샷

Unit 3 성격

낙천적이다

그는 낙천적이에요.

He is optimistic. / He is a happy-go-lucky man.

히 이즈 업티미스틱 / 히 이즈 어 해피 고 럭키 맨

He is an easygoing person.

히 이즈 언 이지고잉 퍼(ㄹ)슨

He has a placid temperament.

히 해즈 어 플래싯 템퍼러먼(ㅌ)

저는 매사에 낙천적입니다.

I'm optimistic about everything.

아임 업티미스틱 어바웃 에브리씽

그는 낙천적인 인생 철학을 가지고 있어요.

He has an optimistic philosophy of life.

히 해즈 언 업티미스틱 필로소피 어(ㅂ) 라입

He has a cheerful view of life

히 해즈 어 취어풀 뷰 어(ㅂ) 라입

그는 지나치게 낙천적이에요.

He is too optimistic.

히 이즈 투 업티미스틱

He paints too rosy a picture of affairs.

히 페인(ㅊ) 투 로우지 어 픽쳐 어 버페어(ㅅ)

He always takes an overly optimistic view of things.

히 얼웨이즈 테익 선 오버리 업티미스틱 뷰 어(ㅂ) 씽(ㅅ)

착하다

그는 마음이 착해요.
He is good-natured.
히 이즈 굿 네이쳐(ㄷ)
He is good-tempered.
히 이즈 굿 템퍼(ㄷ)
He is kindhearted.
히 이즈 카인(ㄷ)하(ㄹ)티(ㄷ)
He is tenderhearted.
히 이즈 텐더하(ㄹ)티(ㄷ)
He is warmhearted.
히 이즈 웜하(ㄹ)티(ㄷ)
He is of good disposition.
히 이즈 어(ㅂ) 굿 디(ㅅ)포지션
He has a sweet temper.
히 해즈 어 스윗 템퍼

그녀는 인정 많은 사람이에요.
She is a kindhearted woman.
쉬 이즈 어 카인(ㄷ)하(ㄹ)티(ㄷ) 워먼

그는 마음은 착하지만 센스가 부족해요.
He has a good heart but poor sense.
히 해즈 어 굿 하(ㄹㅌ) 벗 푸어 센스

그는 태도가 거칠지만, 천성은 착해요.
He has a rough manner, but deep down he is quite nice.
히 해즈 어 럽 매너 벗 딥 다운 히 이즈 쿠아잇 나이스

진취적이다

저는 진취적이고 외향적인 성격이에요.
I'm aggressive and outgoing.
아임 어그레시 밴 아웃고잉

저는 쾌활하고 사교적이에요.
I'm a cheerful and outgoing.
아임 어 취어풀 앤 아웃고잉
I have an outgoing and gregarious personality.
아이 해 번 아웃고잉 앤 그레게리어(ㅅ) 퍼(ㄹ)스낼러티

그는 외향적이에요.
He is extroverted. / He is outgoing.
히 이즈 엑스츠로버티(ㄷ) / 히 이즈 아웃고잉

그는 의욕적이에요.
He is ambitious.
히 이즈 앰비셔(ㅅ)

그녀는 매사에 적극적이에요.
She is very active in everything.
쉬 이즈 베리 액티 빈 에브리씽

우리 할머니는 아직도 혈기왕성하시죠.
My grandmother is still up and coming.
마이 그랜(ㄷ)마더 이즈 스틸 업 앤 커밍

그는 지나치게 활동적이야.
He is hyperactive.
히 이즈 하이퍼랙티(ㅂ)

순진하다

그녀는 정말 순진해요.
She's so naive. / She's so pure.
쉬즈 소 나이(ㅂ) / 쉬즈 소 퓨어
She's a person with a simple heart.
쉬즈 어 퍼(ㄹ)슨 윗 어 심플 하(ㄹㅌ)
She's as innocent as a lamb.
쉬즈 애 지노선 태 저 램
She's a person pure as driven snow.
쉬즈 어 퍼(ㄹ)슨 퓨어 애(ㅈ) 드라이븐 스노우

그를 믿다니 너도 참 순진하구나.
It's so naive of you to believe him.
잇(ㅊ) 소 나이(ㅂ) 어 뷰 투 빌리(ㅂ) 힘

넌 어쩌면 그렇게 순진하니?
Why are you so naive?
와이 아 유 소 나이(ㅂ)
How could you have been so innocent?
하우 쿠 쥬 해(ㅂ) 빈 소 이노썬(ㅌ)

순진한 척 내숭 떨지 마.
Don't come the young innocent.
돈 컴 디 영 이노썬(ㅌ)

사람 다루는 면에 있어서 그는 너무 순진해.
He is a babe in the woods when it comes to dealing with people.
히 이즈 어 베입 인 디 우(ㅈ) 웬 잇 컴(ㅅ) 투 딜링 윗 피플

내성적이다

전 성격이 좀 내성적이에요.
I'm a kind of introvert. / I'm sort of shy.
아임 어 카인 더 빈츠로버(ㅌ) / 아임 소(ㄹ) 터(ㅂ) 샤이

전 소극적인 편입니다.
I tend to be withdrawn. / I'm fairly reserved.
아이 텐(ㄷ) 투 비 윗드러운 / 아임 페어리 리저(ㅂㄷ)

그는 감정을 잘 드러내지 않는 사람이야.
He is an inhibited person.
히 이즈 언 인히빗티(ㄷ) 퍼(ㄹ)슨

그녀는 과묵해.
She is reserved.
쉬 이즈 리저(ㅂㄷ)

천성적으로 수줍음을 잘 타요.
I'm shy by nature.
아임 샤이 바이 네이쳐

낯을 가리는 편이에요.
I'm shy with strangers.
아임 샤이 윗 스츠레인저(ㅅ)

저는 마음을 여는데 시간이 걸려요.
I need time to open up.
아이 닛 타임 투 오픈 업

우유부단하다

그는 우유부단한 사람이야.
He is an irresolute man.
히 이즈 언 이레절룻 맨
He is a man of indecision.
히 이즈 언 맨 어 빈디시전
He does not know his own mind
히 더즈 낫 노우 히스 오운 마인(ㄷ)

나는 정말 우유부단한 성격이야.
I'm really wishy-washy. / I'm really shilly-shallying.
아임 리얼리 워시 워시 / 아임 리얼리 실리 섈리잉

그는 의지가 약한 사람이야.
He is an weak-willed man.
히 이즈 언 윅 윌(ㄷ) 맨

너는 그 문제에 대해 너무 우유부단해.
You're so wishy-washy about the subject.
유어 소 워시 워시 어바웃 더 섭젝(ㅌ)

그는 항상 결정을 내리는 데 주저한다.
He is always hesitant to make a decision.
히 이즈 얼웨이즈 헤지턴(ㅌ) 투 메익 어 디시전

우유부단한 태도를 버리고 결정을 해라.
Stop sitting on the fence and make up your mind.
스탑 시딩 온 더 펜스 앤 메익 업 유어 마인(ㄷ)

비관적이다

넌 너무 비관적이야.
You are too pessimistic.
유 아 투 페시미스틱

그는 매사를 비관적으로 생각한다.
He thinks gloomily of everything.
히 씽(ㅅ) 글루밀리 어(ㅂ) 에브리씽
He looks on the dark side of things.
히 룩 손 더 다(ㄹㅋ) 사이드 어(ㅂ) 씽(ㅅ)
He has a pessimistic point of view.
히 해즈 어 페시미스틱 포인 터(ㅂ) 뷰

저는 좀 비관적인 성격이에요.
I'm sort of a pessimist.
아임 소 터 버 페시미슷

저는 비관적인 인생관을 가지고 있어요.
I take a dark view of life.
아이 테익 어 다(ㄹㅋ) 뷰 어(ㅂ) 라입
I have a negative outlook on life.
아이 해 버 네거티(ㅂ) 아웃룩 온 라입

너무 그렇게 비관적으로만 보지 마.
Don't look at things so half-empty.
돈 룩 앳 씽(ㅅ) 소 하(ㅍ) 엠티

이기적이다

그는 너무 이기적이에요.
He is so egoistical.
히 이즈 소 이고이스티컬
He is an egocentric person.
히 이즈 언 이고센츠릭 퍼(ㄹ)슨
He has a selfish personality.
히 해즈 언 셀피쉬 퍼(ㄹ)스낼러티

너는 너 밖에 모르는 사람이야.
You always only think of yourself.
유 얼웨이즈 온리 씽 커 뷰어셀(ㅍ)
You are self-seeking.
유 아 셀(ㅍ) 시킹
You are guided by self-interest.
유 아 가이디(ㄷ) 바이 셀 핀터레슷

그렇게 이기적으로 굴지 마.
Don't be so self-centered.
돈 비 소 셀(ㅍ) 센터(ㄷ)

그는 이기적인 경향이 있다.
He tends toward selfishness.
히 텐(ㅈ) 투워(ㄷ) 셀피쉬니스

그는 다른 사람의 감정은 생각하지 않아.
He doesn't consider the feelings of other people.
히 더즌(ㅌ) 컨시더 더 필링 서(ㅂ) 어더 피플

Unit 4 기호

좋아하다

나는 음악을 좋아해요.

I love music.

아이 러(ㅂ) 뮤직

I'm fond of music.

아임 폰 더(ㅂ) 뮤직

I delight in music.

아이 딜라잇 인 뮤직

나는 운동을 무척 좋아해요.

I'm a lover of sports. / I have a penchant for sports.

아임 어 러버 어(ㅂ) 스포(ㄹㅊ) / 아이 해 버 펜쳔(ㅌ) 포 스포(ㄹㅊ)

I have a passion for sports. / I'm a sports fan.

아이 해 버 패션 포 스포(ㄹㅊ) / 아임 어 스포(ㄹㅊ) 팬

커피보다는 차를 좋아해요.

I prefer tea to coffee. / I'd like tea better than coffee.

아이 프리퍼 티 투 커피 / 아이(ㄷ) 라익 티 베더 댄 커피

그가 좋아 미칠 지경이에요.

I'm just crazy about him.

아임 저슷 크레이지 어바웃 힘

그는 내가 좋아하는 사람이에요.

He is one of my favorites.

히 이즈 원 어(ㅂ) 마이 페이버릿(ㅊ)

싫어하다

그다지 좋아하지는 않아요.
I don't like it very much.
아이 돈 라익 잇 베리 머취

나는 그게 제일 싫어요.
I like it least of all.
아이 라익 잇 리슷 어(ㅂ) 얼

나는 이런 종류의 음식을 싫어해요.
I dislike this kind of food.
아이 디(ㅅ)라익 디스 카인 더(ㅂ) 푸(ㄷ)

그는 나를 송충이 대하듯 싫어해요.
He hates me like a serpent.
히 해잇(ㅊ) 미 라익 어 서펀(ㅌ)
He hates me like a viper.
히 헤잇(ㅊ) 미 라익 어 바이퍼

그는 대중 앞에 나서는 걸 아주 싫어해요.
He has a disinclination to speaking in public.
히 해즈 어 디신클리네이션 투 스피킹 인 펍릭
He detests speaking in public.
히 디테스(ㅊ) 스피킹 인 펍릭
He is allergic to speaking in public.
히 이즈 얼러직 투 스피킹 인 펍릭

그는 내 친구들을 별로 좋아하지 않아요.
He doesn't much care for my friends.
히 더즌(ㅌ) 머취 캐어 포 마이 프렌(ㅈ)

Chapter
07

지금은 사랑중!

Unit 1 소개팅
Unit 2 데이트&연애
Unit 3 갈등&이별
Unit 4 결혼
Unit 5 임신&육아

Unit 1 소개팅

소개팅

누구 만나는 사람 있니?
Are you seeing anyone?
아 유 시잉 애니원

난 여자 친구 없어.
I am between girlfriends.
아이 앰 빗윈 걸프렌(ㅈ)

난 혼자야.
I'm wide open. / I'm single.
아임 와이드 오픈 / 아임 싱글

소개팅 시켜 줘.
Set me up for a blind date.
셋 미 업 포 러 블라인(ㄷ) 데잇

좋은 남자 소개시켜 줄게.
I'll hook you up with a nice guy.
아일 훅 유 업 윗 어 나이스 가이

원하는 스타일이 뭐야?
What type of girl[guy] do you prefer?
왓 타입 어(ㅂ) 걸 [가이] 두 유 프리퍼

아무나 상관 없어.
I don't care who it is.
아이 돈(ㅌ) 캐어 후 잇 이즈

소개팅 후 평가

그는 내 취향이 아니다.
He's not really my type.
히즈 낫 리얼리 마이 타입

그녀는 내 이상형이야.
She is the girl of my dreams.
쉬 이즈 더 걸 어(ㅂ) 마이 드림(ㅅ)
She is my type of girl.
쉬 이즈 마이 타입 어(ㅂ) 걸
She fits my taste.
쉬 핏(ㅊ) 마이 테이슷
She's perfect for me.
쉬즈 퍼펙(ㅌ) 포 미
She is my cup of tea.
쉬 이즈 마이 컵 어(ㅂ) 티

그는 동화 속 왕자님이야.
He's Prince Charming. / He's my dream guy.
히즈 프린스 차밍 / 히즈 마이 드림 가이

난 너한테 완전 콩깍지가 씌었어.
You are the apple of my eye.
유 아 디 애플 어(ㅂ) 마이 아이

완전 반했어.
I was head over heels. / He stole my heart.
아이 워즈 헤 도버 힐(ㅅ) / 히 스톨 마이 하(ㄹㅌ)

상사병에 걸렸어.
I'm lovesick.
아임 러(ㅂ)식

넌 그녀를 좋아하는구나.
You got a thing[feeling] for her.
유 갓 어 씽 [필링] 포 허

이건 분명히 그녀가 널 좋아한다는 신호야.
This is a sure signal that she likes you.
디스 이즈 어 슈어 시그널 댓 쉬 라익 슈

데이트 상대를 구했어.
I got myself a date.
아이 갓 마이셀 퍼 데잇

그는 믿을 만한 남자이다.
He's a stand up guy.
히즈 어 스탠 덥 가이

새 남자 친구는 계속 사귀고 싶은 남자이다.
My new boyfriend is a real keeper.
마이 뉴 보이 프렌 디즈 어 리얼 키퍼

우리는 통하는 게 많아.
We have a lot of chemistry.
위 해 버 랏 어(ㅂ) 케미스츠리

데이트

데이트 어땠어요?
How was your date?
하우 워즈 유어 데잇

이거 데이트라고 치죠.
Let's call it a date. /Let's make it a date.
렛(ㅊ) 컬 잇 어 데잇 / 렛(ㅊ) 메익 잇 어 데잇

직장에서 한 남자를 사귀고 있어.
I'm seeing a guy from work.
아임 시잉 어 가이 프럼 워(ㄹㅋ)

우리는 만나자마자 서로 첫눈에 반했어요.
When we met, it was love at first sight.
웬 위 멧 잇 워즈 러 뱃 퍼(ㄹ)슷 사잇

중독자

중독이라는 것이 꼭 나쁜 것은 아니지만, 지나치면 미치지 못함보다 못하다는 말이 있듯이, 적당한 게 좋겠죠.
단어 뒤에 **-aholic**을 쓰면 '~중독자'라는 말이 됩니다.
몇 년 전 베스트셀러였던 책 제목인 **<Shop-aholic>**은 '쇼핑 중독자', 미국 인기 드라마 **<Friends>**의 주인공인 조이는 초콜릿을 아주 좋아해서 **choco-aholic**(초콜릿 중독자)였고요, 책에 푹 빠진 사람은 **book-aholic**, 춤바람이 난 사람은 **dance-aholic**이라고 하면 되겠죠. 그리고 일밖에 모르는 사람은 **workaholic**, 술주정뱅이는 **alcoholic**이라고 합니다.

그들은 아직 그냥 만나는 단계일 뿐이야.
They are still in the dating stage.
데이 아 스틸 인 더 데이팅 스테이쥐

우린 사이 좋게 지내고 있어.
We're on good terms.
위어 온 굿 텀(ㅅ)

최근에 우리는 자주 만났어.
We've been seeing a lot of wear and tear.
위(ㅂ) 빈 시잉 어 랏 어(ㅂ) 웨어 앤 티어

그녀와 나는 세 번 데이트했다.
She and I have been on 3 dates.
쉬 앤 아이 해(ㅂ) 빈 온 쓰리 데잇(ㅊ)

걔네들 벌써 꽤 오래 만났어.
They've been dating for quite a while already.
데이(ㅂ) 빈 데이팅 포 쿠아잇 어 와일 얼레디

우린 뜨겁게 사귀고 있어.
We really hit it off.
위 리얼리 힛 잇 오(ㅍ)

우리 애기야.
She is my babygirl.
쉬 이즈 마이 베이비걸

그는 오늘 Pam과 정말 중요한 데이트가 있어.
He has a really heavy date with Pam today.
히 해즈 어 리얼리 해비 데잇 윗 팸 투데이

네가 그녀와 데이트 하는 건, 영계를 만나는 거잖아?
You are dating her, is that sort of robbing the cradle?
유 아 데이팅 허 이즈 댓 소(ㄹ) 터(ㅂ) 라빙 더 크래들

그녀에게 키스하려고 했는데, 그녀가 뒤로 물러섰다.
I tried to kiss her, but she pulled away.
아이 츠라이(ㄷ) 투 키스 허 벗 쉬 풀 더웨이

Joe는 키스했다.
Joe got lip lock.
조 갓 립 락

우리는 키스하고 각자 집에 갔다.
After smooching, we went home with each other.
애(ㅍ)터 스무칭 위 웬(ㅌ) 홈 윗 이취 어더

형편없는 데이트 한 번으로 이런 일을 당하다니.
All this for a lousy date.
얼 디스 포 러 라우지 데잇

kissing under the mistletoe

크리스마스 시즌에 겨우살이 나무(**mistletoe**) 아래에 있는 소녀에게는 아무나 키스해도 된다는 풍습을 말합니다.

연애 충고

신체적 접촉을 시도해 봐.
Try some physical contact with him.
츠라이 섬 피지컬 컨택(ㅌ) 윗 힘

여자를 꼬시는 데는 그게 최고야.
It's the best way to get[pick up] a girl.
잇(ㅊ) 더 베슷 웨이 투 겟 [픽 업] 어 걸

여자 친구가 밀고 당기도록 하지 말고 네가 상황을 이끌고 나가야지.
Take control of the situation instead of letting her push and pull you around.
테익 컨츠롤 어(ㅂ) 더 시츄에이션 인스테 더(ㅂ) 레딩 허 푸쉬 앤 풀 유 어라운(ㄷ)

Cathy는 남자 친구를 꽉 쥐고 살아.
Cathy pulls her boyfriend around.
캐씨 풀(ㅅ) 허 보이프렌 더라운(ㄷ)
Her boyfriend gets pulled around by Cathy.
허 보이프렌(ㄷ) 겟(ㅊ) 풀 더라운(ㄷ) 바이 캐씨
Cathy twists her boyfriend around her little finger.
캐씨 트위스(ㅊ) 허 보이프렌 더라운(ㄷ) 허 리들 핑거
Cathy has her boyfriend around her little finger.
캐시 해즈 허 보이프렌 더라운(ㄷ) 허 리들 핑거

키스가 없으면 사귀는 커플이라고 할 수 없지.
No kiss, no relationship.
노 키스 노 리레이션쉽

나는 Mary를 짝사랑하고 있어요.

I have a crush on Mary.

아이 해 버 크러쉬 온 메리

I am secretly in love with Mary.

아이 앰 시크릿리 인 러(ㅂ) 윗 메리

첫눈에 반하는 사랑은 없어.

There's no such thing as love at first sight.

데어(ㅅ) 노 서취 씽 애(ㅈ) 러 뱃 퍼(ㄹ)슷 사잇

가볍고 쿨하게 행동하라.

Hang back.

행 백

그건 너무 오버하는 건데.

That's going way too far.

댓(ㅊ) 고잉 웨이 투 파

그녀에게 매달리지 마라.

Give her some room.

기(ㅂ) 허 섬 룸

바람맞히지 말아요.

Don't drop me cold.

돈 드랍 미 콜(ㄷ)

Don't stand me up.

돈 스탠(ㄷ) 미 업

Don't blow me off.

돈 블로우 미 오(ㅍ)

사랑

널 사랑해.
I am in love with you.
아이 앰 인 러(ㅂ) 윗 유

널 좋아해.
I have feelings for you.
아이 해(ㅂ) 필링(ㅅ) 포 유

그녀를 처음 본 순간부터 나는 그녀를 사랑했다.
I loved her from the moment I laid my eyes on her.
아이 러(ㅂㄷ) 허 프럼 더 모먼 타이 레이(ㄷ) 마이 아이 손 허

숨막힐 정도로 감동적인 순간들이다.
It's the moments that take your breath away.
잇(ㅊ) 더 모먼(ㅊ) 댓 테익 유어 브레쓰 어웨이

감정형용사+전치사 1

- be interested in ~에 흥미가 있다
- be pleased with ~에 기뻐하다
- be delighted at ~에 기뻐하다
- be amused at/by ~에 즐거워하다
- be excited about ~에 흥분하다
- be satisfied with ~에 만족하다

크게 감동했어.
It took my breath away.
잇 툭 마이 브레쓰 어웨이

그녀가 계속 보고 싶어.
I can't get enough of her.
아이 캔(ㅌ) 겟 이넙 어(ㅂ) 허

너 없이 못 살아.
I just want to eat you.
아이 저슷 원 투 잇 유

그녀는 나한테 푹 빠졌어.
She is really into me.
쉬 이즈 리얼리 인투 미

내가 행복할 수 있는 건 너와 함께하는 것뿐이다.
The only way I can be happy is if I'm with you.
디 온리 웨이 아이 컨 비 해피 이즈 이 파임 윗 유

내 남은 생을 너와 함께하고 싶어.
I can't wait to spend the rest of my life with you.
아이 캔 웨잇 투 스펜(ㄷ) 더 레슷 어(ㅂ) 마이 라입 윗 유

난 운명적으로 널 사랑하게 되어 있어.
I was meant to love you.
아이 워즈 멘(ㅌ) 투 러 뷰

인간적으로 가능하지 않을 만큼 널 사랑해.
I love you more than is humanly possible.
아이 러 뷰 모어 댄 이즈 휴먼리 파서블

Jack이 그녀에게 사랑의 밀어를 속삭였어.
Jack whispered sweet nothings into her ear.
잭 위스퍼(ㄷ) 스윗 나씽 진투 허 이어

당신의 키스는 최고로 달콤해.
Your kiss is the sweetest thing I've ever felt.
유어 키스 이즈 더 스위티슷 씽 아이 베버 펠(ㅌ)

날이 갈수록 당신에 대한 사랑이 커져요.
I love you more with each passing day.
아이 러 뷰 모어 윗 이취 패싱 데이
My love for you grows with time.
마이 러(ㅂ) 포 유 그로우(ㅅ) 윗 타임

감정형용사+전치사 2

- **be disappointed in** ~에 실망하다
- **be surprised at** ~에 놀라다
- **be worried about** ~을 걱정하다
- **be annoyed with** ~불쾌하게 느끼다
- **be annoyed by** ~에 시달리다
- **be bored with** ~에 싫증이 나다
- **be bored by** ~에 질리다
- **be tired of** ~에 싫증나다
- **be tired with** ~으로 피곤하다

Unit 3 갈등&이별

질투&배신

넌 그녀의 이성 관계가 잘 안 되기를 바라고 있지.
You're rooting for her relationship to fail.
유어 루팅 포 허 리레이션쉽 투 페일

그들의 관계는 3개월이면 끝날 거야.
I give their relationship 3 months.
아이 기(ㅂ) 데어 리레이션쉽 쓰리 먼쓰(ㅈ)

모든 여자에게 다 윙크하는 저 놈은 싸구려야.
That guy winking at every girl is so sleazy.
댓 가이 윙킹 앳 에브리 걸 이즈 소 슬리지

그는 한 사람에게 정착하지 못한다.
He has commitment issues.
히 해즈 커밋먼(ㅌ) 이슈(ㅈ)

넌 날 데리고 놀았다.
You manipulated me.
유 메니풀레이티(ㄷ) 미

넌 내 마음에 상처를 입혔어.
You hurt my feelings.
유 허(ㄹㅌ) 마이 필링(ㅅ)

그녀 인생에서 여러 번 바람을 피웠어.
She's bent quite a few rules in her day.
쉬즈 벤(ㅌ) 쿠아잇 어 퓨 룰 신 허 데이

갈등

솔직히 마음속으로 넌 아직도 날 사랑하고 있는 거야, 그렇지?
Deep down inside you still love me, don't you?
딥 다운 인사이드 유 스틸 러(ㅂ) 미 돈 츄

그는 항상 처음 만난 사람에게 마음을 여는데 시간이 좀 걸린다.
It always takes him some time to warm up to new people.
잇 얼웨이즈 테익(ㅅ) 힘 섬 타임 투 웜 업 투 뉴 피플

결혼하는 거에 대해 다시 한 번 생각해 보는 거 아냐?
Are you having second thoughts about getting married?
아 유 해빙 세컨(ㄷ) 쏘웃 처바웃 게딩 매리(ㄷ)

우리 관계는 위기에 처해 있어요.
Our relationship is on the edge.
아워 리레이션쉽 이즈 온 디 엣쥐
Our relationship is going sour.
아워 리레이션쉽 이즈 고잉 사워

사랑이 식었구나.
The love has died.
더 러(ㅂ) 해즈 다이(ㄷ)

너한테 질렸어.
I'm fed up with you.
아임 페 덥 윗 유

이별

우리는 아주 안 좋게 헤어졌다.
We broke up on bad terms.
위 브로욱 업 온 뱃 텀(ㅅ)
We broke up on such terrible terms.
위 브로욱 업 온 서취 테러블 텀(ㅅ)

우리는 사귀지 않는다.
We're not involved.
위어 낫 인볼브(ㄷ)

그들은 2주 전에 헤어졌다.
They broke up about 2 weeks ago.
데이 브로욱 업 어바웃 투 윅 서고

우린 헤어졌어.
We parted aways.
위 파(ㄹ)티 더웨이(ㅈ)
We're through.
위어 쓰루
We're finished.
위어 피니쉬(ㅌ)

난 그와 헤어졌어.
I broke up with him.
아이 브로욱 업 윗 힘
I was through with him.
아이 워즈 쓰루 윗 힘

내가 그를 찼지.
I dumped him.
아이 덤(ㅌ) 힘

시간이 해결해 줄 거야.
Just give it time. / Time will cure you.
저슷 기 빗 타임 / 타임 윌 큐어 유

넌 괜찮아질 거야.
You are going to be as right as rain.
유 아 고잉 투 비 애(ㅈ) 라잇 애(ㅈ) 레인

헤어진 후에도 계속 친구로 지낼 수 있다.
We can stay friends even after we break up.
위 컨 스테이 프렌(ㅈ) 이븐 애(ㅍ)터 위 브레익 업

우리는 그냥 친구로 있는 게 더 좋을 거 같아.
I think it's better if we stayed friends.
아이 씽 킷(ㅊ) 베더 이 퓌 스테이(ㄷ) 프렌(ㅈ)

전 여자 친구는 완전 정신 나간 애였어.
My ex-girlfriend was totally neurotic.
마이 엑스 걸프렌(ㄷ) 워(ㅈ) 토들리 뉴러딕

바람둥이

바람둥이 하면 우리는 흔히 **playboy**라고 생각하는데요,
사실은 **player**가 일반적인 표현입니다.
그밖에 **gigolo**는 '제비'라는 뜻이고, 일반적으로 '바람둥이'를 가리키는 말은 **casanova**가 있습니다.
그리고 '(이성을 유혹하기 위해) 추파를 던지다'라는 표현으로 **give sheep's eye, cast Italian glance**도 참고해 두세요.

기타

연락처 받을 수 있을까요?
Can I get your phone number?
캔 아이 겟 유어 폰 넘버
Do you facebook?
두 유 페이스북

섹시한 금발 아가씨를 보고, 난 그녀를 향해 야시시한 시선을 날렸지.
I saw a cute blonde girl, so I made bedroom eyes at her.
아이 서우 어 큐트 블런드 걸 소 아이 메잇 베(ㄷ)룸 아이 샛 허

난 지금 사귀고[결혼하고] 싶은 마음이 없다.
I'm just not in that place right now.
아임 저슷 낫 인 댓 플레이스 라잇 나우

제대로 따져보니 난 그녀에게 프로포즈 하지 않았어.
Technically, I didn't propose to her.
텍니컬리 아이 디든(ㅌ) 프러퍼즈 투 허

난 그녀와 다시 사귀고 싶다.
I want to get back together with her.
아이 원 투 겟 백 투게더 윗 허

이건 네게 어울리지 않는 관계인 것 같아.
Maybe this relationship isn't for you.
메이비 디스 리레이션쉽 이즌 포 유

넌 너무 부담스러울 정도로 적극적으로 대시해.
You come on too strong.
유 컴 온 투 스츠롱

그는 잠깐 만났던 사람이에요.
He is ancient history.
히 이즈 에인션(트) 히스토리

그녀는 양다리예요.
She is a two-timer.
쉬 이즈 어 투 타이머

나한테 치근덕거리는 거야?
Are you hitting on me?
아 유 히딩 온 미

그 남자하고 만나는 것은 시간 낭비이다.
That guy isn't worth your time.
댓 가이 이즌 워(ㄹ)쓰 유어 타임

비유 표현

우리는 흔히 못생긴 사람을 비유할 때 호박 같다고 합니다. 그런데, 영어권에서는 호박이 사랑스러운 애인을 비유하는 표현이라고 합니다.

- **banana** 겉은 동양인이지만, 생각은 백인인 사람을 경멸적으로 표현하는 말입니다.
- **cabbage** 영국에서는 게으르고 매사에 심드렁한 사람을 가리키고, 미국에서는 젊은 미혼 여성을 가리킵니다.
- **lemon** 매력 없는 여자를 가리키는 표현입니다.
- **tomato** 매력적인 여자나 매춘부를 가리키는 표현입니다.

과일이나 채소는 아니지만 또 자주 비유 되는 것으로 **oyster**가 있는데 바로 과묵한 사람을 가리키는 표현이라고 하는 군요.

Unit 4 결혼

청혼

Chris가 나한테 청혼했어.
Chris proposed to me. / Chris asked me to marry him.
크리(ㅅ) 프러퍼즈(ㄷ) 투 미 / 크리(ㅅ) 애슥(ㅌ) 미 투 매리 힘

저와 결혼해 주시겠어요?
Would you marry me?
우 쥬 매리 미

그는 발렌타인데이에 청혼할 거예요.
He'll pop the question on Valentine's Day.
히일 팝 더 쿠에스쳔 온 밸런타인(ㅅ) 데이

나는 청혼을 받아들였다.
I accepted his proposal.
아이 익셉티(ㄷ) 히스 프러퍼절

나는 청혼을 거절했다.
I declined his proposal.
아이 디클라인(ㄷ) 히스 프러퍼절

나는 결혼하고 싶어 죽겠어요.
I'm dying to get married.
아임 다잉 투 겟 메리(ㄷ)

그녀가 저를 받아준다면, 전 그녀와 결혼하겠어요.
I will marry her, if she'll have me.
아이 윌 매리 허 이(ㅍ) 쉬일 해(ㅂ) 미

결혼 준비

신혼여행은 어디로 가나요?
Where will you go for your honeymoon?
웨어 윌 유 고 포 유어 허니문

신혼여행은 하와이로 가요.
We are going to Hawaii for our honeymoon.
위 아 고잉 투 하와이 포 아워 허니문
We are going to honeymoon in Hawaii.
위 아 고잉 투 허니문 인 하와이

결혼 전에 준비할 게 아주 많아.
There are so many things to do before the wedding.
데어 아 소 매니 씽(ㅅ) 투 두 비포 더 웨딩

언제 결혼할 거예요?
When are you planning to be married?
웬 아 유 플래닝 투 비 매리(ㄷ)
When are you going to tie the knot?
웬 아 유 고잉 투 타이 더 낫

피로연은 호텔에서 합니다.
We're going to have our wedding reception at a hotel.
위어 고잉 투 해 바워 웨딩 리셉션 앳 어 호텔

결혼식 초대

결혼식에 꼭 참석해 줘.
Please come to my wedding.
플리즈 컴 투 마이 웨딩

이건 우리 청첩장이야.
This is our wedding invitation.
디스 이즈 아워 웨딩 인피테이션

미안하지만, 네 결혼식에 못 가겠는데.
I'm afraid I can't come to your wedding.
아임 어(ㅍ)레이 다이 캔 컴 투 유어 웨딩

우리는 결혼식에 모든 친척과 친구들을 초대했어요.
We invited all our relatives and friends to the wedding.
위 인바이티 덜 아워 리레이티(ㅂ) 잰 프렌(ㅈ) 투 더 웨딩

우리는 수 천 장의 청첩장을 보냈습니다.
We sent out thousands of invitations to the wedding.
위 센 타웃 싸우전 저 빈비테이션(ㅅ) 투 더 웨딩

섹시한 Cute

cute를 어린 아이에게 쓰면 '귀엽다'는 의미가 되지만,
보통 어른에게 쓰면 남녀 모두 '섹시한 매력이 있다'고 이해한답니다.
참고로 **pretty**를 남성에게 쓰면 '멋지다'라는 뜻이 되고 **hansome**을 여성에게 쓰면 '늠름하고 기품있다'는 의미가 됩니다.

결혼식

부케는 누가 받아요?
Who will get the bridal bouquet?
후 윌 겟 더 브라이덜 부케

신부의 얼굴은 면사포에 가려져 있다.
The bride's face was covered with a veil.
더 브라이드(ㅅ) 페이스 워즈 커버(ㄷ) 윗 어 베일

결혼 반지는 부부 결합의 상징입니다.
A wedding ring symbolizes the union of husband and wife.
어 웨딩 링 심볼라이즈(ㅅ) 디 유니언 어(ㅂ) 허즈번 댄 와입

결혼식장에서 누구 손을 잡고 입장해요?
Who is gonna give you away?
후 이즈 고나 기 뷰 어웨이

신랑 신부가 함께 입장합니다.
The groom and the bride will march together.
더 그룸 앤 더 브라이드 윌 마(ㄹ)취 투게더

그들이 결혼 서약을 하고 있어.
They are taking marital vows.
데이 아 테이킹 매리틀 바우(ㅅ)

대단한 결혼식이었습니다.
It was some wedding.
잇 워즈 섬 웨딩

두 분의 결혼을 진심으로 축하합니다.
Congratulations on your wedding.
컨그래츄레이션 손 유어 웨딩
Congratulations a your marriage.
컨그래츄레이션 서 유어 매리쥐

두 분 행복하시길 바래요!
Best of luck to you both!
베슷 어(ㅂ) 럭 투 유 보우쓰
I wish you both the best!
아이 위쉬 유 보우쓰 더 베슷
I wish you live happily ever after with him!
아이 위쉬 유 리(ㅂ) 해피리 에버 애(ㅍ)터 윗 힘

결혼식에 하객이 많이 왔어요.
There were a lot of guests at the wedding.
데어 워 어 랏 어(ㅂ) 게스 챗 더 웨딩

정말 어울리는 한 쌍이군요!
What a lovely couple you make!
왓 어 러(ㅂ)리 커플 유 메익

신부가 참 아름다워요!
What a beautiful bride!
왓 어 뷰디풀 브라이드

신부 들러리가 예쁜데요.
The bridesmaid is pretty.
더 브라이즈메이 디즈 프리디

결혼 생활

결혼 생활이 행복해요?
Are you happily married?
아 유 해피리 매리(ㄷ)

그들은 결혼해서 무척 행복하다.
They are married and are deeply happy.
데이 아 매리 댄 아 딥리 해피

이 결혼은 행복하지 못하다.
The marriage is unhappy.
더 매리쥐 이즈 언해피

저는 결혼한지 8년 되었습니다.
I've been married for 8 years.
아이(ㅂ) 빈 매리(ㄷ) 포 에잇 이어(ㅅ)

저는 배우자와 결혼한지 5년이 됩니다.
My spouse and I have been married for 5 years.
마이 스파우 잰 아이 해(ㅂ) 빈 매리(ㄷ) 포 파이 비어(ㅅ)

그녀는 결혼해서 아이가 둘 있습니다.
She is married now with two kids.
쉬 이즈 매리(ㄷ) 나우 윗 투 키(ㅈ)

별거&이혼

별거 중입니다.
I'm separated.
아임 세퍼레이티(ㄷ)

정식으로 따져 보면 그들은 이혼한 것이 아니라 별거 중이다.
Technically, they are not divorced, they are just separated.
테크니컬리 데이 아 낫 디보(ㄹ)스(ㄷ) 데이 아 저슷 세퍼레이티(ㄷ)

이혼합시다.
Let's go to Reno.
렛(ㅊ) 고 투 리노

그들은 결국 이혼했습니다.
They divorced each other finally.
데이 디보(ㄹ)스(ㅌ) 이취 어더 파이널리

우리는 곧 이혼할 작정입니다.
We are planning to get a divorce soon.
위 아 플래닝 투 겟 어 디보(ㄹ)스 순

그는 지난달에 재혼했습니다.
He married again last month.
히 매리 더겐 래슷 먼쓰
He remarried last month.
히 리매리(ㄷ) 래슷 먼쓰

Unit 5 임신&육아

임신

네가 임신했다는 얘기를 들었을 때 난 어찌할 바를 몰랐다.
I totally froze when I heard you were pregnant.
아이 토들리 프러즈 웬 아이 허(ㄹ) 쥬 워 프렉넌(ㅌ)

그녀가 임신했어.
She got knocked up.
쉬 갓 낙 텁

그녀는 임신 8개월이다.
She's 8 months pregnant.
쉬즈 에잇 먼쓰(ㅈ) 프렉넌(ㅌ)

아내가 임신했어요.
My wife is expecting.
마이 와입 이즈 익스펙팅
My wife is in the family way.
마이 와입 이즈 인 더 패밀리 웨이
My wife is heavy with child.
마이 와입 이즈 헤비 윗 차일(ㄷ)

출산일이 언제예요?
When is the baby due? / When is the blessed event?
웬 이즈 더 베이비 듀 / 웬 이즈 더 블레스 티벤(ㅌ)

임신하셨다고 들었습니다.
I hear you're going to have a baby.
아이 히어 유어 고잉 투 해 버 베이비

육아

젖 먹일 시간이에요.
It's time to feed your baby.
잇(ㅊ) 타임 투 피 쥬어 베이비

아이 우유 먹였어요?
Did you feed the baby?
디 쥬 피(ㄷ) 더 베이비

아이에게 모유를 먹이나요?
Do you breast-feed your baby?
두 유 브레숫 피 쥬어 베이비

아기에게 우유를 먹이려면 매일 아침 6시에 일어나야 해요.
I should get up at 6 every morning to feed my baby.
아이 슈(ㄷ) 겟 업 앳 식 세브리 모닝 투 피(ㄷ) 마이 베이비

그녀는 우유로 아기를 키우고 있어요.
She is feeding her baby on cow's milk.
쉬 이즈 피딩 허 베이비 온 카우(ㅅ) 밀(ㅋ)
She is bringing up her baby on the bottle.
쉬 이즈 브링잉 업 허 베이비 온 더 바들

모유 수유는 특히 직장 다니는 엄마들에게 힘들어요.
Breast-feeding is very difficult especially for working mothers.
브레숫 피딩 이즈 베리 디피컬(ㅌ) 이스페셜리 포 워(ㄹ)킹 마더(ㅅ)

아기가 5개월이 되면 이유식을 시작해야 해요.
You should start the weaning diet when she[he] was 5 months old.
유 슈(ㄷ) 스타(ㄹㅌ) 더 위닝 다이엇 웬 쉬 [히] 워즈 파이(ㅂ) 먼쓰(ㅈ) 올(ㄷ)

아기는 내가 돌볼게요.
I will look after the baby.
아이 윌 룩 애(ㅍ)터 더 베이비

아기 돌볼 사람을 찾았어요.
I've found a person to take care of my baby.
아이(ㅂ) 파운 더 퍼(ㄹ)슨 투 테익 캐어 어(ㅂ) 마이 베이비

그녀는 아기 돌본 경험이 많아서 보모에 적임자예요.
She is the right person for the baby-sitter who has lots of experience.
쉬 이즈 더 라잇 퍼(ㄹ)슨 포 더 베이비 시더 후 해즈 랏 처(ㅂ) 익스피어리언스

기저귀 좀 갈아 줄래요?
Would you mind changing the diaper?
우 쥬 마인(ㄷ) 체인징 더 다이퍼

아기 목욕시키는 것 좀 도와줄래요?
Can you help me bathe the baby?
캔 유 헬(ㅍ) 미 베이드 더 베이비

아기가 우는데 좀 달래 줘요. 난 부엌에서 떠날 수 없어요.
Please lull the crying baby. I can't leave the kitchen.
플리즈 룰 더 크라잉 베이비 아이 캔 리(ㅂ) 더 키친

Chapter

08

긴급상황도 OK!

Unit 1 응급상황

응급상황

응급 상황이에요.
This is an emergency.
디스 이즈 언 이머(ㄹ)전시

병원까지 저를 좀 데려다 주시겠어요?
Could you please take me to the hospital?
쿠 쥬 플리즈 테익 미 투 더 하스피들

친구가 쓰러져서 의식이 없습니다.
My friend fell and is unconscious.
마이 프렌(ㄷ) 펠 앤 이즈 언컨샤이어(ㅅ)

다리를 심하게 다친 것 같아요.
It seems like he hurt his legs badly.
잇 심(ㅅ) 라익 히 허(ㄹㅌ)히스 렉(ㅅ) 뱃리

정확한 상태를 말씀해 주시겠어요?
Can you tell me what the exact situation is?
캔 유 텔 미 왓 디 익잭(ㅌ) 시츄에이션 이즈

응급실이 어디죠?
Where's the emergency room, please?
웨어(ㅈ) 디 이머(ㄹ)전시 룸 플리즈

우리는 당장 그에게 응급 처치를 해야 해.
We have to give first aid to him right now.
위 해(ㅂ) 투 기(ㅂ) 퍼(ㄹ)슷 에이(ㄷ) 투 힘 라잇 나우

구급차

구급차 좀 보내 주시겠어요?
Could you send an ambulance?
쿠 쥬 센 던 앰뷸런스

구급차를 불러 주세요.
Could you please call an ambulance?
쿠 쥬 플리즈 컬 언 앰뷸런스

구급차를 부를까요?
Should I call an ambulance?
슈 다이 컬 언 앰뷸런스

구급차를 바로 부를게.
I'll call an ambulance right now.
아일 컬 언 앰뷸런스 라잇 나우

어서 구급차를 불러.
Hurry and call an ambulance.
허리 앤 컬 언 앰뷸런스

움직이지 못하게 하고 구급차가 도착할 때까지 기다려 주세요.
Don't let him move and wait until the ambulance arrives.
돈 렛 힘 무 밴 웨잇 언틸 디 앰뷸런스 어라이(ㅂㅅ)

구급차가 와요.
Here comes an ambulance.
히어 컴 전 앰뷸런스

구급차가 바로 갈 겁니다.
An ambulance is on the way.
언 앰뷸런스 이즈 온 더 웨이

구급차가 곧 그곳에 도착할 것입니다.
The ambulance will be right over.
디 앰뷸런스 윌 비 라잇 오버

다행히 구급차가 바로 왔다.
Luckily an ambulance arrived shortly after.
럭킬리 언 앰뷸런스 어라이(ㅂㄷ) 쇼(ㄹㅌ)리 애(ㅍ)터

구급차가 올 때까지 제가 할 수 있는 것이 있나요?
Is there anything I can do before the ambulance comes?
이즈 데어 애니씽 아이 컨 두 비포 디 앰뷸런스 컴(ㅅ)

Jane은 구급차 들것에 눕혀졌다.
Jane was placed on an ambulance stretcher.
제인 워즈 플레이스 톤 언 앰뷸런스 스츠렛처

Unit 2 길을 잃음

길을 잃음

길을 잃었어요.

I got lost.

아이 갓 로슷

I lost my way.

아이 로슷 마이 웨이

I missed my way.

아이 미스(ㅌ) 마이 웨이

지금 있는 곳이 어디인가요?

Where are you now?

웨어 아 유 나우

여기가 어딘인지 모르겠어요.

I don't know where I am.

아이 돈 노우 웨어 아이 앰

주변에 보이는 것을 말씀해 주시겠어요?

Can you tell me what you can see around you?

lost 길을 잃은, 분실한
* **get lost** 길을 잃다 / * **be lost on** ~에 효과가 없다
missing 행방불명의
* **a missing child** 미아 / * **come up missiong** 모습을 보이지 않다, 결근하다
* **go missing** 행방불명 되다
advertise 광고를 내다
* **be missing** 미아가 되다 / * **search for a missing child** 미아를 찾다

미아

딸을 잃어버렸어요.
My daughter is missing. / I lost my daughter.
마이 더터 이즈 미싱 / 아이 로슷 마이 더터

어디에서 잃어버리셨나요?
Where did you lose her?
웨어 디 쥬 루즈 허
Where did you last see him?
웨어 디 쥬 래슷 시 힘

인상착의를 알려 주세요.
Please let me know the looks of your child.
플리즈 렛 미 노우 더 룩 서 뷰어 차일(ㄷ)

여섯 살 난 제 아이가 사라졌어요.
My six-year-old seems to have disappeared.
마이 식 시어 올(ㄷ) 심(ㅅ) 투 해(ㅂ) 디서피어(ㄷ)

미아를 찾기 위한 방송을 해 주시겠어요?
Could you make an announcement for a missing child?
쿠 쥬 메익 언 어나우스먼(ㅌ) 포 러 미싱 차일(ㄷ)

미아보호소가 어디예요?
Where's the home for missing children?
웨어(ㅈ) 더 홈 포 미싱 칠드런

미아 광고를 내자.
Let's advertise a child as lost.
렛(ㅊ) 엇버(ㄹ)타이즈 어 차일 대(ㅈ) 로슷

분실사고

분실물 보관소는 어디인가요?
Where is the lost and found?
웨어 이즈 더 로슷 앤 파운(ㄷ)

언제 어디에서 분실하셨나요?
When and where did you lose it?
웬 앤 웨어 디 쥬 루즈 잇

신용카드를 잃어버렸습니다.
I lost my credit card.
아이 로슷 마이 크레딧 카(ㄹㄷ)

택시 안에 지갑을 두고 내렸어요.
I left my purse in a taxi.
아이 레픗 마이 퍼(ㄹ)스 인 어 택시

어디에서 잃어버렸는지 기억이 안 나요.
I don't remember where I lost it.
아이 돈 리멤버 웨어 아이 로슷 잇

여기에서 휴대전화를 보지 못했나요?
Didn't you see a cell phone here?
디든 츄 시 어 셀 폰 히어

분실 신고&분실물 센터

분실물은 저희가 책임질 수 없습니다.
We can't take responsibility for the lost things.
위 캔 테익 리스판서빌리티 포 더 로슷 씽(ㅅ)

분실물 신청용지를 작성해 주세요.
Fill out this lost luggage form.
필 아웃 디스 로슷 러기쥐 폼

분실한 짐을 찾으러 왔습니다.
I'm here to pick up my luggage that I lost.
아임 히어 투 픽 업 마이 러기쥐 댓 아이 로슷

분실한 카드를 신고하려고 합니다.
I'd like to report a lost card.
아이(ㄷ) 라익 투 리포(ㄹ) 터 로슷 카(ㄹㄷ)

어서 카드 분실 신고를 해.
You'd better hurry and report the card missing.
유(ㄷ) 베더 허리 앤 리포(ㄹㅌ) 더 카(ㄹㄷ) 미싱

분실물 센터에 가 보는 게 좋겠다.
You should try the Lost and Found.
유 슈(ㄷ) 츠라이 더 로슷 앤 파운(ㄷ)

분실물 센터에 가서 확인해 봐.
You'll have to check with the Lost and Found.
유일 해(ㅂ) 투 첵 윗 더 로슷 앤 파운(ㄷ)

도난

도둑이야!

Thief! / Robber! / Stop thief!

씨(ㅍ) / 라버 / 스탑 씨(ㅍ)

제 지갑을 도단당했습니다.

My wallet was stolen.

마이 왈릿 워즈 스톨른

I've got my wallet stolen.

아이(ㅂ) 갓 마이 왈릿 스톨른

I was robbed of my purse.

아이 워즈 랍 터(ㅂ) 마이 퍼(ㄹ)스

I had my purse lifted.

아이 해(ㄷ) 마이 퍼(ㄹ)스 립티(ㄷ)

그가 제 지갑을 훔쳤습니다.

He stole my purse.

히 스톨 마이 퍼(ㄹ)스

누가 제 가방을 가져갔어요.

Someone took my bag. / I have been mugged.

섬원 툭 마이 백 / 아이 해(ㅂ) 빈 먹(ㄷ)

강도를 당했어요.

I was robbed.

아이 워즈 랍(ㄷ)

경비원을 불러 주세요.

Call a security officer.

컬 어 시큐리티 어피서

이웃에서 도난 사건이 몇 건 있었다.
There were several burglaries in the neighborhood.
데어 워 세(ㅂ)럴 버(ㄹ)그러리 진 더 네이버후(ㄷ)

도난 신고 했어요?
Did you report a burglary to the police?
디 쥬 리포(ㄹ) 터 버(ㄹ)그러리 투 더 폴리스

그건 도난방지기예요.
That's a burglar alarm.
댓 처 버(ㄹ)그러 알람

그는 가게에서 물건을 훔치다가 걸렸다.
He got caught shoplifting.
히 갓 커웃 샵립팅

어젯밤에 우리 집에 도둑이 들었다.
My house was robbed last night.
마이 하우스 워즈 랍(ㄷ) 래슷 나잇
A thief broke in to my house last night.
어 씨(ㅍ) 브록 인 투 마이 하우스 래슷 나잇

외출한 사이 누가 방에 침입했습니다.
Someone broke into my room while I was out.
섬원 브로욱 인투 마이 룸 와일 아이 워즈 아웃

외출한 사이에 도둑이라도 들면 어쩌지?
What if we get burgled while we're going out?
왓 이(ㅍ) 위 겟 버(ㄹ)글(ㄷ) 와일 위어 고잉 아웃

소매치기

소매치기야!

Pickpocket!

픽팍킷

소매치기 주의!

Beware of pickpockets!

비웨어 어(ㅂ) 픽파킷(ㅊ)

Be alert for purse-snatchers!

비 얼러(ㄹㅌ) 포 퍼(ㄹ)스 스냇처(ㅅ)

저 놈 잡아요!

Catch him!

캣취 힘

가방을 빼앗겼어요.

My bag was snatched.

마이 백 워즈 스내취(ㅌ)

Someone snatched my bag.

섬원 스냇취(ㅌ) 마이 백

소매치기가 내 지갑을 훔쳤어요.

A pickpocket frisked me of my wallet.

어 픽팍킷 프리슥(ㅌ) 미 어(ㅂ) 마이 왈릿

A pickpocket walked off with my purse.

어 픽팍킷 웍(ㅌ) 오(ㅍ) 윗 마이 퍼(ㄹ)스

I was robbed of my wallet by a pickpocket.

아이 워즈 랍 더(ㅂ) 마이 왈릿 바이 어 픽팍킷

경찰을 부르겠어요.
I'll call the police.
아일 컬 더 폴리스

소매치기를 조심하세요!
Beware of pickpockets!
비웨어 어(ㅂ) 픽파킷(ㅊ)
Look out for pickpockets!
룩 아웃 포 픽파킷(ㅊ)
Be alert for purse-snatchers!
비 알러(ㄹㅌ) 포 퍼(ㄹ)스 스냇처(ㅅ)

여기에서는 지갑을 조심하세요. 소매치기 당하기 쉽거든요.
Watch your wallet here. It's easy to be pickpocketed.
왓취 유어 왈릿 히어 잇(ㅊ) 이지 투 비 픽파킷티(ㄷ)

승객 여러분 소매치기를 조심하십시오.
Passengers are warned against pickpockets.
패신저 사 원 더게인슷 픽팍킷(ㅊ)

소매치기가 내 눈 앞에서 그것을 훔쳐갔어요.
The pickpocket took it right from under my nose.
더 픽팍킷 툭 잇 라잇 프럼 언더 마이 노우즈

오늘 아침 지하철에서 소매치기를 당했어요.
I was pickpocketed on the subway this morning.
아이 워즈 픽팍킷티 돈 더 섭웨이 디스 모닝

사기

사기를 당했습니다.

I was ripped off.

아이 워즈 립 토(ㅍ)

I have been cheated.

아이 해(ㅂ) 빈 칫티(ㄷ)

사기로 돈을 떼였어요.

I was jobbed out of my money.

아이 워즈 잡 다웃 어(ㅂ) 바이 머니

그는 사기꾼이에요.

He is a con artist. / He is a damn swindler.

히 이즈 어 컨 아(ㄹ)티슷 / 히 이즈 어 댐 스윈들러

도난&사기

· 사기 fraud, swindle, cheat, deception, con job
· 사기치다 swindle, defraud
· 사기꾼 swindler, defrauder, crook(구어), confidence man, confidence tricker
· 사기사건 a fraud case
· 사기도박 fraudulent gambling
· 신용사기 confidence game, con game(속어)
· 결혼 사기 a marriage fraud

사기 치지 마!
Don't take me for a ride!
돈 테익 미 포 러 라이드

그건 순전히 사기야.
It's all a do.
잇 철 어 두
It's a downright swindle.
잇 처 다운라잇 스윈들

그는 사기로 가진 것을 바가지 썼다.
He was fleeced his belongings by fraud.
히 워즈 플리스(ㅌ) 히스 비롱잉(ㅅ) 바이 프러(ㄷ)

택시 운전사한테 사기 당했어.
I got ripped off by the cab driver.
아이 갓 립 토(ㅍ) 바이 더 캡 드라이버

그는 내게 사기를 쳐서 돈을 빼앗았다.
He conned me out of money.
히 컨(ㄷ) 미 아웃 어(ㅂ) 머니
He has shaken me down.
히 해즈 쉐이큰 미 다운
He was jobbed out of my money.
히 워즈 잡 다웃 어(ㅂ) 마이 머니

그는 사기죄로 체포됐다.
He was arrested on a charge of fraud.
히 워즈 어레스티 돈 어 차(ㄹ)쥐 어(ㅂ) 프러(ㄷ)
He was charged with fraud.
히 워즈 차(ㄹ)쥐(ㄷ) 윗 프러(ㄷ)

그는 사기 행각을 벌여서 체포되었다.
He was arrested for having played the rogue.
히 워즈 어레스티(ㄷ) 포 해빙 플레이(ㄷ) 더 로우그

그는 날 협박해서 돈을 사기 쳤어요.
He's shaken me down.
히즈 쉐이큰 미 다운

나는 그 사기꾼의 말을 다 믿었다고.
I believed the con artist's story hook, line and sinker.
아이 빌리(ㅂㄷ) 더 컨 아(ㄹ)티스(ㅊ) 스토리 훅 라인 앤 싱커

그는 완전히 사기꾼이야.
He is a crook inside out.
히 이즈 어 크룩 인사이드 아웃

경찰 신고

여기에서 가장 가까운 경찰서가 어디인가요?
Where is the nearest police station?
웨어 이즈 더 니어리슷 폴리스 스테이션

경찰을 불러 주세요.
Call the police.
컬 더 폴리스

도난 신고를 하려고 합니다.
I'd like to report a theft.
아이(ㄷ) 라익 투 리포(ㄹ) 터 쎄(ㅍㅌ)

도난 증명서를 만들어 주십시오.
Could you make out a report of the theft?
쿠 쥬 메익 아웃 어 리포(ㄹ) 터(ㅂ) 더 쎄(ㅍㅌ)

어디에 신고해야 합니까?
Where should I report it to?
웨어 슈 다이 리포(ㄹ) 팃 투

가까운 경찰서에 가서 신고하는 게 좋겠어요.
You'd better come down to the station and report it.
우(ㄷ) 베더 컴 다운 투 더 스테이션 앤 리포(ㄹ) 팃

한국 대사관에 연락해 주세요.
Please call the Korean embassy.
플리즈 컬 더 커리언 엠버시
I want to contact the Korean embassy.
아이 원 투 컨택(ㅌ) 더 커리언 엠버시

교통사고

교통사고 신고를 하려고 합니다.
I want to report a car accident.
아이 원 투 리포(ㄹ) 터 카 액시던(ㅌ)

교통사고를 목격했습니다.
I witnessed a traffic accident.
아이 윗니스 터 츠래픽 액시던(ㅌ)

교통사고를 당했어요.
I had a car accident.
아이 해 더 카 액시던(ㅌ)
My car has been in a traffic accident.
마이 카 해(ㅈ) 빈 인 어 츠래픽 액시던(ㅌ)

그 차가 내 차의 측면을 들이받았어요.
The car hit mine broadside.
더 카 힛 마인 브러(ㄷ)사이드

정면추돌이었어요.
It was a head-on collision.
잇 워즈 어 헤 돈 컬리즌

그 교통사고는 언제 일어난 거죠?
When did the traffic accident happen?
웬 디(ㄷ) 더 츠래픽 액시던(ㅌ) 해픈

하마터면 사고를 당할 뻔 했어요.
We almost got into an accident.
위 얼모슷 갓 인투 언 액시던(ㅌ)
We had a close call.
위 해 더 클로스 컬

사고 증명서를 만들어 주십시오.
May I have an accident report, please.
메이 아이 해 번 액시던(ㅌ) 리포(ㄹㅌ) 플리즈

운전면허증을 보여 주세요.
I need to see your driver's license, please.
아이 닛 투 시 유어 드라이버(ㅅ) 라이센스 플리즈

보험은 가입되어 있나요?
Is your car insured?
이즈 유어 카 인슈어(ㄷ)

보험의 유효 기간은 어떻게 되나요?
How long is this policy good for?
하우 롱 이즈 디스 폴리시 굿 포

이곳은 교통사고 다발지점이에요.
This is an accident black spot.
디스 이즈 언 액시던(ㅌ) 블랙 스팟
This is a black spot for traffic accidents.
디스 이즈 어 블랙 스팟 포 츠래픽 액시던(ㅊ)

안전사고

그는 수영 중에 익사할 뻔했다.
He was nearly drowned while swimming.
히 워즈 니어리 드로운(ㄷ) 와일 스위밍

바다에 빠진 소년은 익사했다.
The boy fed the fishes after falling into the sea.
더 보이 페(ㄷ) 더 피쉬 재(ㅍ)터 펄링 인투 더 시

그는 감전되어 죽을 뻔했다.
He was almost killed by an electric shock.
히 워즈 얼모슷 킬(ㄷ) 바이 언 일렉츠릭 샥

계단에서 미끄러졌어.
I slipped on the stairs.
아이 슬립 톤 더 스테어(ㅅ)

그는 미끄러졌지만 재빨리 난간을 잡았다.
He slipped but quickly caught hold of the railing.
히 슬립(ㅌ) 벗 쿠익리 커웃 홀 더(ㅂ) 더 레일링

미끄러지지 않도록 조심하세요.
Watch your step so as not to slip.
왓취 유어 스텝 소 애(ㅈ) 낫 투 슬립

오늘 아침에 빙판에서 미끄러졌어요.
This morning I slipped on some ice.
디스 모닝 아이 슬립 톤 섬 아이스

돌에 걸려 넘어졌어요.
I fell over a stone. / I tripped on a stone.
아이 펠 오버 어 스톤 / 아이 츠립 톤 어 스톤

돌에 걸려 넘어지면서 발목을 삐었다.
I tripped over a rock and sprained my ankle.
아이 츠립 토버 어 락 앤 스프레인(ㄷ) 마이 앵클

그녀는 중심을 잃고 넘어졌다.
She lost her balance and tumbled over.
쉬 로슷 허 밸런스 앤 텀블 도버
She overbalanced herself and fell.
쉬 오버밸런스(ㄷ) 허셀(ㅍ) 앤 펠

그녀는 발을 헛디뎌 넘어졌다.
She lost her footing and fell down.
쉬 랏(ㅊ) 허 풋팅 앤 펠 다운

자전거를 타다가 넘어졌어요.
I fell off my bicycle.
아이 펠 오(ㅍ) 마이 바이시클

넘어져서 일어나지 못하겠어요.
I've fallen and can't get up.
아이(ㅂ) 펄른 앤 캔 겟 업

할머니는 넘어져서 무릎을 다치셨어.
My grandma fell and banged her knees.
마이 그랜(ㄷ)마 펠 앤 뱅(ㅌ) 허 니(ㅅ)

화재

불이야!
Fire!
파이어

소방서에 연락하세요.
Call the firehouse.
컬 더 파이어하우스

어젯밤에 화재가 났어요.
A fire broke out last night.
어 파이어 브로욱 아웃 래슷 나잇
A fire took place last night.
어 파이어 툭 플레이스 래슷 나잇
There was a fire last night.
데어 워즈 어 파이어 래슷 나잇

그는 지난달에 화재를 당했어요.
He suffered from a fire last month.
히 서퍼(ㄷ) 프럼 어 파이어 래슷 먼쓰
He was caught in a fire last month.
히 워즈 커웃 인 어 파이어 래슷 먼쓰

어젯밤 화재로 그 빌딩은 전소됐다.
Last night fire devastated the building.
래슷 나잇 파이어 데버스테이티(ㄷ) 더 빌딩

그 화재는 누전으로 인해 일어났다.
The fire was started by a short circuit.
더 파이어 워즈 스타(ㄹ)티(ㄷ) 바이 어 쇼(ㄹㅌ) 서(ㄹ)킷
The fire was caused by a leakage of electricity.
더 파이어 워즈 커즈(ㄷ) 바이 어 리키쥐 어 빌렉츠릭시티

화재가 나서 사람들이 대피했다.
The people evacuated the town because of the fire.
더 피플 이베큐에이티(ㄷ) 더 타운 비커즈 어(ㅂ) 더 파이어

화재는 보통 부주의해서 발생한다.
Carelessness is often the cause of fires.
캐어리스니스 이즈 오픈 더 커즈 어(ㅂ) 파이어(ㅅ)

소방관들은 5분 만에 화재 현장에 도착했다.
The firemen got to the fire in 5 minutes.
더 파이어멘 갓 투 더 파이어 인 파이(ㅂ) 미니(ㅊ)

화재 경보기가 울리면 즉시 여기에서 나가세요.
If the fire alarm goes off leave here quickly.
이(ㅍ) 더 파이어 알람 고즈 오(ㅍ) 리(ㅂ) 히어 쿠익리

그 화재 원인은 확실하지 않아요.
The cause of the fire is unknown.
더 커즈 어(ㅂ) 더 파이어 이즈 언노운

화재에서 발생한 연기 때문에 목과 눈이 화끈거렸다.
Acrid smoke from the fire burned my throat and eyes.
애크리(ㄷ) 스모욱 프럼 더 파이어 번(ㄷ) 마이 쓰로웃 앤 아이(ㅅ)

지진

간밤에 지진이 일어났어요.
An earthquake was felt last night.
언 어(ㄹ)쓰쿠에익 워즈 펠(ㅌ) 래슷 나잇

지진으로 땅이 갈라졌다.
The ground was cracked by the earthquake.
더 그라운(ㄷ) 워즈 크랙(ㅌ) 바이 디 어(ㄹ)쓰쿠에익

그 마을은 지진으로 파괴되었다.
The village was destroyed by an earthquake.
더 빌리쥐 워즈 디스츠로이(ㄷ) 바이 언 어(ㄹ)쓰쿠에익

지진이 발생하면 책상 밑으로 들어가세요.
Please get under the table when the earthquake occurs.
플리즈 겟 언더 더 테이블 웬 디 어(ㄹ)쓰쿠에익 어커(ㅅ)

그 건물은 지진에도 끄떡없었어요.
The building perfectly withstood the earthquake.
더 빌딩 퍼펙틀리 윗스투(ㄷ) 디 어(ㄹ)쓰쿠에익

지진이 빚은 참사는 끔찍하다.
The earthquake created a disaster.
디 어(ㄹ)쓰쿠에익 크리에이티 더 디재스터

지진으로 인한 해일을 봐라.
Look a tidal wave driven by the earthquake.
룩 어 타이들 웨이(ㅂ) 드리븐 바이 디 어(ㄹ)쓰쿠에익

도쿄에 진도 8.2의 지진이 발생했다.
An 8.2 magnitude earthquake hit Tokyo.
언 에잇 포인(ㅌ) 투 매그니튜드 어(ㄹ)쓰쿠에익 힛 도쿄

부산에 리히터 규모 4도의 지진이 발생했다.
An earthquake measuring 4.0 to 5.0 on the Richter scale shook Busan.
언 어(ㄹ)쓰쿠에익 메저링 포 포인(ㅌ) 오 투 파이(ㅂ) 포인(ㅌ) 오 온 더 리릭터 스케일 슉 부산

지진의 진앙지는 부산에서 400km 떨어진 해상이었다.
The epicenter of the earthquake was 400km off Busan.
디 에피센터 어(ㅂ) 디 어(ㄹ)쓰쿠에익 워즈 포 헌드레(ㄷ) 킬로미터(ㅅ) 오(ㅍ) 부산

지진으로 많은 농작물이 피해를 입었다.
The earthquake caused much damage to the crops.
디 어(ㄹ)쓰쿠에익 커즈(ㄷ) 머취 대미쥐 투 더 크랍(ㅅ)

이번 지진으로 수백만 명의 이재민이 발생했어요.
The earthquake left millions of people homeless.
디 어(ㄹ)쓰쿠에익 레픗 미얼리언 서(ㅂ) 피플 홈리스

그들은 이미 지진 피해를 복구했다.
They've already recovered from the effect of the earthquake.
데이(ㅂ) 어레디 리커버(ㄷ) 프럼 디 이펙 터(ㅂ) 디 어(ㄹ)쓰쿠에익

지진이 무섭지 않은 사람은 없다.
Nobody dread earthquakes.
노바디 드레(ㄷ) 어(ㄹ)쓰쿠에익(ㅅ)

Unit 4 장례

장례

할아버지께서 오늘 아침에 돌아가셨어.
My grandfather passed away this morning.
마이 그랜(ㄷ)파더 패스 터웨이 디스 모닝

장례식에서는 언제나 눈물이 나온다.
I always break into tears at a funeral.
아이 얼웨이(ㅈ) 브레익 인투 티어 샛 어 퓨너럴

전 장례식에 참석할 수 없을 것 같네요.
I'm afraid I won't be able to attend the funeral.
아임 어(ㅍ)레이 다이 워운(ㅌ) 비 에이블 투 어텐(ㄷ) 더 퓨너럴

그의 장례식장에는 조화가 많이 있었어요.
There were so many floral tributes at his funeral.
데어 워 소 메니 플로럴 츠리뷰 챗 히스 퓨너럴

난 죽으면 화장으로 장례를 치르고 싶어요.
When I die I want to be cremated.
웬 아이 다이 아이 원 투 비 크리메이티(ㄷ)

Tom을 교회 묘지에 묻었어요.
We laid Tom in a churchyard.
위 레이(ㄷ) 탐 인 어 처(ㄹ)취야(ㄷ)

그를 공동묘지에 묻기로 했습니다.
We decided to bury him in a cemetery.
위 디사이디(ㄷ) 투 베리 힘 인 어 세머테리

조문 인사

어떻게 위로의 말을 전해야 할지 모르겠네요.

I don't know how to convey a message of condolence.
아이 돈 노우 하우 투 컨베이 어 베시쥐 어(ㅂ) 컨돌런스

I'm sorry to hear about your loss.
아임 소리 투 히어 어바웃 유어 로스

I'm sorry for your loss.
아임 소리 포 유어 로스

얼마나 상심이 크세요.

My sympathies to you.
마이 심파씨(ㅈ) 투 유

We sympathize with you in your bereavement.
위 심파씨아즈 윗 유 인 유어 비리(ㅂ)먼(ㅌ)

아버님의 갑작스러운 부고에 애도를 표합니다.
Please accept my condolence on your father's sudden death.
플리즈 익셉(ㅌ) 마이 컨돌런스 온 유어 파더(ㅅ) 서든 데쓰

우리는 그녀의 죽음을 애도합니다.
We lament her death.
위 러멘(ㅌ) 허 데쓰

우리 모두 가슴 아파하고 있습니다.
We all grieve for you.
위 얼 그리(ㅂ) 포 유

조의를 표합니다.
My condolences to you.
마이 컨덜런시(ㅈ) 투 유
Accept my sincere condolences.
익셉(ㅌ) 마이 신시어 컨덜런시(ㅈ)
I'd like to offer my condolences.
아이(ㄷ) 라익 투 어퍼 마이 컨덜런시(ㅈ)
I respectfully express my condolence.
아이 리스펙(ㅌ)풀리 익스프레스 마이 컨덜런스
Please accept my deepest condolence.
플리즈 익셉(ㅌ) 마이 딥피슷 컨덜런스
Please accept my sincere condolences.
플리즈 익셉(ㅌ) 마이 신시어 컨덜런시(ㅈ)
Present my deepest condolences.
프리센(ㅌ) 마이 딥피슷 컨덜런시(ㅈ)

힘든 시간이시겠어요.
You must be having a hard time.
유 머슷 비 해빙 어 하(ㄹㄷ) 타임

정말 안 됐습니다.
I'm sorry to hear that.
아임 소리 투 히어 댓

고인을 잊지 못할 겁니다.
I'll never forget her[him].
아일 네버 포(ㄹ)겟 허 [힘]

고인을 알게 되어 영광이었습니다.
It was a privilege to know him[her].
잇 워즈 어 프리빌리쥐 투 노우 힘 [허]

고인은 우리 마음 속에 영원히 살아있을 것입니다.
He[She] will always live on in our hearts.
히 [쉬] 윌 얼웨이(ㅈ).리 본 인 아워 하(ㄹㅊ)

이렇게 와서 조의를 표해 주셔서 감사합니다.
Thank you for coming and offering your condolences.
쌩 큐 포 커밍 앤 오퍼링 유어 컨덜런시(ㅈ)

콩글리시 때려 잡기 – 돈가스

아이들도 좋아하고, 직장인들도 흔히 먹는 점심 메뉴인 돈가스.
돈가스는 일본어의 カシ丼에서 온 말이라서, 영어권 레스토랑에 가서 주문하면 아마 통하지 않을 것입니다. 그럼 영어로 뭐라고 할까요?
고기에 튀김옷을 입힌 요리를 보통 curlet이라고 하므로, 돈가스는 Pork curlet이라고 한답니다. 물론 우리가 먹던 돈가스와 완전히 똑같진 않겠죠.
이 외에도 함박스테이크도 hamburger steak라는 것쯤은 센스.

Chapter 09

너희들 덕에 편하구나!

Unit 1 컴퓨터

컴퓨터

컴퓨터를 켜고 끄는 법을 아세요?
Do you know how to turn the computer on and off?
두 유 노우 하우 투 턴 더 컴퓨터 온 앤 오(ㅍ)

그녀는 컴퓨터를 잘 다룬다.
She is proficient at operating the computer.
쉬 이즈 프러피시언 탯 오퍼레이팅 더 컴퓨터

그는 컴퓨터에 대해서 요모조모 잘 알고 있다.
He knows the ins and outs of the computer.
히 노우(ㅈ) 디 인 샌 아웃 처(ㅂ) 더 컴퓨터

저는 컴맹이에요.
I'm computer-illiterate.
아임 컴퓨터 일리터레잇

요즘 노트북 컴퓨터는 필수품이 되어 버렸어.
These days laptop computers are the necessary one.
디즈 데이(ㅅ) 랩탑 컴퓨터 사 더 네서서리 원

이번 주말에 내 새 컴퓨터 설치하는 것 좀 도와줄래요?
Would you be able to come over this weekend and help me set up my new computer?
우 쥬 비 에이블 투 컴 오버 디스 위켄 댄 헬(ㅍ) 미 셋 업 마이 뉴 컴퓨터

저는 컴퓨터를 어떻게 작동시키는지 모르는데요.
I don't know how to use[operate] a computer.
아이 돈 노우 하우 투 유즈 [오퍼레잇] 어 컴퓨터

컴퓨터가 너무 느려서 파일이 안 열려.
My computer is extremely slow and won't open any files.
마이 컴퓨터 이즈 익스츠림리 슬로우 앤 워운(ㅌ) 오픈 애니 파일(ㅈ)

Alt, Ctrl, delete 버튼을 눌러요.
Press Alt, Ctrl and delete buttons.
프레스 알(ㅌ) 컨츠럴 앤 딜릿 버튼(ㅅ)

설치를 계속하려면 컴퓨터를 다시 시작해야 합니다.
Set up needs to restart your computer to continue.
셋 업 니(ㅈ) 투 리스타(ㄹ) 츄어 컴퓨터 투 컨티뉴

컴퓨터가 고장났어요.
My computer crashed.
마이 컴퓨터 크래쉬(ㅌ)

바이러스 치료 프로그램을 실행시키세요.
Run the antivirus program.
런 디 안티바이러(ㅅ) 프로그램

그는 타자가 느리잖아, 독수리 타법이니까.
He types so slowly, because he's a hunt-and-peck typist.
히 타입(ㅅ) 소 슬로우리 비커즈 히즈 어 헌 탠 펙 타이피슷

컴퓨터 모니터

모니터가 켜져 있지 않았어요.
The computer monitor wasn't turned on.
더 컴퓨터 모니터 워즌 턴 돈

모니터가 어떻게 된 거예요?
What happened to your monitor?
왓 해픈(ㄷ) 투 유어 모니터

넌 이미 LCD 모니터가 있잖아?
You already have an LCD monitor, don't you?
유 얼레디 해 번 엘시디 모니터 돈 츄

그는 모니터를 딱 하고 껐다.
He snapped off the monitor.
히 스냅 토(ㅍ) 더 모니터

모니터가 나갔는데.
My screen died.
마이 스크린 다이(ㄷ)

모니터 화면이 흔들려요.
The monitor is fuzzy.
더 모니터 이즈 퍼지

컴퓨터 키보드&마우스

그는 키보드로 입력하고 있어요.
He's typing on a keyboard.
히즈 타이핑 온 어 키보(ㄷ)

메뉴의 밑줄 친 문자는 키보드 단축기로 항목을 선택할 수 있습니다.
The underlined letters in menus indicate a keyboard shortcut method to select the item.
디 언더라인(ㄷ) 레더 신 메뉴 신디케잇 어 키보(ㄷ) 쇼(ㄹㅌ)컷 메쏘(ㄷ) 투 셀렉(ㅌ) 디 아이틈

그녀는 손가락으로 빠르게 키보드를 쳤다.
Her fingers quickly tapped out a message on the keyboard.
허 핑거(ㅅ) 쿠익리 탭 타웃 어 메시쥐 온 더 키보(ㄷ)

키보드가 꼼짝도 안 하네요.
The keyboard froze.
더 키보(ㄷ) 프러즈

마우스로 아래쪽 화살표 버튼을 클릭하세요.
Click the downward pointing arrow button with your mouse.
클릭 더 다운워(ㄹㄷ) 포인팅 애로우 버튼 윗 유어 마우스

무선 마우스가 있으면 좋겠는데.
I'd like a wireless mouse.
아이(ㄷ) 라익 어 와이어리스 마우스

컴퓨터 프린터&복사기

테스트 페이지를 프린터로 보내고 있어요.
A test page is now being sent to the printer.
어 테슷 페이쥐 이즈 나우 비잉 센(ㅌ) 투 더 프린터

프린터기에 토너가 떨어졌어요.
The printer is out of ink[toner].
더 프린터 이즈 아웃 어(ㅂ) 잉(ㅋ) [토너]

이 새 프린터 카트리지는 얼마나 하나요?
How much do these new printer cartridges cost?
하우 머취 두 디즈 뉴 프린터 카츠리쥐(ㅈ) 코슷

프린터기에 종이가 걸렸어요.
The printer is jammed.
더 프린터 이즈 잼(ㄷ)

프린터 용지가 다 떨어졌네요.
The printer is out of paper.
더 프린터 이즈 아웃 어(ㅂ) 페이퍼

새 복사기 사용법 좀 가르쳐 줄래요?
Can you show me how to use the copier?
캔 유 쇼우 미 하우 투 유즈 더 카피어

복사기에 걸린 종이 빼는 것 좀 도와줄래요?
Can you give me a hand to un-jam this copy machine?
캔 유 기(ㅂ) 미 어 핸(ㄷ) 투 언 잼 디스 카피 머쉰

컴퓨터 사양

우리는 이제 데스크톱 컴퓨터를 서서히 없애고 있다.
We are phasing out desktop computers.
위 아 페이징 아웃 데슥탑 컴퓨터(ㅅ)

컴퓨터 사양이 낮아서 이 게임을 할 수 없어.
The computer is so old that I can't install this game.
더 컴퓨터 이즈 소 올(ㄷ) 댓 아이 캔 인스털 디스 게임

어떤 OS를 쓰고 있어요?
Which operating system do you use?
위취 오퍼레이팅 시스템 두 유 유즈

이 노트북은 CPU가 인텔 코어2 듀오 2.0GHz이고, 램이 3기가에 하드디스크가 320기가, 모니터는 15.4인치 와이드의 사양을 가지고 있어요.
This laptop computer has an Intel core duo 2 2.0GHz CPU with 3 gigs of RAM, a 320 gigs hard drive and a 15-inch widescreen monitor.
디스 랩탑 컴퓨터 해즈 언 인텔 코어 듀어 투 투 포인(ㅌ) 오 기거헤(ㄹㅈ) 시피유 윗 쓰리 긱 서(ㅂ) 램 어 쓰리헌드레(ㄷ) 트웬티 긱(ㅅ) 하(ㄹㄷ) 드라이(ㅂ) 앤 어 핍틴 인취 와이드스크린 모니터

mouse potato

하루 종일 소파에 앉아 TV를 보며 감자칩을 먹는 사람을 가리켜 couch potato라고 합니다. 이 정도는 이미 다 알고 있는 거고요.
요즘은 TV 앞에 죽치고 있는 사람보다 컴퓨터 앞에 죽치고 있는 사람이 훨씬 많은 것 같네요. 그래서 그런 사람들을 지칭하는 말이 생겨났습니다. 바로 mouse potato랍니다.

문서 작업

워드프로세서 정도 사용할 줄 알아요.
I only know how to use a word processor.
아이 온리 노우 하우 투 유즈 어 워(ㄹㄷ) 프로세서

저는 주로 한글 프로그램을 사용합니다.
I usually use the Hangul.
아이 유쥬얼리 유즈 더 한글

엑셀 프로그램을 잘 다루니?
Are you good at Excel?
아 유 굿 앳 엑셀

열기 버튼을 클릭해 봐.
Click the open button.
클릭 디 오픈 버튼

글자체를 고딕체로 바꿔라.
Change the font to Gothic.
체인쥐 더 폰(ㅌ) 투 가씩

글자 크기를 크게 하면 어때?
How about enlarging the font size?
하우 어바웃 언라징 더 폰(ㅌ) 사이즈

인용문은 파란색으로 표시해라.
Mark the quotations in blue.
마(ㄹㅋ) 더 쿠어테이션 신 블루

제목을 굵게 표시하는 게 낫다.
It's better to make the headlines bold.
잇(ㅊ) 베터 투 메익 더 헤(ㄷ)라인(ㅅ) 볼(ㄷ)

이 단락을 복사해서 네 문서에 붙여라.
Copy the paragraph and paste it in to your document.
카피 더 패러그랩 앤 페이슷 잇 인 투 유어 다큐먼(ㅌ)

표와 그래프를 넣어 줄래요?
Would you include tables and graphs?
우 쥬 인클루드 테이블 샌 그랩(ㅅ)

이 문서를 txt 형식으로 저장해 줄래요?
Would you save this file as a text file?
우 쥬 세이(ㅂ) 디스 파일 애 저 텍슷 파일

문서에 페이지 번호를 표시해 주세요.
Please insert page numbers on the document.
플리즈 인서(ㄹㅌ) 페이쥐 넘버 손 더 다큐먼(ㅌ)

문서를 인쇄할 때 프린터 아이콘이 작업 표시줄에 나타납니다.
When you print a document, a printer icon appears on the taskbar.
웬 유 프린 터 다큐먼(ㅌ) 어 프린터 아이칸 어피어 손 더 테슥바

mouse

mouse하면, 진짜 쥐와 컴퓨터 마우스 중 어느 것을 떠올리세요? 요즘은 컴퓨터 마우스가 먼저 떠오르는 사람들이 더 많을 거 같네요.
컴퓨터 마우스는 복수형을 쓸 때 **mouses**나 **mice** 모두 가능합니다. 물론 진짜 쥐를 복수형으로 할 때는 **mice**만 된다는 것 아시죠?

파일 저장&관리

실수로 파일을 지웠어요.
I accidentally deleted the file.
아이 액시던털리 딜리티(ㄷ) 더 파일

원본 파일은 갖고 있죠?
Do you have the original file?
두 유 해(ㅂ) 디 어리지널 파일

아, 파일을 덮어 써 버렸네!
Ah, I overwrote the file!
아 아이 오버로웃 더 파일

프로그램을 닫기 전에 파일 저장하는 것은중요하다.
It's important to save the file before you close the program.
잇(ㅊ) 임포(ㄹ)턴(ㅌ) 투 세이(ㅂ) 더 파일 비포 유 클로즈 더 프로그램

어느 폴더에 저장했습니까?
Which folder did you save it in?
위취 폴더 디 쥬 세이 빗 인

파일을 저장할 다른 이름을 고르세요.
Please choose a new name for the file to be saved as.
플리즈 추즈 어 뉴 네임 포 더 파일 투 비 세이(ㅂ) 대(ㅈ)

이 파일에 비밀번호를 설정했어.
I set a password for this file.
아이 셋 어 패스워(ㄹㄷ) 포 디스 파일

자료는 외장하드에 백업했습니다.
I backed up the data on my portable hard drive.
아이 백 텁 더 데이터 온 마이 포터블 하(ㄹㄷ) 드라이(ㅂ)

손상된 파일을 복구할 수 있어?
Could you restore the damaged file?
쿠 쥬 리스토어 더 대미쥐(ㄷ) 파일

정기적으로 바이러스 체크하는 것 잊지 마세요.
Don't forget to check for a virus on a regular basis.
돈 포(ㄹ)겟 투 첵 포 러 바이러 손 어 레귤러 베이시(ㅅ)

10분마다 자동 저장 되도록 설정했다.
I set up automatically saves unsaved data every 10 minutes.
아이 셋 업 어터매티컬리 세이(ㅂㅅ) 언세입(ㄷ) 데이터 에브리 텐 미닛(ㅊ)

그 파일을 복사해서 내 USB에 저장해 주세요.
Copy the file and save it in my USB.
카피 더 파일 앤 세이 빗 인 마이 유에스비

파일이 손상되었거나 파일의 버전을 인식할 수 없어요.
It might be corrupted or an unrecognized version.
잇 마잇 비 커럽티 도어 언 언리커(ㄱ)나이즈(ㄷ) 버(ㄹ)전

Unit 2 인터넷

인터넷

인터넷 웹서핑 하면서 시간을 때우지.
I surf the Internet to kill time.
아이 서(ㄹㅍ) 디 이너넷 투 킬 타임

그냥 인터넷을 훑어보는 중이야.
Just surfing the net.
저슷 서(ㄹ)핑 더 넷

인터넷 하다 보면 시간 가는 줄 모르겠어.
I don't care how time flies surfing through the net.
아이 돈 캐어 하우 타임 플라이(ㅈ) 서(ㄹ)핑 쓰루 더 넷

어떻게 인터넷에 접속하죠?
How can I get online?
하우 컨 아이 겟 온라인

인터넷에 접속되어 있어요?
Are you connected to the Internet?
아 유 커넥티(ㄷ) 투 디 이너넷

애들이 인터넷 하느라고 정신이 없네요.
The kids are busy with the Internet.
더 키 자 비지 윗 디 이너넷

요즘 인터넷으로 못 하는 게 없잖아.
Today, there is nothing we can't do through the Internet.
투데이 데어 이즈 나씽 위 캔 두 쓰루 디 이너넷

인터넷으로 영어를 공부하려고 해.
I'm thinking of studying English through the Internet.
아임 씽킹 어(ㅂ) 스터딩 잉글리쉬 쓰루 디 이너넷

인터넷이 안 되는데.
The Internet is not working.
디 이너넷 이즈 낫 워(ㄹ)킹

검색창에 키워드를 입력해 보세요.
Type the keyword in the search bar.
타입 더 키워(ㄹ) 딘 더 서(ㄹ)취 바

인터넷으로 그 회사의 정보를 알아봤어요.
I checked the information of that company on the Internet.
아이 첵(ㅌ) 디 인포메이션 어(ㅂ) 댓 컴패니 온 디 이너넷

저희 웹사이트를 즐겨찾기에 추가해 주세요.
Please add our website to your favorite.
플리즈 애 다워 웹사잇 투 유어 페이버릿

인터넷 뱅킹은 정말 편리하잖아.
It's very convenient to use the Internet banking.
잇(ㅊ) 베리 컨비니언(ㅌ) 투 유즈 디 이너넷 뱅킹

이메일

이메일 보내 줘.
Email me.
이메일 미

이메일 주소가 뭐야?
Could I get your e-mail address?
쿠 다이 겟 유어 이 메일 애(ㄷ)레스

이메일 계정이 무료이니까 그걸로 신청해.
Lay in for the e-mail account, it's free.
레이 인 포 디 이 메일 어카운(ㅌ) 잇(ㅊ) 프리

새로운 이메일 주소가 있습니까?
Do you have a new e-mail address?
두 유 해 버 뉴 이 메일 애(ㄷ)레스

제 이메일에 답장 주세요.
Please make a reply to my e-mail.
플리즈 메익 어 리플라이 투 마이 이 메일

네게 보냈던 이메일이 반송되었는데.
The e-mail that I had sent you was returned.
디 이 메일 댓 아이 해(ㄷ) 센 츄 워즈 리턴(ㄷ)

네 이메일에 첨부파일이 없어.
There is no attachment in your e-mail.
데어 이즈 노 어태취먼 틴 유어 이 메일

첨부파일이 열리지 않아요.
I can't open the attachment.
아이 캔 토픈 디 어태취먼(ㅌ)

Robin의 이메일을 전달해 줄게.
I'll forward Robin's e-mail to you.
아일 포워(ㄷ) 로빈(ㅅ) 이 메일 투 유

그에게 이메일을 발송할 때 나도 참조로 넣어 주세요.
When you send him an e-mail, put my address in the C.C field.
웬 유 센(ㄷ) 힘 언 이 메일 풋 마이 애(ㄷ)레스 인 더 씨 씨 필(ㄷ)

이메일로 더 자세한 정보를 받아볼 수 있을까요?
Is it possible for me to get more detailed information through e-mail?
이즈 잇 파서블 포 미 투 겟 모어 디테일 딘포메이션 쓰루 이 메일

난 새해 인사를 벌써 이메일로 보냈어.
I've already e-mailed New Year's greetings to everyone.
아이(ㅂ) 얼레디 이 메일(ㄷ) 뉴 이어(ㅅ) 그리팅(ㅅ) 투 에브리원

다양한 메신저

인터넷이 발달하면서, 메신저 프로그램도 다양하게발전되어 갑니다. 단순히 글자만 입력하여 대화하는메신저에서 이제는 화상채팅, 인터넷 전화까지 그 기능도 계속 발전되고 있는데요. 우리나라에서는 대표적인 메신저라고 하면 Nate on 등이 있죠. MSN 메신저는 우리나라 뿐 아니라 전 세계적으로 통용되는 메신저 프로그램인데, 특히 유럽에서 많이 쓰인다고 합니다. 그밖에 세계적으로 통용되는 메신저에는 어떤 것들이 있을까요? 가장 많이 쓰이고 오래된 역사(?)를 자랑하는 ICQ(I Seek You의 발음을 땄음), Yahoo 메신저, 미국의 대표적인 메신저인 AIM(미국 유명 모뎀 인터넷 사이트인 AOL의 부속 프로그램) 등이 있습니다.

메신저

메신저로 대화하자.
Let's talk on MSN.
렛(ㅊ) 톡 온 엠에스엔

메신저에 접속했어?
Did you log in to MSN?
디 쥬 록 인 투 엠에스엔

그가 날 메신저에서 차단한 거 같은데.
I think he blocked me on his MSN.
아이 씽(ㅋ) 히 블락(ㅌ) 미 온 히스 엠에스엔

넌 (메신저에서) 줄곧 자리비움이니?
Are you always away on your MSN?
아 유 얼웨이즈 어웨이 온 유어 엠에스엔

업무 시간에 메신저를 켤 수 없어요.
I can't log in to MSN while I am working.
아이 캔 록 인 투 엠에스엔 와일 아이 앰 워(ㄹ)킹

잠수 탔었어.
I've been MIA lately.
아이(ㅂ) 빈 엠아이에이 레잇리

블로그

블로그 하니?
Do you blog?
두 유 블록

네 블로그를 소개해 줘.
Introduce your blog.
인츠로듀스 유어 블록

내 블로그 방명록에 글을 남겨 주세요.
Please leave a note in the guest book of my blog.
플리즈 리 버 놋 인 더 게슷 북 어(ㅂ) 마이 블록

내 블로그에 이번 여행 사진 올렸어.
I updated pictures of this trip on my blog.
아이 업데이티(ㄷ) 픽쳐 서(ㅂ) 디스 츠립 온 마이 블록

그의 블로그는 썰렁한데.
There is nothing special in his blog.
데어 이즈 나씽 스페셜 인 히스 블록

그녀의 블로그를 보니, 그녀가 어떤 사람인지 알 거 같아요.
I know who she is after seeing her blog.
아이 노우 후 쉬 이즈 애(ㅍ)터 시잉 허 블록

내 블로그 하루 방문자가 백 명이 넘어.
Over 100 people visit my blog every day.
오버 원 헌(ㄷ)레(ㄷ) 피플 비짓 마이 블록 에브리 데이

Unit 3 휴대전화

휴대전화

휴대전화 번호 좀 알려 줘.
Can I get your cell phone number?
캔 아이 겟 유어 셀 폰 넘버

내 번호를 네 휴대전화에 저장해 둬.
Save my phone number in your cell phone.
세이(ㅂ) 마이 폰 넘버 인 유어 셀 폰

제 휴대전화 번호가 바뀌었어요.
I've changed my cell phone number.
아이(ㅂ) 체인쥐(ㄷ) 마이 셀 폰 넘버

내 휴대전화는 최신형이다.
My cell phone is in the latest fashion.
마이 셀 폰 이즈 인 더 레이티슷 패션

콩글리시 때려 잡기 – MT

MT는 Membership training?

대학생이 되면 입학식도 하기 전, 선배들이 준비한 엠티를 가게 되지 않나 싶네요. 우리는 흔히 membership training의 준말이라고 하는데, 영어가 아닌 국적 불명의 말이라는 거 아시죠?
정확한 표현은 retreat이라고 하고요, 엠티 간다고 할 때는 go on a retreat이라고 해야 한답니다.

휴대전화 액정이 큰데.
Your cell phone display is wide.
유어 셀 폰 디(ㅅ)플레이 이즈 와이드

부재중 전화가 두 통 왔다.
I have missed 2 calls.
아이 해(ㅂ) 미스(ㅌ) 투 컬(ㅅ)

나는 터치스크린 휴대전화를 사고 싶어.
I want to buy touch screen type phone.
아이 원 투 바이 터취 스크린 타입 폰

운전 중 휴대전화를 사용하지 마세요.
Don't use your cell phone while driving.
돈 유즈 유어 셀 폰 와일 드라이빙

네 휴대전화는 사용 중이거나 꺼졌던데.
Your mobile was either busy or turned off.
유어 모바일 워즈 이더 비지 오어 턴 더(ㅍ)

휴대전화 문제

배터리가 얼마 없어.
My battery is low.
마이 배터리 이즈 로우

휴대전화가 잘 안 터져요.
The connection is bad.
더 커넥션 이즈 뱃

휴대전화를 변기에 빠뜨렸어.
I dropped the cell phone in the night chair.
아이 드랍(ㅌ) 더 셀 폰 인 더 나잇 체어

휴대전화 액정이 깨졌어.
My cell phone display is broken.
마이 셀 폰 디스플레이 이즈 브로우큰

휴대전화 충전기 가져왔어?
Did you bring the charger of cell phone?
디 쥬 브링 더 차(ㄹ)저 어(ㅂ) 셀 폰

어젯밤에 휴대전화를 충전해 놨어야 했는데.
I should've charged the cell phone last night.
아이 슛(ㅂ) 차(ㄹ)저(ㄷ) 더 셀 폰 레슷 나잇

휴대전화 기능

휴대전화로 아침 6시 모닝콜을 맞춰 놨어.
I set a wake-up call for 6:00 a.m. on my cell phone.
아이 셋 어 웨익 업 컬 포 식(ㅅ) 에이엠 온 마이 셀 폰

휴대전화로 계산해 보면 되지.
Calculate it with your cell phone calculator.
캘귤레잇 잇 윗 유어 셀 폰 캘귤레이터

그녀는 휴대전화로 사진 찍기를 즐긴다.
She likes to take pictures with her cell phone.
쉬 라익(ㅅ) 투 테익 픽쳐(ㅅ) 윗 허 셀 폰

이 휴대전화에는 MP3 기능이 있구나.
This cell phone has an MP3 player.
디스 셀 폰 해즈 언 엠피쓰리 플레이어

내 휴대전화로 인터넷에 접속할 수 있다.
I can log onto the Internet through my cell phone.
아이 컨 록 온투 디 이너넷 쓰루 마이 셀 폰

여자 친구와 화상 통화를 해.
I make video calls with my girlfriend.
아이 메익 비디오 컬(ㅅ) 윗 마이 걸프렌(ㄷ)

휴대전화에 비밀번호를 걸어놨어.
I locked my cell phone.
아이 락(ㅌ) 마이 셀 폰

해외에 가기 전에 휴대전화 로밍서비스 하는 거 잊지 마.
Don't forget to have roaming service before you go abroad.
돈 포(ㄹ)겟 투 해(ㅂ) 로밍 서(ㄹ)비스 비포 유 고 어(ㅂ)러(ㄷ)

내 휴대전화에 최신 게임이 있다.
I have the newest games on my cell phone.
아이 해(ㅂ) 더 뉴이슷 게임 존 마이 셀 폰

휴대전화로 게임하고 있었지?
Were you playing games on the cell phone?
워 유 플레잉 게임 존 더 셀 폰

네 휴대전화 컬러링이 좋은데.
I like the caller ring tone of your cell phone.
아이 라익 더 컬러 링 톤 어 뷰어 셀 폰

문자메시지용 단축 표기법 1

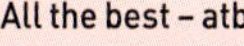

- All the best – atb
- Anyone – ne1
- Anything – n e thing
- Are you okay? – r u ok
- As far as I know – afaik
- Great – gr8
- Cutie – qt
- Date – d8
- Dinner – dnr
- Be – b
- Be back later – bbl8r
- Be back soon – bbs
- Be right back – brb

문자메시지

문자메시지 보내.
Text me.
텍슷 미

문자메시지로 보내 줄래요?
Could you send me a text message?
쿠 쥬 센(ㄷ) 미 어 텍슷 메시쥐

당신의 전화번호를 문자메시지로 보내 주세요.
Text me your phone number.
텍슷 미 유어 폰 넘버

네 문자메시지 못 받았는데.
I haven't received your text message.
아이 해븐(ㅌ) 리시(ㅂ) 듀어 텍슷 메시쥐

시간 있을 때 문자메시지를 보내 줘.
Send me a text message when you have time.
센(ㄷ) 미 어 텍슷 메시쥐 웬 유 해(ㅂ) 타임

스팸문자는 지겨워.
I'm sick of cell phone spam mails.
아임 식 어(ㅂ) 셀 폰 스팸 메일(ㅅ)

음성메시지가 왔네.
I got a voice mail.
아이 갓 어 보이스 메일

벨 소리

그 벨 소리 좋은데.
It is a good ring-tone.
잇 이즈 어 굿 링 톤

인터넷에서 벨 소리를 다운로드 했지.
I downloaded a ring-tone through the Internet.
아이 다운로디 더 링 톤 쓰루 디 이너넷

진동모드로 바꾸세요.
Turn your cell phone to vibrate.
턴 유어 셀 폰 투 바이브레잇

회의 전에 휴대전화가 진동모드인지 확인해야 합니다.
Check your cell phone to vibrate before the meeting.
첵 유어 셀 폰 투 바이브레잇 비포 더 미팅

영화 볼 때 벨 소리가 나지 않게 하세요.
Turn your ring-tone off when we watch the movie.
턴 유어 링 톤 오(ㅍ) 웬 위 왓취 더 무비

문자메시지용 단축 표기법 2

- Be seeing you – bcnu
- Before – b4
- By the way – btw
- Bye for now – b4n
- Call me – cm
- Emergency – 911
- Excellent – xlnt

Unit 4 기타 기기

MP3 플레이어

3번 트랙을 틀어 봐.
Play track 3.
플레이 츠랙 쓰리

다음 곡 듣자.
Let's listen to the next song.
렛(ㅊ) 리슨 투 더 넥슷 송

볼륨 좀 줄여.
Please reduce the volume.
플리즈 리듀스 더 볼륨

랜덤으로 재생되게 했어.
I shuffled the play order.
아이 셔플(ㄷ) 더 플레이 오더

몇 곡을 저장할 수 있어?
How many songs can it store?
하우 메니 송(ㅅ) 컨 잇 스토어

곡 순서는 어떻게 바꾸지?
How can I change the order of the songs?
하우 컨 아이 체인쥐 디 오더 어(ㅂ) 더 송(ㅅ)

내 mp3 플레이어는 노래가사가 액정에 나오는 거야.
My mp3 player displays the lyrics on the screen.
마이 엠피쓰리 플레이어 디스플레이(ㅈ) 더 리릭(ㅅ) 온 더 스크린

PDA&네비게이션

PDA는 차세대 필수품이 될 것이다.
We're expecting that PDA will become the next 'must-have' product.
위어 익스펙팅 댓 피디에이 윌 비컴 더 넥슷 머슷 해(ㅂ) 프로덕(ㅌ)

전형적인 PDA는 휴대전화, 팩스 송신, 개인스케줄 관리 기능을 한다.
A typical PDA can function as a mobile phone, fax sender and personal organizer.
어 티피컬 피디에이 컨 펑션 애 저 모바일 폰 팩(ㅅ) 센더 앤 퍼(ㄹ)스널 오거나이저

이 네비게이션은 에너지 효율적인 경로를 계산해 준다.
This navigation calculates a more fuel-efficient route.
디스 네비게이션 캘큘레잇 처 모어 퓨얼 이픽션(ㅌ) 룻

이 네비게이션은 간단한 스크린 터치로 교통 상태를 보여 주거나 막히는 곳을 피해 가도록 합니다.
You simply touch this navigation's screen to view traffic details or detour around the problem area.
유 심플리 터취 디스 네비게이션(ㅅ) 스크린 투 뷰 츠래픽 디테일 소어 디투어 어라운(ㄷ) 더 프라블럼 에어리어

문자메시지용 단축 표기법 3

- Fast – fst
- Goodbye – by
- Got to go – gt2go
- Good luck – gudluk
- Hello – hlo
- How are you? - hwru

디지털 카메라

줌을 하려면 어떻게 하지?
How do you zoom?
하우 두 유 줌

플래시를 터뜨리지 마.
Don't turn on the flash.
돈 턴 온 더 플래쉬

몇 만 화소 디지털 카메라야?
How many pixels does it have?
하우 메니 픽셀(ㅅ) 더즈 잇 해(ㅂ)

광학 줌이 15배야.
It has a 15 times optical zoom lens.
힛 해 저 핍틴 타임(ㅅ) 업티컬 줌 렌(ㅈ)

디지털 카메라 충전하는 걸 깜박했어.
I forgot to charge the digital camera.
아이 포(ㄹ)갓 투 차(ㄹ)쥐 더 디지틀 캐머라

이 디지털 카메라는 사진이 잘 나와요.
This digital camera takes good pictures.
디스 디지털 캐머라 테익(ㅅ) 굿 픽쳐(ㅅ)

이 디지털 카메라에 손떨림 방지 기능이 있어요.
This digital camera has an image stabilizing function.
디스 디지틀 캐머라 해즈 언 이메쥐 스타빌라징 펑션

이건 그립감이 좋은데.
It is easy to hold.
잇 이즈 이지 투 홀(ㄷ)

메모리가 꽉 차서 더 이상 찍을 수 없어.
I can't take pictures anymore because the memory card is full.
아이 캔 테익 픽처 새니모어 비커즈 더 메모리 카(ㄹ) 디즈 풀

인화하고 싶은 사진을 골라 봐.
Select the pictures you want to have printed.
셀렉(ㅌ) 더 픽쳐 슈어 원(ㅌ) 투 해(ㅂ) 프린티(ㄷ)

내 디지털 카메라로 동영상 촬영한 것도 괜찮지?
Is it good that I shoot video with my digital camera?
이즈 잇 굿 댓 아이 슛 비디오 윗 마이 디지틀 캐머라

사진 찍기

이 셔터를 눌러서 사진을 찍어 주세요.

Click the shutter to take a picture.

클릭 더 셔터 투 테익 어 픽쳐

Just press this button, please.

저슷 프래스 디스 버든 플리즈

예쁘게 찍어 주세요.

Make me look pretty.

메익 미 룩 프리디

사진 좀 찍어 주실래요?

Would you take a picture?

우 쥬 테익 어 픽쳐

같이 사진 찍으시겠어요?

How about taking a picture together?

하우 어바웃 테이킹 어 픽쳐 투게더

Would you take a picture with us?

우 쥬 테익 어 픽쳐 윗 어스

카메라를 보고 웃으세요.

Look at the birdie and say "cheese".

룩 앳 더 버(ㄹ)디 앤 세이 치즈

얼굴을 중심으로 찍어 주세요.

Focus on my face.

포커 손 마이 페이스

카메라가 흔들리지 않도록 잡고 초점을 맞춘 채로 계세요.
Hold the camera steady and keep it focused.
홀(ㄷ) 더 캐머라 스테디 앤 킵 잇 포커스(ㅌ)

확대해서 찍어.
Zoom in to take the picture.
줌 인 투 테익 더 픽쳐

사진이 역광이야.
We were facing the sun in this picture.
위 워 페이싱 더 선 인 디스 픽쳐

사진이 너무 밝게 나왔어.
This picture is over-exposed.
디스 픽쳐 이즈 오버 익스포우즈(ㄷ)

너 눈 감았네.
You closed your eyes in the picture.
유 클로즈(ㄷ) 유어 아이 진 더 픽쳐

그 사진 당장 지워.
Delete the picture right now.
딜릿 더 픽쳐 라잇 나우

사진이 흔들렸잖아.
It was a shaky picture.
잇 워즈 어 쉐이키 픽쳐

난 사진발이 안 받아.
I look better in person.
아이 룩 베더 인 퍼(ㄹ)슨

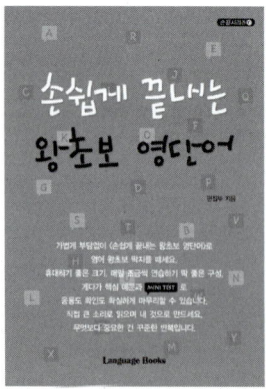